메이지 일본의 식민지 지배

홋카이도에서 조선까지

MEIJI NIHON NO SHOKUMINCHI SHIHAI

by Katsuo Inoue

© 2013 by Katsuo Inoue

First published 2013 by Iwanami Shoten, Publishers, Tokyo.

This Korean language edition published 2014

by Amoonhaksa, Seoul

by arrangement with the proprietor c/o Iwanami Shoten, Publishers, Tokyo.

메이지 일본의
식민지 지배

홋카이도에서 조선까지

이노우에 가쓰오(井上勝生) 지음

동선희 옮김

어문학사

▶ **일러두기**

* 원서에는 각주가 없지만 본서에는 막말(幕末)유신기(維新期)의 일본 역사 등 설명이 필요한 부분에
  역자가 주(18개)를 새로 달았다.
* 참고 문헌은 복수의 장(章)에 걸쳐 참조한 문헌에 관해서는 처음 나올 때만 명기했다.

머리말

1995년 7월, 홋카이도대학 정문 근처의 역사적인 건물, 후루카와(古河) 기념 강당 1층 동쪽 끝 연구실 서가에서 방치된 종이 상자가 발견되었다.

상자에는 낡은 신문지에 싸인 6개의 두개골이 난잡한 모습으로 들어 있었다. 제일 위의 두개골 표면에는 묵으로 직접 쓴 '동학당 수괴'라는 글씨가 있었다. 옆에 첨부된 메모에는 이것이 한국 진도(珍島)에서 봉기한 동학농민군 수괴의 효수된 유골 중 하나로, 1906년 진도에서 '채취'했다고 서명과 함께 쓰여 있었다.

진도는 한반도 서남단에 있는 섬으로 크기는 오키 제도(隱岐諸島) 정도다.

이 뼈가 홋카이도대학에서 발견되기 101년 전, 당시에는 청일전쟁이 벌어지고 있었다. 엄동설한의 서울 남부 지역에서 일본군 1개 대대가 한강을 건너 남쪽으로 출군했다.

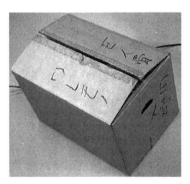

▶ 홋카이도대학에서 방치되어 있던 종이 상자

1894년 11월 12일 이른 아침이었다. 대대의 3중대는 곧 셋으로 나누어졌다. 제1중대는 동쪽을 향했다. 대대의 작전은 명령을 받은 대로 처음부터 '혹독'했다. 출군 이틀째에는 동학농민군 지도자의 아들을 포로로 삼아 옥에 가둔 뒤 총살했다. 또한 근처 마을에서 동학 10여 호의 인가를 포위하고 '뛰는 자가 있으면 총살'했다. 후비 제19대대, 일명 '동학당 토벌대대' 제1중대의 섬멸 작전이 시작된 것이다.

1895년 1월, 제1중대는 진도에 침입했다. 서기에는 농학농민군 2~3천 명이 도피해 있었다. 이렇게 살육, 효수된 진도 동학농민군 지도자의 유골이 '채취'되었다. 그 후 홋카이도대학 후루카와 강당에서 종이 상자에 넣어진 채 발견되었다. 100여 년이 지난 뒤였다.

나는 이 유골의 조사 위원이 되었다. 본서에 쓴 것처럼 유골 '채취'의 신빙성에 관한 조사는 내가 예상한 대로 진척되었다.

거기에는 여러 연구자의 협력이 있었다. 전라남도 목포에 주재한 삿포로농학교(札幌農學校, 홋카이도대학의 전신)의 졸업생을 찾아낸 사람은 이노우에 가오루(井上薫) 씨였다. 또 진도의 향토사가 박주언(朴柱彦) 씨의 조사로 유골 조사도 극적으로 진전되었다. 따라서 유골 메모의 신빙성은 거의 입증되었다. 한국에서는 유해봉환위원회가 결성되고 동학농민군 지도자 유골은 무사히 한국으로 반환되었다. 봉환위원회 대표는 한승헌(韓勝憲) 변호사였다. 민주화운동 투사인 한승헌 변호사는 민주화운동으로 단련된 강고함이 느껴졌고 군사 법정에서도 유머를 발휘했다고 알려져 있다. 그는 "동학농민군 지도자 유해 덕분에 우리가 이렇게 만났네요."라고 내게 말했다.

나는 반환을 진행하기 위해 한승헌 변호사와 밤낮을 가리지 않고 수십 번이나 국제전화로 의견을 절충했다. 한국 사회 저류에 일본의 식민지 지배에 대한 분노가 격심하게 고동치고 있음을 알게 되었다. 한 변호사 역시 그러한 분노를 억누르기 어려웠다. 유골을 정중히 대우하는 한국 입장에서 유골이 함부로 취급된 것, 그리고 역사적으로 일본이 한 짓을 생각하면 당연할 것이다. 그러나 반환이 전향적인 계기가 되도록 누구보다 노력한 것은 한국 측이었고, 또 한승헌 변호사였다.

본서는 원래 조사위원회에서 내가 집필한 1996년『중간 보고서』와 1997년『보고서』, 그리고 오늘날까지 꾸준히 지속된 조사를 바탕으로 했다. 조사는 일본군의 동학농민군 토멸 작전뿐만 아니라 삿포로농학교 졸업생이 식민지에서 했던 공적 활동, 농학교 식민학의 역할, 농학교와 아이누 민족 운동과의 관계, 그리고 토멸 작전에 종군한 병사들에 관해서도 이루어졌다.

식민학을 조사하면서 아이누 민족의 소원(訴願)이나 자치 운동의 기록을 처음 알게 되었다. 조사 과정에서 나는 아이누 민족 운동가와 만나 아이누 민족 24명으로 원고단을 구성한 재판 법정에서 아이누 민족 근대사를 두 시간 동안 증언하는 경험도 했다.

일본군이 전개한 동학농민군에 대한 모든 섬멸 작전은 육군 참모본부가 편찬한 청일전쟁의 공식 전사『메이지 이십칠팔년 일청전사(明治二十七八年日清戦史)』전(全) 8권 어디에도 찾아볼 수 없다. 나는 본서를 읽는 독자들에게 내가 삭제되고 은폐된 사실과 새삼 마주치게 되었다는 얘기를 꼭 전하고 싶다.

거의 조선 전역에서 일어난 동학농민군의 항일봉기에는 죽창과 화승총이라는 열악한 무기가 사용됐다. 그러나 근대 군대인 일본군의 동학농민군에 대한 처참한 섬멸 작전에는 예정보다 훨씬 많은 시간과 부대가 필요했다. 이 사실이야말로 청일전쟁사에서 정확히 기술되고 재검증되어야 한다고 본다. 이 섬멸 작전을 청일전쟁사에서 빼놓을 수 없는 역사로 다시 복원하는 일은 현재에도 큰 의미가 있다고 생각한다.

차례

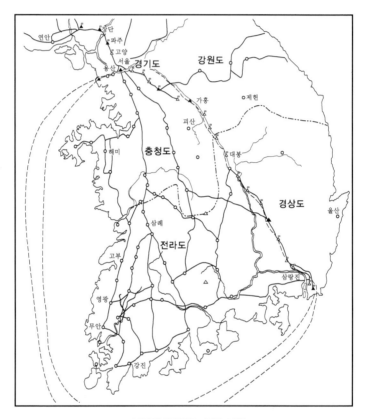

A 본서에 등장하는 주요 지명

▶ ------- 일본군 전신선
▶ (▲▲⌂) 일본군 병참부
　　감부, 사령부, 지부로 구별하여 표시했다. 다만 구분은 시기에 따라 변동했다.
▶ 『메이지 이십칠팔년 일청전사(明治二十七八年日淸戰史) 제8권』 삽도 제1「병참 및 전
　　신선로도」를 참고했다.

제1장 '동학당 수괴'의 유골을 추적하다

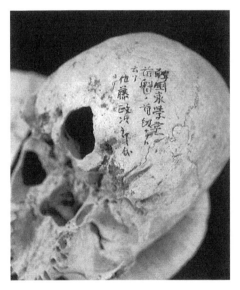

▶ 훗카이도대학에 방치된 유골(유골 하부 후부 우측, 밑에서 촬영)

홋카이도대학(구 삿포로농학교)의 역사적 건조물, 후루카와 기념 강당에 오래된 두개골이 방치되어 있었다. 그 가운데 하나는 청일전쟁 시 일본군에 대항해 봉기한 '동학당' 지도자의 효수된 유골이라고 한다. 살육 장소는 한국 서남단에 있는 진도. 유골 옆에 있는 메모지에는 농민군 지도부 수백 명이 함께 죽임을 당했다고 쓰여 있었다. 진도를 방문해 보니, 동학농민군의 토벌을 둘러싼 역사의 각인이 고갯길에 남아 있었다. 현장 조사와 기록을 통해 식민지 지배 시대에 유골이 '채집'된 사실을 밝힌다.

1. '동학당'의 방치 유골, 홋카이도대학에서 발견

'동학당 수괴'라고 쓰여 있는 유골 ──────

홋카이도대학 구내, 문학부 2층의 작은 회의실에서 나는 완전히 백골이 된 머리뼈 유골을 마주 보고 있었다. 1995년 8월 초의 일이다. 유골에는 한 장의 메모가 첨부되어 있었다. '해골'이라는 제목으로 본문은 다음과 같이 여섯 줄의 문장이다(37쪽 사진 참조).

> 해골(骸體) (明治 39년 9월 20일 진도에서)
> 이는 메이지 27년, 한국동학당, 봉기
> 전라남도, 진도는 그들이 가장 심하게 창궐한
> 곳인데 이것이 평정될 때
> 그 수창자 수백 명을 죽이고 사시(死屍)가 길에 널리다
> 수괴자를 효수했고, 이는 그중 하나다
> 이 섬을 시찰했을 때 채집한 것이다
> 사토 마사지로(佐藤正次郞)

메모는 길이 23.8cm, 넓이 16cm의 작은 화지(和紙)에 썼다.

한국 '동학당'이 전라남도 진도에서 평정되었다. 주도자 수백 명이 살해되고 사체가 길에 널렸다. 수괴자는 효수되었는데 이 유골은 그중 한 명의 것이고 진도를 시찰했을 때 '채집'했다는 얘기다. '채집'이라는 말은 유골을 '물건'으로 보고 멸시한 것이다.

유골을 가져온 메이지(明治) 39년은 서기 1906년이고, '동학당'이 봉

기한 메이지 27년은 '채집' 12년 전인 1894년, 청일전쟁이 한창인 때였다. 내가 이것을 발견한 1995년을 기준으로 101년 전의 일이었다.

한편 유골의 표면, 즉 후두부 오른쪽 아래에 묵으로 직접 쓴 글씨가 보였다(1장 맨 앞의 사진 참조).

한국 동학당
수괴의 수급이라
한다
사토 마사지로 씨
로부터

해서체의 작은 글씨다.

형질인류학자가 이 유골을 보았다. 유골은 성인 남성으로서는 약간 작았다. 그러나 두개골의 크기와 키(신장)는 관계가 없다고 한다. 어금니 세 개가 남아 있고 두개봉합부(頭蓋縫合部)의 교합, 치아의 마모 정도로 볼 때 30~40대 남성인 듯이 보였다. 두개골 안에 모래알과 미세한 풀뿌리들이 붙어 있었다. 유골을 연구 자료로 취급하는 것은 인간의 존엄성에 어긋난다. 그러나 연구 자료로 취급된 흔적도 없었다. 철제 책장의 종이 상자 안에 1978년 6월과 7월의 낡은 스포츠신문에 싸여 다른 다섯 개의 유골과 함께 방치되어 있었다. '동학당'이라는 글자가 쓰여 있는 유골은 제일 위에 있었다. 종이 상자 윗면에는 'E인골', '파손 주의'라고 매직잉크로 쓰여 있었다(5쪽 사진 참조). 역사문화론 교실의 교원과 학생들이 공동 연구실에서 정리 작업을 하던 중 7월 26일 오후 늦게 발견했다.

유골이 방치된 것은 '후루카와 강당'으로 불리는 백색 페인트칠을 한 목조 2층 건물의 1층, 동쪽 끝에 있는 방이다. 세월을 훨씬 거슬러 1909년에 준공한 구 임학 교실로, 전후에는 교양부 본관이 되고 학생 휴게실이나 도서실 등으로 쓰이기도 했다.

1890년대에 아시오(足尾) 광독 사건을 일으킨 후루카와 광업회사는 센다이(仙台), 후쿠오카(福岡), 삿포로에 제국대학을 설치할 때 '엄청난 기부금(하라 다카시(原敬))'을 냈다. 후루카와 강당은 그 기부금으로 삿포로농학교가 세운 건물 중 하나다. 센다이와 후쿠오카에서는 후루카와의 기부금으로 지은 건물이 모두 없어졌으므로 후루카와 강당이 일본에 남은 유일한 건물이다.

깔끔한 목조건물인 후루카와 강당은 포플러와 당느릅나무가 이어진 메인 스트리트 남단, 클라크 박사[1] 동상 맞은편에 있다. 1906년 정부는 삿포로농학교를 제국대학으로 승격하기로 내정했다. 러일전쟁이 종료된 이듬해였다. 당시의 농학교 교장 사토 쇼스케(佐藤昌介)가 승격을 실현하고자 분주했고, 당시 내무대신이자 남부 번 출신으로 사토 교장과 동향인이고 후루카와 광업 고문(전 부사장)이며 정치가인 하라 다카시(原敬)가 이를 후원했다. 동학 유골을 조선 진도에서 가져온 것과 같은 해였다.

유골이 발견되기 직전인 1995년 3월에 퇴관한 고고학 전공의 문학부 소속 교수가 이 유골을 방치했다. 이 교수의 증언은 두 번, 세 번 바뀐다. 처음에는 관련성을 부정하다가 결국 관여를 인정했지만, 유골의 유래에 관해서는 전임 이학부 교수로부터 인계받았을 뿐이라고 했다. 문학부의

---

1 윌리엄 스미스 클라크 박사는 1876년 홋카이도 개척사의 초빙으로 일본에 와서 삿포로농학교 창립에 진력하고 초대 교감을 지냈다.

거듭된 추궁에도 유래를 더 이상 얘기하지 않았고, 오랜 지병으로 입원한 뒤 2007년 2월 세상을 떠났다.

메모는 청색 괘선으로 둘러싸인 11행의 괘지로 되어 있다. 화학 염료의 또렷한 괘선 색깔과 인쇄의 바랜 정도까지 메이지기의 특색을 나타내고 있었다. 글자체도 에도의 형태를 간직한 메이지기 특유의 것이었다. 메모는 1906년 당시에 쓰인 것이 분명했다.

'동학당' ━━━━

1995년 8월 초순, 메이지유신사를 연구하던 나는 이 '동학당 수괴'라고 쓰여 있는 유골의 역사적인 전래를 조사하는 담당 위원이 되었다. '동학당 봉기'는 1894년 청일전쟁이 발발한 시기에 일어난 조선 농민의 일제 봉기다. 메이지유신으로부터 27년, 한 세대 뒤에 해당한다. 이전에는 '동학당의 난'으로 불렸으나 '동학당'은 '동학 무리'라는 뜻의 전쟁 전에 사용된 비칭(卑稱)이다. 전후에는 1894년의 간지를 취하여 갑오농민전쟁으로 불리게 되었다. 요 몇 해 사이 한국 민주화운동의 시조로 동학 사상에 대한 평가가 높아져 '동학농민전쟁'으로 불리고, 최근에는 '동학농민혁명'이라는 호칭이 보편화되었다. 서울에서 큰 서점에 가면 '동학사' 코너는 한국사 서가의 한 줄을 차지한다.

내가 동학농민전쟁에 관해 아는 것은 다음과 같은 기초 지식 정도였다.

동학은 1860년대, 일본에서 막말(幕末)의 정쟁(政爭)이 일어난 시기에 한반도 남부에서 창생한 민중 종교, 또는 민중 사상이다. 당시 침투하고 있던 크리스트교, 즉 '서학(西學)'을 의식하고 '동학'이라는 이름을 붙였다. '사람이 즉 하늘(人乃天)'이라는 사상을 주창하고 평등과 상호부조를 주장하여 민중의 지지를 받았다. 평등에는 여성과 아이들의 평등도 포함된다. 유교적 신분제를 거스르는 것이었으므로 조선 지배층으로부터 혹독한 탄압을 받고 초대 교주 최제우(崔濟愚)는 1864년 처형되었다. 그러나 동학은 민중 사이에 널리 퍼졌다.

2대 교주 최시형(崔時亨)이 농민의 지하조직을 만들었다. 동학에서는 이 조직을 접(接), 포(包)라 했는데 접은 사람과 사람의 연결, 포는 접의 집합이다. 1880년대 동학 농민은 동학의 용인을 요구하며 각지에서 큰 집회를 열고 서울에서 청원운동을 전개했다. 집회에서는 조세 경감 등 폐정 개혁도 요구했으므로 농민들의 열렬한 지지를 모았다.

1894년 봄 전라도 고부(高阜)에서 민란이 일어났고 일단 패배했다. 동학 지도자 중 한 명인 전봉준(全琫準)은 손화중(孫化中), 최경선(崔景善) 등 동학 간부들과 지도부를 구성하고, 정부에 폐정 개혁을 요구하며 동학 농민에게 널리 호소하여 무장(茂長)에서 무력 봉기했다. 이것이 제1차 동학농민전쟁의 시작이었다. 이어 고부, 백산(白山), 정읍(井邑), 영광(靈光) 등으로 남하하며 차례로 점령하고 나주평야가 자리 잡은 전라도 중앙의 장성(長城)에서 정부군을 격파하고 다시 북상하여 무장에서 봉기한 지 약 1개월 뒤 호남의 수부(首府)인 전주를 점령했다.

조선 정부는 종주국인 청국의 원조를 요청했다. 일본 정부와 군부도 조선을 침략할 기회를 노리고 있었으므로 청국군의 개입을 구실로 출병한다. 일·청 양국의 파병을 알게 된 동학농민군은 전주에서 정부와 화약을 맺고 전라도 일대에 농민군 자치를 시행했다.

동학농민군은 이렇게 지역으로 돌아갔다. 그러나 군대를 출병시킨 일본 정부는 조선 정부에 내정 개혁을 요구하는 명목으로 군대를 계속 주류시켰다. 일본 정부와 군부는 사전 준비를 하고 7월 23일 이른 아침, 조선 수비대와 격렬한 교전을 벌여 경복궁을 무력 점령했고, 국왕(고종)을 위협하여 정부를 교체하고 실권을 잡았다.

일본군의 왕궁 점령은 주도적인 준비와 군사력으로 강행된 정변이었다. 이에 관해서는 동학군 유골 방치 사건 1년 전(1994년), 후쿠시마(福島) 현립 도서관에서 「전사초안(戰史草案)」이라는 새 자료를 찾아낸 역사학자 나카즈카 아키라(中塚明) 씨가 밝힌 바 있다. 일본 정부와 군부는 조선을 청국으로부터 독립시킨다는 명분으로 청국에 선전포고하고 청일전쟁을 시작했다.

이상이 내가 아는 기초 지식이었다.

동학농민군의 제2차 봉기 ━━━━

한편 유골의 메모에 적힌 '동학당 봉기'는 1894년 봄에 일어난 동학농민군 봉기와 어떤 관련이 있을까. 메모를 다시 보자.

어쨌든 '극심하게 창궐'했던 전남(채집 당시, 청일전쟁 때는 전라도) 진도의 '동학당'이 '평정'된다. '동학당'의 '수창자'와 중심인물 '수백 명'이 죽임을 당하고 그 사체가 '길에 널렸다'고 한다.

이 진도의 '길'은 어디였을까. 또 '수괴자'는 효수되고 더욱이 '이 사람은 그중 제일'이라 했으니 효수된 지도자는 여러 명이었다. '길에 널린' 봉기의 수창자, 수백 구의 사체, 여러 지도자의 머리. 진도의 동학농민군 '평정'은 이렇게 처절했다.

한반도 서남단, 해협을 중심으로 맞은편에 진도가 있다. 섬을 모두 합한 진도군의 총면적은 약 350km², 오키 제도의 면적과 거의 같다. 인구는 당시 약 2만 4천 명. 한편, 이해 봄 전라북도(당시는 전라도 북부)에서 봉기한 동학농민군이 정부와 화약을 맺고 지역으로 돌아가 자치를 펴면서 봉기는 일단 진정되었다. 메모와 같은 처절한 모습은 나타나지 않았다.

메모에 나오는 전라남도 진도의 '동학당 봉기'는 봄의 '동학당 봉기'와는 다른 사건이다. 진도의 봉기와 '평정'을 알기 위해서는 1894년 봄의 제1차 동학농민전쟁 이후를 추적해야 한다.

일본군이 평양 대회전(大會戰)을 위해 북상하고 중국령을 노린 것은 1894년 가을이 시작될 무렵이다. 10월 하순부터 조선의 위기에 직면한 동학농민군이 일본군에 대한 본격적인 봉기를 일으켰다. 당시 함경도를 뺀 조선 전역에서 각지의 동학 농민과 일반 농민 수십만 명이 참가한 대봉기였다. 나중에 보듯이 농민군을 지원한 지역 농민을 포함한다면 수백만 명의 일제 봉기였다. 전봉준이 이끄는 주력부대인 전라도 농민군은 서울로 북상을 노렸다. 이것이 제2차 동학농민전쟁이다.

조선에 파병된 일본군과 조선정부군은 재봉기한 동학농민군을 조선 전토에서 철저하게 탄압하고 '평정'했다. 조선정부군의 지휘는 일본군이 맡았다. 일본군은 조선의 서남쪽 끝으로 엄청난 수의 동학농민군을 포위하고 섬멸하며 추격했다. 그 서남 끝 해안부의 장흥(長興), 강진(康津), 해남(海南), 그리고 진도로 동학농민군이 내몰리고 이듬해 봄에 괴멸되었다. 동학농민군의 희생자, 사상자는 조선 전토에서 30만 명이라고도 하고 50만 명이라고도 한다. 사망자 수는 적어도 3만 명에서 5만 명 혹은 그 이상이라는 추측도 있지만 오늘날까지 총수가 밝혀지지 않았다. 일본군이 섬멸의 중심에 섰던 제2차 동학농민전쟁은 의외로 일본에 잘 알려지지 않았다.

메모의 기록은 동학농민군의 2차 봉기가 전라도 서남부에서 처참하기 짝이 없이 '평정'되었음을 알려 준다.

부(負)의 유산 ━━━

메모의 '채집' 연도인 1906년에는 동학 유골 '채집' 사건이 일어날 수 있는 시대 배경이 확실히 있었다.

그 바로 전해인 1905년 9월 러일전쟁이 종결된 후 11월 제2차 한일협약이 강제로 체결되어 조선은 일본의 보호국이 되었다. 이듬해 1906년에는 관리와 민간인 등 많은 일본인이 조선에 쇄도했다. 유골을 '채집'한 '사토 마사지로' 역시 그 일본인 중에 포함되어 있었다. 역사적 배경을 보아도 메모의 신빙성은 높았다.

동학군 유골 방치에 관해 홋카이도대학은 몇 가지 점에서 부의 유산을 짊어지고 있었다. 첫째, 일본 군대가 포위 섬멸한 동학농민군 지방 지도자의 유골이다. 둘째, 그 유골을 일본인이 불법으로 일본에 반출했다. 셋째, 홋카이도대학에 참혹한 모습으로 방치되어 있었다. 넷째, 항일로 재봉기한 동학농민군을 섬멸하기 위해 일본군이 중심이 되어 펼친 작전에서 수십만 명의 막대한 희생자가 나온 사실이 일본에 알려지지 않았다.

문학부 조사 위원 ━━━

'동학당 수괴'라고 쓰인 유골이 다른 5개의 유골과 함께 후루카와 강당에서 발견된 것은 7월 26일 오후였다. 1주일 뒤인 8월 3일, 각 신문에서 크게 보도했다. 『마이니치신문』 조간이 처음 보도했다. 타이틀은 「윌타

(Uilta) 민족[2]의 인골 방치, 홋카이도대학의 후루카와 기념 강당, 유골 3개
가 구석에」, 「한국인 인골도 3개, 신문지에 싸여」다. 같은 날 『홋카이도
신문』 석간도 보도했다. 「홋카이도대학에서 인골 6개 방치」, 「3개는 월
타 민족, 1개는 '동학당' 지도자인가」. 다음 날인 4일 『아사히신문』 조간
은 「월타 등 두개골 방치, 홋카이도대학에 6개, 한반도에서도」라고 보도
했다.

'방구석에서', '신문지에 싸여', '방치'되었다는 매스컴 각지의 보도
는 당연히 홋카이도대학에 대해 비판적이었다. 각 신문은 홋카이도대학
에서 수년 전까지 분쟁이 되었던 의학부의 아이누 민족 인골 사건까지 언
급했다. 가장 상세한 『아사히신문』 기사를 소개해 보자.

> 홋카이도대에서는 쇼와 초기부터 아이누 민족의 인골을 도내 혹은 사할
> 린 등지에서 발굴, 수집하고 의학부가 자료로 1천 개 이상 보관하고 있었다.
> 홋카이도 우타리(ウタリ)협회는 1982년 이 문제에 관해 항의했다. 또한 유골
> 공양(供養)과 희망자에 대한 반환을 약속했으나 공양기금 설립 등 결착이 이
> 루어지기까지 5년 반이나 걸렸고, 홋카이도대학 측의 조악한 대응이 문제
> 가 되었다.

한국 '동학당 수괴'라고 쓰인 유골 이외의 5개 가운데 3개는 구 사할
린의 소수민족 월타 민족의 유골이라는 메모가 붙어 있었다(다른 2개는 불
명이었다). 문학부에서 일어난 이 유골 방치 사건은 동학농민군 지도자 유
골 조사를 포함하여 진행이 모두 순조로운 것은 아니었다.

---

2 어로와 수렵을 하는 사할린에 사는 소수민족.

2003년 윌타 협회와 사할린 주 포로나이스크 지구 선주(先住) 소수민족 대표자 회의의 협력으로 윌타 민족 유골 3개에 대해서는 사할린 반환이 실현되었다. 윌타 협회 회장 나카타 료(中田了) 씨, 사할린의 포로나이스크 지구 북방선주(北方先住) 소수민족협회의 안토니나 나초트키나 씨(니부 민족), 기타시마(北島) 류바 씨(윌타 민족) 등이 헌신적으로 협력했다. 2003년 8월 문학연구과장 미사키 히사시(身崎壽) 씨 등과 함께 현지에 갔다. 포로나이스크 시 사치에 세워진 위령비에는 윌타어로 다음과 같이 쓰여 있다.

세 명의 윌타인이 자신이 태어난 토지에 잠들기 위해 돌아왔다. 평안히 주무시소서.

문학부 조사위원회의 1997년 '보고서'와 2004년 '보고서 II'는 윌타 민족 유골 부분에 관해 역사 인식이 결여되었다는 등의 이유로 윌타 협회의 양해를 얻지 못했다. 2010년의 '보고서 III'에서 역사 인식의 결여 등을 인정하고 고쳐 씀으로써 윌타 협회의 정식 양해를 얻었다. 그러나 본서에서는 동학농민군 지도자 유골 이외의 건에 대해서는 언급하지 않기로 한다. 직접 담당하지 않은 내가 서술할 자격이 없기 때문이다. 윌타 협회를 비롯한 관계자의 노력에 마음속 깊이 경의를 표한다.

이 방치 유골에 관해 문학부를 방문한 아이누 민족 운동가 오가와 류키치(小川隆吉) 씨와 야마모토 가즈아키(山本一昭) 씨, 윌타 협회의 다나카 료(田中了) 씨, 재일 한국인 시민운동가 임병택(林炳澤) 씨 등 네 분과 이야기를 나누었다. 지면 부족으로 경위는 생략하지만, 문학부 조사위원회는 조사와 반환을 위해 노력하겠다고 밝혔다. 네 명 가운데 야마모토 씨는 그 후 병으로 쓰러졌고 나는 유골 반환 이후 다른 세 분과 여러모로 친교를 맺게 되었다(본서 제3장에는 오가와 류키치 씨가 원고단장이 되어 23명의 각지 아이누 민족과 함께 기소한 재판에서 내가 아이누 민족 측 증인으로 삿포로 고등재판소 법정에서 2시간 동안 진술한 증언과 깊이 관련된 부분이 있다). 오가와 씨는 종종 나를 찾아와 아이누 민족 운동가로서 아이누 민족이 떠안고 있는 과제에 관해 얘기해 주었다.

본서에는 내가 담당한 '동학당 수괴' 유골의 전래에 관한 조사, 한국 현지 봉환, 그리고 지금까지 계속되는 동학농민군 섬멸전쟁에 관한 조사 성과가 포함된다. 그러한 학술 조사 이외에도 아이누 민족 공유재산 재판 참여 등 실로 여러 사건이 있었다. 그러나 그것은 지면이 한정된 본서에서는 언급하지 않기로 한다.

신문 보도가 있던 시점으로 돌아가 보자. 최초의 신문 보도가 있었던 다음 날, 도쿄의 조선대학교 강사이자 조일관계사 연구자인 금병동 (琴秉洞) 씨와 재일본조선인총연합회(조선총련) 임원 두 명이 홋카이도대학을 방문하여 문학부장과 회견했다. 금병동 씨 등은 유골이 일본의 조선 침략과 관계가 있으므로 이처럼 비참한 모습으로 방치된 것 자체가 오랜 조선멸시사상이 나타난 것이라고 지적했다. 이 유골은 조선을 지키기 위해 싸우고 처형된 농민군의 유골임이 분명하다면서 세 가지를 요청했다.

하나는 누구의 유골인지, 어떤 경위로 홋카이도대학에 오게 됐는지 밝혀 달라. 둘째, 여러분과 함께 명복을 빌고 싶다. 셋째, 최대한 조사하고 해명한 후, 고국의 유족에게 반환해 달라.

이때 나는 아직 위원이 아니었지만 나중에 조사 위원이 되고, 한 달 뒤인 9월 초 강연차 삿포로 시를 방문한 금병동 씨와 둘이서 만났다.

조사가 어렵다는 것은 안다. 최대한 조사를 하고 원상회복을 해 달라고, 금병동 씨는 자신이 조사해서 모은 자료를 나에게 건네주며 말했다. 일본군과 싸워 처형된 지도자의 유골이 100여 년의 세월을 지나 고향에 돌아가기를 깊이 염원하고 있었다.

이듬해 2월 도쿄에서는 당시 시가(滋賀) 현립 대학 교수이며 근대 조일관계사 연구를 이끄는 강덕상(姜德相) 씨와 만나 조사와 반환에 관한 의견을 들었다. 그 역시 홋카이도대학 '동학군' 인골 방치 사건에 크게 관심을 두고 있었다. 이후에도 조사와 반환에 관해 지속적으로 조언을 받았다. 그는 '유골 당사자'가 고국에서 편히 쉬기를 고대하고 있었다. 사실 그런 강렬한 심정은 유골을 산 사람처럼 정중히 대하는 문화를 가진 한국인, 조선인에게 보편적인 것이었다.

이마니시 준키치(今西順吉)는 1년 안에 조사하여 보고서를 내고, 또 보고서 이전에 중간 보고서를 내겠다고 밝혔다. 불교학자인 학부장은 문학부가 조사와 반환 책임을 진다고 기자회견에서 언명했다. 인골 발견 후 문학부 조사위원회(위원장은 문학부장)가 '후루카와 강당 구(舊) 표본고 인골문제 조사위원회'라는 명칭으로 설치되었다. '구 표본고'라 하는 것은 이전의 고고학 교수가 후루카와 강당의 연구실을 '표본고'로 칭했기 때문이다. 명칭이 길어 필요할 때 이외에는 그냥 문학부위원회, 혹은 조사위원회라고 부르기로 한다. 위원 9명이 세 가지 임무를 분담하기로 했다. 진도 '동학당' 유골의 전래 조사, 윌타 민족 유골의 전래 조사, 그리고 퇴직한 교관에 대한 유골의 전래 조사였다. 나는 첫 번째 임무를 맡았다.

조사는 대학원생, 연구생 등 젊은이들의 협조로 진행되었다. 당시에는 대학에 조선사 전문가가 없었다. 일본사 전공자인 내가 조사 책임자가 되는 것은 역부족이지만 어쩔 수 없다. 문학부가 보고서 작성을 약속한 1년간 어쨌든 최선을 다해 보자고 생각했다.

마쓰야마(松山) 포럼과 현재 ─────

나는 『중간 보고서』의 '동학당 수괴' 유골 부분을 집필하고, 유골을 고국으로 반환하는 한일 공동 봉환에 가이타니 게이조(灰谷慶三) 문학연구과장(문학부는 문학연구과로 이행했다)과 동행했다. 이어 『보고서』 담당 부분을 식민학 등의 조사를 포함하여 모두 집필했다. 이 『보고서』가 본서의 토대가 되었다. 1년 동안 한국에서 개최된 국제심포지엄에 3회 참가하여 보고했고, 한국 현지에 5회의 조사 여행을 다녀왔으며, 진압 일본군에 관한 자료를 일본 각지로 찾아다녔다. 각지에서 강연과 보고를 하고 자료 소개도 했다. 2008년에는 홋카이도대학을 정년퇴직하고 조사 위원이라는 직무를 벗어났다. 그리고 2013년 현재까지도 한국 동학농민전쟁 연구자들과 함께 조사를 계속하고 있다.

조사는 2013년 현재 18년째로 접어든다. 작년 2012년 7월 말에는 에히메 현(愛媛県) 마쓰야마 시(松山市)에서 일본코리아협회·에히메의 야나가세 가즈히데(柳瀬一秀) 씨와 간나 도모마사(漢那朝正) 씨, 사사키 모쿠센(佐々木木泉) 씨 등이 중심이 되어 한국 연구자와 시민운동단체, 동학민족통일회가 모였다. 때마침 이례적인 폭서(暴暑)가 맹위를 떨치는 가운데 자가용을 이용하여 현내를 현장 연구하고 에히메 대학에서 한일 공동심포지엄을 개최했다. 나도 거기서 발표했다. 나중에 언급하겠지만 마쓰야마 시는 동학농민군 토멸전문대대가 출군한 곳이다.

토멸부대 2등병 병사가 나갔던 우치코초(內子町) 산악지대, 잘 꾸며진 계단식 논이 눈 아래 펼쳐지는 집에서 자손의 정중한 환영을 받았다. 할아버지는 생전에 동학농민군 토벌전쟁에 참전했다는 것이나 전쟁 얘기를 전혀 안 했다고 한다. 한국의 동학농민전쟁 제일선의 연구자인 신영우(申榮祐) 씨와 박맹수 씨는 "지금부터 118년 전, 우리 조상은 불행한 만남을 가졌지만 오늘 우리는 좋은 만남이 되었네요."라고 인사했다.

징병으로 조선에 가서 동학농민군을 토벌한 이등병, 상등병 등 세 명의 자손이 사는 집을 방문했다. 당시 부대명을 기록한 병사의 묘에 자손들과 한일 참가자들이 모두 꽃을 바쳤다.

마쓰야마 시 북부에 있는 미쓰하마 항(三津浜港)은 1895년 토벌이 끝나고 10개월 뒤인 12월 2일과 18일, 후비보병(後備步兵) 독립 제19대대(당시 동학당 토멸대대로 불렸다) 3중대가 기선(汽船)을 타고 조선에서 귀환한 곳이다. 한국 참가자들은 미쓰하마 항 앞바다의 기선 선착장을 만감이 교차하듯 바라보았다.

1995년 여름, 앞에서도 썼듯이 문학부의 작은 회의실에서 조사 책임자가 된 뒤 처음으로 유골과 대면했다. 동아시아의 바다를 넘은 동학농민군 지방 지도자의, 유골 당사자의 헤아릴 길 없는 원통함을 가해자 측인 나 역시 느낄 수 있었다. 첩첩이 쌓인 부의 유산의 무게와 크기 역시 헤아릴 수 없다. 어쨌든 '막말유신(幕末維新)'사 연구라는 일국사의 틀에서 벗어나야 했다.

2. 메모를 쓴 사토 마사지로를 찾아

하코다테(函館)의 사토 마사지로 ─────

첫 번째 열쇠는 메모에 서명한 인물, '사토 마사지로'이다. 그는 두개
골 발견 직후부터 화제가 된 인물이 있었다. 『홋카이도대백과사전』에 나
오듯이 하코다테(函館)에서는 그의 호(號)에 빗대어 '자이칸상(在寬さん)'
으로 알려졌고, 사회교육가로 활약한 저명한 인물이었다. 인골을 방치
한 전(前) 교관(고고학)은 1969년 홋카이도대학 이학부(理學部) 조교수가
되기 전 하코다테에서 박물관에 취직한 적이 있었다. 그 때문에 하코다
테는 유골의 중계 지점이 되었을 가능성이 있다고 여겨졌다.

『홋카이도대백과사전』에 나오는 사토 마사지로는 도쿄의 사립(私立)
철학관에서 공부했다. 그는 사립 오케(鶯溪) 학교 창설에 참여하여 교원
이 됐고, 1916년 하코다테로 건너가 상선학교(商船學校) 등에서 학생들을
가르쳤으며 나중에 맹아학원 원장으로 취임했다. 그 후 수양 단체인 범
인회(凡人會) 등을 주재하고 홋카이도 문화상을 받았다. 그가 배운 사립
철학관(훗날 도요대학)은 불교학자 이노우에 엔료(井上円了)가 창설했는데,
엔료는 일찍이 조선 진출에 참여한 경험이 있다. 처음부터 그가 하코다
테의 저명한 인물일 가능성이 높다고 보는 경향도 있었다. 도쿄의 여학
교는 간토(関東) 대지진 때 사료가 상실되었다고 한다.

8월 하순, 나는 하코다테를 방문했다. 하코다테 시립 도서관에는 사
토 마사지로의 구(舊) 장서가 있고, 민간 단체인 하코다테 문화회에는 마
사지로의 자필 원고류가 보존되었을 뿐 아니라 상세한 이력도 있었다.

문제의 1906년 9월, 사토 마사지로는 도쿄 우에노에서 여학교 창립
2년째를 맞이하고 있었다. 조선이나 이노우에 엔료와 관련된 기사와 글

은 찾을 수 없었다. 하코다테에 사는 고령의 아들 및 사토 마사지로의 '첫 번째 제자(범인회)'에 대해 구술 청취를 했는데, "여학교 얘기는 들었지만 한국 얘기는 들은 적이 없다"고 한다.

필적에 관해 자필 문서를 메모와 비교해 보니, 필적이 매우 닮았다. 다만 필적은 어디까지나 보조적인 조사일 뿐이다.

또 하나, 조선과의 접점을 상기시킨 것은 '조선 풍속'이라는 한 장의 그림엽서였다. 그림엽서는 「죄인의 사체」라는 제목이 붙어 있었다. 조선인 10명 정도가 공공장소에서 교수형을 받고 매달려 있는 사진이다. 그림엽서를 사용하지는 않았다. 발매원은 도쿄, 일반적으로 판매된 그림엽서다. 나중에 강덕상 선생으로부터 이것은 한국인 처형 사진인 「지난날의 교죄(絞罪) 처분」과 동일한 사진이며 수형자의 머리 모양인 '상투'로 미루어 대한제국 시대보다 더 이전 것이라는 걸 알 수 있다는 말씀을 들었다.

잔혹한 정경이었다. 조선은 야만국이라는 멸시와 호기심의 시선이 나타난다. 일본인이 효수된 두개골을 '채집'하는 시대 배경의 하나라고 생각된다. 그러나 어디까지나 일반 판매된 그림엽서였다. 방치 유골에 대한 관여를 증명하는 것이 아니었다.

견식은 얻었지만 실마리를 찾지 못한 채 하코다테 조사는 끝났다.

목포의 농업 기사 ━━━

삿포로로 돌아온 그 주초에 일찍이 조사 협력을 의뢰했던 교육학부의 이노우에 가오루 씨가 내 연구실에 찾아왔다. 당시 대학원을 마치고 일본학술진흥회 특별연구원이었던 이노우에 가오루 씨(나와 성(姓)이 같다)는 식민지 시대의 조선교육사 연구자로 면밀한 실증 논문을 발표했었다. 위원회의 의뢰에 따라 유골 '채집' 사건이 일어난 1906년경 조선에서 간행된 신문(조선어) 기사에 관해 조사하던 중이었다.

이노우에 가오루 씨는 의욕이 넘쳤다. 다들 주목하고 있던 하코다테의 사토 마사지로와는 다른 인물을 그는 이미 찾았다. 이노우에 씨는 그 경위에 관해 논설 「홋카이도대학 문학부 후루카와 강당 머리뼈 방치사건」을 발표했으므로 이것을 참고삼아 소개하고자 한다.

이노우에 가오루 씨는 부속 도서관에 있는 두 종류의 조선어 신문을 문제의 날짜를 중심으로 찾아보았으나 발견하지 못하고 포기한 채 자기 작업을 하고 있었다. 그러다가 며칠 뒤, 『매일신보』 1911년 1월 12일의 기사에서 '학무협의회' 출석자 중에 포함된 사토 마사지로를 찾았다고 한다. '진주실업학교 교장'을 지내는 공무원이었다. 더욱이 진주는 경상남도로 진도와 가깝다. 또한 이노우에 씨는 1907년 간행한 『한국중앙농회보』에 게재된 통감부 직원 명부 「농상공부 농무국 관계 직원」에서 다음두 개의 기사를 찾았다. 이것이 이번 조사 전체의 돌파구였다.

권업모범장 목포 출장소 기사 사토 마사지로
임시면화재배소(겸) 소장 기사 사토 마사지로

1906년의 2년 뒤 진도에 근접한 목포에 통감부 소속 농업 기사 사토 마사지로가 있었다. 이노우에 가오루 씨는 이에 관한 사료를 알려주려고 온 것이다.

사토 마사지로는 목포에서 면화 재배 사업과 관계된 일을 했으며 임시면화재배소 소장이었다. 회보를 보니 재배소의 하부 조직인 '진도면채종포(珍島綿採種圃) 기사 우에무라 데이조(植村貞三)'라고 진도의 면화

시험장에 관한 기재도 있었다. 1908년 조선 남부 각지에 설치된 면화시험장 11개 중 하나였다. 전라남도 목포와 진도는 직선거리로 약 40km 거리다.

'신주실업학교 교장 사토 마사지로'라는 1911년 1월의 기사도 하나의 실마리가 되었다. 실업(농업)고등학교 교육직으로 직업을 바꾼 것이다. 농학을 배운 인물일 것으로 생각되었다. 우리는 함께 부속 도서관을 향했다. 부속 도서관 북방자료실에는 삿포로농학교 자료가 소장되어 있다.

전전(戰前)의 삿포로농학교는 도호쿠제국대학 농과대학을 거쳐 홋카이도제국대학으로 바뀌면서 일본의 식민지였던 대만, 조선, '만주' 등과 관계가 있어 왔다. 당시 대학에 들어온 간행물이나 팸플릿은 전후 일시적으로 폐기되었다가 사서의 노력으로 '구 외지(外地) 관계 팸플릿'으로 보존되어 있다. 그 가운데 목포의 사토 마사지로가 쓴 인쇄물 한 점이 나왔다.

그것이 「한국 전라남도 주요지 명세도」다. 1909년 10월 25일 발행되었고, 부제는 「일명이주안내(一名移住案內)」다. 일찍이 홋카이도에서도 많이 제작된 이민 모집 소책자다. 발행소는 '한국 목포 영사관통(通) 29번지, 목포인쇄 주식회사.' 책자 말미에 "도항자는 도항과 동시에 일용 가구, 집기, 의복, 침구 등 생활상 필요한 것은 되도록 휴대하는 것이 득책"이라는 조언이 있다. 이런 책자를 들고 도항하는 일본인은 모두 가난한 민중이었다. 식민지는 부와 권력을 쥔 일본인과 한편으로는 이처럼 생활용품 일체를 짊어지고 간 가난한 일본인 이주민, 니세코무라(狩太村, 현재 니세코초〔ニセコ町〕)의 아리시마(有島) 농장을 소재로 한 아리시마 다케로

(有島武郎)의『카인의 후예』에 나올 법한 소작인이나 고용된 일꾼들을 불러들였다.

전라남도의 지질 종류를 색깔별로 인쇄하고 뒷면에는 농업, 어업, 교통 통계와 해설이 인쇄되었다. 우리는 지도 왼쪽 바깥에 인쇄된 두 줄, 저작자와 주소에 눈을 고정했다.

원적 홋카이도 이시카리 군(石狩郡) 도베쓰무라(當別村) 다카오카(高岡)
현주소 한국 목포 영사관통 사토 마사지로

목포의 사토 마사지로는 홋카이도 사람이었다.

도베쓰는 현재의 도베쓰초(當別町). 삿포로 시 북쪽 이시카리가와(石狩川) 너머에 펼쳐진 전원 지대로, 다카오카는 그 이름대로 북부 구릉지의 고원(高原), 이시카리 만(石狩湾)의 거친 바다를 내려다보는 밭농사 마을이었다.

즉시 1907년 「삿포로농학교 동창회 제17회 보고」를 훑어보았다. 직업은 '한국 통감부 기사'이고 주소와 성명은 '한국 통감부 모범근업장 목포 지장(支場) 사토 마사지로(34) (19).'

목포의 사토 마사지로는 삿포로농학교 졸업생이고 통감부 권업모범장 농업 기사였다. '(34) (19)'는 메이지 34년(1901)년 졸업, 제19기생을 말한다. 당시에는 7월에 졸업했다.

입학은 메이지 25년(1892년) 7월. 삿포로농학교 예과에 입학한 제19기생이다. 제19기생으로는 후에 소설가가 된 아리시마 다케로 등이 있었다. 사회운동가 모리모토 고키치(森本厚吉), '낫토(納豆) 박사'로 알려진 한자와 준(半沢洵) 등 인재가 많은 '꽃의 19기생'의 한 사람이었다.

졸업 2년 뒤인 「제14회 보고」에 나타난 직업을 보면, 사토와 아리시마 모두 1년 지원병이다. 사토 마사지로의 주소는 '삿포로 군(札幌郡) 쓰키삿푸(月寒) 병영 제25연대 제3중대'였다. 이듬해 「제15회 보고」를 보면, 아리시마는 미국에서 유학했다.

진도와 목포 ———

사토 마사지로가 저술한 「한국 전라남도 주요지 명세도」는 전라남도를 간결하게 소개했다.

제1장 「개설」에서는 한국 면적이 1만 3천여만 리(里), 인구 1,200만 명으로 면적은 일본의 2분의 1, 인구는 4분의 1에 상당한다고 설명하고, 전라도는 "보고 중의 보고", "아직 미개(未開)의 영역"이므로 일본의 "지력(智力)과 자본"을 사용하면 "개척할 여지가 지극히 광대"하다고 했다.

사토는 이어, 전라남도는 조선의 서남단이고 영산강 유역 등 '비옥한 들'을 배경으로 전면에 다도해가 펼쳐져 "국내에서 가장 전망이 밝은 위치를 차지"하고 있다고 한다. 인구는 약 100만, 면적 672만 리, 경지는 23만 5,761.9정보이고 그 가운데 전지(田地)는 18만 4,915정보. '비교'를 위해 '에치고 국(越後国)'을 예로 들었다. 에치고 국이 약간 크지만 총면적과 경지가 거의 비슷하고, 면적에 대한 경지 백분비도 22.5%로 동일하다고 설명했다.

사토의 설명에 나오는 다도해, 그중에서도 가장 큰 섬이 문제의 진도다. 전라남도의 교통에 관해서는 「한국 전라남도 주요지 명세도」에 일본과 전라남도의 교통은 '우선 목포에 도항하고 목포를 기점으로' 도내의 요지와 연결된다는 설명이 있다. 바다에 면해 있는 목포는 개항장으로 일본인의 교통 거점이었다.

목포와 진도 사이에 화원(花源) 반도가 삐죽 나와 있다. 현재는 목포와 진도와 화원 반도 사이에 다리가 놓여 목포에서 진도까지 고속버스로 1시간 10분 걸린다. 1906년 당시에는 이 두 개의 다리가 없었다. 목포와 진도, 화원 반도 모두 배로 건너가서, 그 후는 도보였다. 이 행정은 거의 직선으로 약 40km. 사토의 설명으로는 편도로 이틀이 걸렸다.

바로 그 목포에 명세도의 저자이자 삿포로농학교 졸업생이 기사로 근무하고 있었다. 명세도에는 전라남도 33개 군(郡)별로 장시가 열리는 곳, 날짜, 주요 물산까지 소개되어 있다. 진도군은 '(시장) 읍내, (개시일) 2·7일, (물산) 목면, 면화, 해산물, 미곡'이라고 설명해 놓았다. 당시 진도군 최고의 물산은 목면이고, 목화밭도 넓게 펼쳐져 있었다. 그런 배경 때문에 진도에 일본의 면화시험장이 설치되었다. 명세도에 따르면 대안에 있는 나주평야 일대에도 면화밭이 있었다.

삿포로농학교의 졸업생인 사토 마사지로는 1906년 교통 거점이기도 한 목포의 권업모범장 목포 출장소에 있었다. 진도의 면화시험장은 그 산하에 있었다.

목포의 삿포로농학교 제19기 졸업생 사토 마사지로가 문제의 '해골(髑髏)'을 갖고 왔을 가능성이 유력했다.

군산의 사토 마사지로 ────

이노우에 가오루 씨는 또 다른 사토 마사지로도 찾아냈다. 1907년 11월 『한국중앙농회보』 1권 5호의 「한국에 있는 일본인 농림업 경영자 조」(통감부 조사)에 나와 있었다. 일본인이 조선에 이주를 시작하던 무렵 조사한 것이다.

군산에는 5천 엔 이상의 자산을 가진 일본인 대지주가 32명 있었다. 그중 스물여덟 번째, 옥구군 신흥동의 사토 마사지로, 경영지는 '신흥동의 장항리(獐項里) 석치산(石峙山) 기타 각지'였다. 이것이 제3의 사토 마사지로였다.

이 군산의 사토 마사지로는 나에게 조선에 이주한 일본인 농업자의 실태를 알려주는 길잡이가 되었다. 금병동 씨가 제공해 준 자료 역시 주로 군산의 마사지로에 관한 자료였다. 나중에 연보를 재현할 수 있었다(『군산개항사』, 『군산부사』, 『조선공로자명감』 등).

그는 1865년 에히메 현(愛媛県)에서 출생, 게이오기주쿠대학(慶應義塾大学)을 졸업하고 오사카마이니치신문사 경제부장을 지냈다. 1904년 3월 신문사를 '의원(依願) 퇴직'하고 군산으로 건너갔다. '쌀의 군산'이라고 불리며 조선 제일의 쌀 집산지인 그곳은 일본인 지주의 침입이 가장 극심했던 곳이다.

앞에서 언급한 통감부 조사에 따르면, 군산에서 5천 엔 이상의 자산을 가진 일본인 대지주는 32명이고 5천 엔 이하의 중소농업 경영자는 126명이었다. 『군산개항사』에는 일본인이 이곳에 온 초기 모습을 일본인 스스로 묘사한 부분이 있다. "개미가 단 것으로 몰려오는 듯한 기세로 군산을 향해 위집(蝟集)해 왔다." 배후에는 금강과 함께 백제가 번영한 풍요로운 논산평야가 있었다.

초기에는 미야자키 게이타로(宮崎佳太郎), 러일전쟁 후에는 오쿠라가(大倉家)의 나카니시 조이치(中西譲一)가 군산을 분주히 다니며 경지를 매수했다. '군산 농사조합의 3걸'은 "군산의 금융왕 사토 마사지로, 전라북도의 지주왕 구마모토 리헤이(熊本利平), 조선의 수리왕(水利王) 후지이

간타로(藤井寬太郎)" 3명이다(『군산개항사』). 그 후 정말 금융왕이 되었다. 당시에는 마사지로(政次郎)와 마사지로(政治郎)가 혼용된 듯하다.

사토 마사지로는 오사카 마이니치신문사의 경제부장 시기에 러일전쟁이 벌어지는 조선을 취재하고 책을 냈다. 그중 한 권이 『한국성업책(韓国成業策) — 1인 도한(渡韓)』이다. 표지에 '하늘이 준 부원(富源) 한반도 척식 경영 방인(邦人)의 임무'라고 쓴, 일본인의 조선 이주를 열렬히 호소하는 르포르타주다. 금강(충청남도)·낙동강(경상남도)·영산강(전라남도) 등 세 개의 대하(大河) 유역을 추천했다. "좋은 시기를 놓치지 말 것", "목하 가장 쉽게 또 가장 정확히 사업 계획에 착수하고 그 이권을 취득"할 수 있다. "일본인은 실로 우등 민족이며 오히려 절대적인 권력을 갖고 있다." 땅값은 "본방에 비하면 10분의 1에도 미치지 못하는 저가"라는 식으로 이권과 토지에 대한 욕구를 탐욕스러울 정도로 얘기했다.

땅값 상황, 소유권 취득 방법, 토지 매매의 실황 등에 관한 현지 보고와 함께 "러일의 개전 시기는 한국 실업적 경영의 호시기"라면서 "군대 뒤에 상공대(商工隊)가 급행하여 전승의 효과를 완수하는 것은 본방 실업가의 책무(제2장)"라고 논하고 "경상, 전라 양도는 1정보의 땅값이 상전(上田)의 경우에도 그저 이삼백 엔 정도밖에 안 된다"고 했다(제5장).

그리고 스스로 조선에 이주했다. 『군산개항사』는 전거가 불분명하기는 하지만 마사지로가 고향의 '삼림왕'의 원조를 받아 7천 엔을 휴대하고 기민하게 신흥동(新興洞)의 수전(水田)을 모두 사들였는데, 자기 자금은 부인의 "쌈짓돈 1천 엔에도 못 미쳤다"는 일화를 실었다.

1905년 12월 간행된 군산 농사조합의 『군산농사월보』 3호에 사토 마사지로는 「본년도의 미작(米作) 성적」을 기고한다. 이주 2년째의 농업 경영이다.

경지 총면적은 일본 정보로 환산하여 수전 11정(町), 밭 5단(反, 1단은 300步, 1町의 10분의 1)이다. 자작도 하는 자소작(自小作) 지주로 출발하여 수전 2정 4단보를 가족과 고용인, 모두 4명의 남녀로 자작하고 수전 8정 6단보를 4명의 일본인 농부와 12명의 조선인 농부에게 소작시켰다.

1910년의 「군산 상황 일반」(서울대 규장각 자료)에는 "군산 금융조합 조장(組長) 사토 마사지로"라고 되어 있어 이미 금융업으로 전업한 사실을 알 수 있다. 또한 당시 "소재지에 고정된 자금만 해도 이십만 엔"이라는 『군산개항사』의 보도로 볼 때, 지주 경영을 급속히 확대해 오로지 소작만 사용하는 기생 지주로 바뀌었다고 추측된다. 1934년 10월 개최된 '개항 35주년 기념사업'에서는 '공로자'로 은배를 받고, 수여자 명부에 '사토 마사지로(도쿄)'로 기재되었다. 이미 도쿄에 있었던 것이다(『군산부사』). 1936년에 나온 『조선 공로자 명감』에서 마사지로는 처음 입식한 군산 옥구군에 590여 정보의 농장을 두고 도쿄 시외의 히몬야(碑文谷)에 살고 있었다. '때때로 조선에 왕복'하는 군산의 거대 부재지주 반열에 오른 것이다.

기생 지주로 변신한 것은 군산의 지주에게 공통된 모습이었다. 위의 「본년도의 미작 성적」에 다음과 같은 구절이 있다. "한국의 미작법은 어느 정도 대농주의(大農主義), 즉 조방(粗放)·속성(速成)에 가깝고, 수전 면적이 광대하여 농부 수가 비교적 근소한 한국에서는 자연에 맡겨야 하는 경향이 있다. 본방 농부는 이 자연 현상을 이해하지 못하고 한국의 농사가 모두 유치하다고 오해하고 함부로 고국(일본)의 원예 농법을 실행하는 경우가 있다." 즉 조선에는 조선의 조건에 맞는 농법이 형성되어 있다. 그것은 '어느 정도 대농주의'이고 일견 '조방·속성'이었다. 마사지로는 일본의 '원예 농법'은 현지에서는 통용되지 않는다고 단언한다. 군산의 일본인 지주들은 조선 농업을 '유치'하다며 깔보고 침탈했는데, 실은 조선에 적합한 조선 농법으로 조선인 소작을 사용하여 거대한 기생 지주가 된 것이다.

압록강에서 온 그림엽서 ━━━━━

이와 같이 목포, 군산, 하코다테 등 세 명의 사토 마사지로가 부상했다. 그중에서도 삿포로농학교 출신인 목포의 사토 마사지로가 확실히 가능성이 높았다.

그러나 한 가지 문제가 있었다. 내가 본 '1917년(다이쇼 6년) 삿포로농학교 동창회 제36회 보고'에 실린 그림엽서 때문이다. 조선에 있는 삿포로농학교 동창생들이 삿포로 동창회에 보낸 엽서로 제목은 「조선 및 만주에서」이다. 압록강에 걸린 철교가 회전하여 배를 통과시키는 풍경을 그렸다. 사토 마사지로는 총독부 기사이며 압록강변인 평안북도 의주에 있었고, 그림엽서 통신란에는 다음과 같은 기록이 있다. "조선, 지나의 경계, 대압록강 강변, 안동현(安東縣)에서 동창 몇 명이 만나 모교를 그리며, 5월 5일."

사토 마사지로 등 10명의 이름이

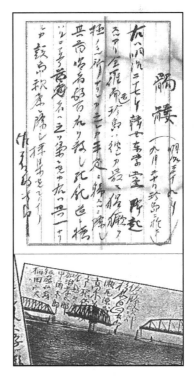

▶ 위 : 사토 마사지로의 메모
▶ 아래 : 사토 마사지로의 이름이 기록된 그림엽서

나오고 '홋카이도 삿포로대학 동창회 귀중'이라고 쓰여 있다. 소인(消印)은 신의주이며 1917(다이쇼 6)년 5월 7일. '사토 마사지로'의 서명(署名)은 사진에서 보듯이 메모와는 서체가 다르다. 조선이나 '만주'에서 동창생이 모여 매년 보낸 그림엽서에 사토 마사지로의 서명이 기재되었다. 그림엽서에 쓰인 서명은 '해골'의 메모와 달리 동일한 서체를 보인다. 필적은 특히 단문일 때는 일정하지 않을 수도 있지만, 그래도 메모와 일치하지 않는 것은 큰 문제였다.

그의 자손(자녀)이 혼슈(本州)에 건재했다. 9월 하순, 연락이 되어 우선 전화로 얘기를 들었다. 70대 중반의 부인이 나를 정중히 응대해 주었다.

진주에서 총독부 일을 했을 때는 늘 목화씨를 호주머니에 넣고 다녔다고 한다. 총독부 기사를 퇴관한 뒤 서울에서 광대한 사토 농장을 경영했는데, 지평선까지 모두 농장이었다. 수확할 때는 멋진 광경을 연출했다. 쌀은 모두 일본에 보냈다. 농학교를 졸업한 사람을 경작에 사용했다. 아리시마 다케로의 일기(日記) 서너 군데에 아버지 마사지로가 나온다. "나처럼 성실하면 아리시마의 (일기) 재료가 안 되지."라고 말한 적이 있다. 만년에 쓴 자필 회고록 노트 두 권을 보관하고 있었다.

진도에서의 유골 '채집' 사건이나 '해골' 메모에 관해서는 다른 자손(손자) 쪽에 자초지종을 설명했지만, 이미 연세가 많은 그 부인에게는 얘기하지 않았다. 자손들의 요청이자 조건이었다(손자의 주소는 공표하지 않았다). 혼슈에서 자손(자녀)을 직접 만난 것은 10월 하순이다. 동료이자 일본중세사 전공 가와치 쇼스케(河内祥輔) 씨와 함께 방문하여 얘기를 들었다. 사토 마사지로는 조선에서 농학교 졸업생들을 자주 만났고, 전후에도 홋카이도대학 교관들이 때때로 혼슈에 있는 사토의 자택을 방문했다고 한다.

1945년 11월 일본으로 돌아왔다. 사정이 있어서 늦어진 것이다. 자식 몇 명이 조선 현지에서 병사하여 모친(마사지로의 처)은 조선을 막무가내로 떠나지 않으려 했다. 일본에 올 때 모든 것을 잃었다. 문서도 모두 태워야 했다.

자필 노트를 꺼내어 보여주었다. 나는 보자마자 충격을 받았다. 서체가 메모와 비슷했다. 아니 비슷하다기보다 '메이지(明治)', '한국', '전라남도', '평정(平定)', '제(際)' 등 특징 있는 문자들이 완전히 일치했다. 앞에서 언급한 사토 마사지로가 동창회 앞으로 보낸 그림엽서 자필 서명의 서체 문제로 인해, 만분의 일의 확률일지언정 사토 마사지로의 필적이 메모와 완전히 다를 수도 있다고 각오하고 있었다. 자필 노트를 빌려 대학에서 시간을 들여 검증했다. 목포의 사토 마사지로가 매우 유력했다.

전술했듯이 진도에는 면채종포가 있었다. 사토 마사지로가 진도를 방문했을 가능성에 대해 한국, 목포, 진도에서 현장 조사가 필요했다.

진도의 지도자는 ━━━

10월이 되었다. 동학농민전쟁을 연구하는 지바(千葉) 대학 조경달(趙景達) 선생과 거듭된 전화 통화를 통해 효수된 '수괴자'를 찾는 실마리에 관해 가르침을 받았다.

한국 국사편찬위원회가 편집한 『동학란기록』에 조선정부군의 기록 「순무선봉진등록(巡撫先鋒陣騰錄)」이 있다. 날짜는 갑오(甲午)년 12월 20일, 이듬해 1월 2일, 1월 7일(모두 음력)이다.

"진도부 진도면(면은 행정단위)의 '적괴' 박중진(朴仲辰)이 영광·무장 등지에서 당원을 모아, 하조도(下鳥島)에서 배를 타고 진도에 들어갔다.

성을 공격하고 살육, 약탈하고 군기(軍器)를 빼앗고 촌락에 불을 지르고 물건을 파괴하고 백성의 재물을 약탈했다. 그래서 수괴 몇 명을 붙잡아 장기간 유치하고 취조했다"는 내용이다. 이처럼 박중진을 적으로 취급하는 것은 관측의 기록이기 때문이다.

또 진도부사(지방관)의 보고에서는 동학농민군 손행권(孫行權), 김수종(金秀宗), 그리고 간부 5명을 체포했다고 한다. 손행권은 고군내면(古郡內面) 내동리(內洞里), 김수종은 석현리(石峴里)라고 지명도 기재되었다. 그들이 주요 지도자라는 뜻이겠다.

『동학란기록』을 통해 나도 확인했다. 세 명의 지도자, 즉 조도면(鳥島面)의 박중진, 고군내면의 손행권, 석현리의 김수종에 관해 진도에서 현장 조사를 진행할 수 있음을 알았다. 동학농민전쟁에 관한 제일선의 전문가로부터 정밀한 사료 조사에 관해 배웠다. 이어 도쿄로 향했다.

3. 일본에서 이루어진 자료 조사

외교사료관 ━━━━

외교사료관과 방위성 방위연구소(현재)에서 이루어진 조사는 전라도 남부의 동학농민군에 대한 토벌에 중점을 두었다. 외교사료관에서 목록을 훑어보니, 목포와 군산의 영사관 기록에 농업시험장 기사에 관한 내용이 있고, 조선 면화 시찰 보고도 있었다. 조선 농민군에 관한 보고는 '한국 폭도'로 다양한 보고서가 있었다.

목록에서 금방 눈에 띈 것은 「한국 동학당 봉기 일건(韓国東学党蜂起一件)」인데, 당시의 원사료를 한데 모은 것이다. 동학농민군과 관련하여 일본 정부, 외무성, 조선 공사, 각지 영사들의 왕복 문서를 정리한 두툼한 사료집이었다. 사료의 목차도 제대로 붙어 있었다.

주요한 사료의 사례로, 부산총영사 대리 가토 마스오(加藤增雄)의 보고를 소개해 보자.

「조선 남도 동도(東徒) 초멸(剿滅) 건에 관한 보고」는 조선 남부에서 동학농민군 토벌이 거의 종료된 1895년 2월(서울 이북의 황해도나 평안도에서 봉기한 동학농민군 토벌은 4월까지 계속된다)에 작성된 것으로 조선 남부에서 벌어진 일본군의 토벌 작전 경위를 정리하여 보고한 것이다. 이것은 조사를 막 시작한 나에게는 많은 도움이 되었다.

주요한 부분을 현대문으로 옮겨 요지를 소개해 보자.

작년(1894년) 10월 무렵부터 충청도, 전라도, 경상도에서 동학농민군이 재차 봉기했다. 그 기세는 날로 높아져 '한병(韓兵, 한국 정부군)'만으로는 진정시킬 수 없었다. 11월 중순, 일본군 '보병 1대대'를 인천에서 파견하여 동학농민군을 '전멸'시켰다(이 대대가 제2장에서 검증하는 후비 제19대대 3중대, 동학농민군 섬멸대대였다).

'당초의 방략'으로는 용산(서울 남부 일본군 기지)에서 동·중·서 '3로(三路)를 분진(分進)'한다. 동쪽부터 차례로 보면 대구가도(街道), 청주가도, 공주가도 3로다. 이렇게 남하하여 남부로 내려가 동북으로 우회하여 최종 합류 지점인 성주 ― 경상도 성주(星州). 사실 성주는 오류이고 합류 지점은 약간 북쪽의 낙동(洛東)이다 ― 까지 3로의 일본군이 동학농민군을 '포위 공격'한다는 계획이었다.

'그렇지만' 가토는 다음과 같이 지적한다. 12월 10일경까지 약 1개월 반, 원래 예정보다도 작전이 훨씬 지지부진하다. 그렇다면 전라도 서남부의 동학농민군은 작전상의 진로에서 벗어나 일본군의 공세를 모면하게 된다. 전라도 서남부는 동학농민군의 '소굴'이니 동쪽으로 집결하는 지금의 행군 경로를 바꾸어 동로(東路)의 병사를 반대쪽인 서쪽으로 향하게 한다. 경상도를 가로질러 전라도로 전진시키고 한편으로 중로(中路)·서로(西路)의 병사들도 서남쪽 끝으로 진군시켜 전군이 호응하여 동학농민군을 '전라 서남단으로 몰아', '일망타진하는 것'이 유효하다는 것이다.

주(駐) 서울공사 이노우에 가오루(井上馨)에게 의견을 구신(具申)하니, 작전은 그대로 변경·실행되었다. 3로의 일본 병사는 전라남도 나주 부근에서 합류하고 서남부로 밀려들었다. 동학농민군은 전라남도의 서남단으로 쫓겨 섬멸당했다.

동학농민군은 일본군이 오는 것을 알고 무기를 버리고 '양민 행세'를 했으므로 일본군은 마을에 들어가 잠복한 동학농민군을 수색하고 죄의 경중에 따라 '각각의 처분'을 했다.

부산에서도 수비병 1중대를 파견했다. 동학농민군이 연안의 섬들로 도주할 우려가 있어 이노우에 공사는 군함 2척으로 전라도와 경상도 남부 연안을 순회하게 하고, 도주를 방지했다.

이상이 가토 총영사 대리가 보고한 것의 요지다.

제2장에서 설명하겠지만 12월 초, 일본군의 작전 변경은 가토 총영사 대리의 구신이 없어도 피할 수 없는 것이었다. 당초의 작전은 지지부진하고 게다가 계속하지 못하고 변경되었다. 이 점을 염두에 두고, 당초의 동학농민군 '전멸' 작전, 서울에서 '3로'를 남하하는 동학농민군 토멸 작전을 도중에 크게 변경·실행했다고 간결한 설명이 이루어졌다.

야마노테 선(山手線) 에비스(惠比壽) 역에서 내려 서쪽 출구 정면의 완만한 언덕을 약간 올라가면 방위성 방위연구소 길이 나온다.

1995년 10월. 당시에는 그 후 10년도 넘게 그 먼 삿포로에서 사료열람실(당시)을 계속 방문하리라고는 생각하지 못했다.

열람실에 들어가니 벽면에 카드 상자가 나란히 놓여 있다. 카드를 찾으니 동학농민전쟁 관련 사료는 여러 곳에 대량으로 보존되어 있었다. 두 가지 예를 들어보자.

하나는 「동학당폭민(東学党暴民)」이다. 토벌 일본군이 히로시마 대본영(大本營)에 보낸 전신(電信) 보고가 다수 있었다. 또 하나는 남부 병참감부(兵站監部)의 「진중일지(陣中日誌)」로 토벌부대를 지휘한 병참사령부의 공식 일지다.

「동학당폭민」은 구체적이었다. 다음 인용은 부산수비대 후비 제10연대 제4중대장 스즈키 야스타미(鈴木安民) 대위가 전라도 순천에서 부산사령부에 보내고, 부산에서 다시 대본영으로 전송한 전투 보고다. 토벌 현장에서 작전을 보고한 내용이다.

5. 동월(1월) 6일, 한병과 함께 섬거역(蟾居驛)을 출발하여 광양으로 향했다. …… 더 나아가 광양부에 도달하니 저 동학농민군은 아군이 향한다는 얘기를 미리 듣고, 이미 한력(韓曆, 구력) 7일(서력 1월 2일) 해산했다. 그래서 부민(府民)은 관리와 협력하여 남은 농민군을 붙잡아 다음을 처형했다.

1. 영호(嶺湖) 대접주 금구(金溝) 김인배(金仁培) 효수
1. 동 수접주(首接主) 순천 유하덕(劉夏德) 효수

1. 사곡(沙谷) 접주 한군협(韓君夾) 포살

1. 옥룡(玉龍) 접주 서구약(徐久若) 형제 포살

1. 인덕(仁德) 접주 박치서(朴治西) 포살

1. 사곡접주 한진유(韓辰有) 포살

1. 광양순천 수접주 김학식(金鶴植) 포살

1. 봉강(鳳岡) 접주 박흥서(朴興西) 포살

1. 인덕 접주 성석하(成石河) 포살

1. 월포(月浦) 접주 김명숙(金明淑) 포살

1. 순천서면 접주 김가(金哥) 포살

1. 우장도당(牛藏徒黨) 이차겸(李且兼) 포살

1. 순천서면 황재숙(黃在淑) 포살

외 78명 포살

한눈에 보기에도 효수와 포살(총살)이 열거되어 있다. '한병'과 일본군이 광양부에 들어가고, 부민이 관리와 협력하여 농민군을 붙잡았다. 기타 78명을 합쳐 92명이 죽임을 당했다. 부민도 관리도 조선인이지만 제2장에서 검증하듯이 촌락에 도피한 농민군에 대해서는 그 땅을 아는 지방 인민이 아니면 수색을 할 수 없었다. 인민을 동원하여 그들을 붙잡아 일본군이 총살과 효수를 한 것이다. 일람에서 보듯이 '대접주(大接主)', 즉 지도자는 효수, '접주(接主)', 즉 간부는 총살이었다. 이와 동일한 사료가 많았다.

후자인 남부 병참감부의 「진중일지」에서 조선 근대사 연구자인 박종근(朴宗根) 씨는 대본영이 동학농민군에 대해 섬멸('모조리 살육') 명령을 내린 사실을 찾아냈다. 이 검증도 제2장에서 다루기로 한다. 방위연구소도서관 조사를 통해 '해골' 메모에 쓰여 있듯이 간부는 살해, 지도자는 효수라는 처절한 모습이 실제로 존재했음을 확인했다.

이후 12월 중순 한국 현장 조사에 나섰다. 조선 근대사를 연구하고 서울에 유학한 경험도 있는 이노우에 가오루 씨가 동행해 주었다. 가는 곳은 서울, 진도, 목포. 한겨울이었다.

4. 진도를 방문하고

서울 ━━━

서울에 도착했다. 이해, 삿포로는 1945년 이래 50년 만의 폭설에 휩싸였다. 서울의 추위는 삿포로와 비슷한 정도지만 눈은 없었다. 저녁 식사 후 이노우에 가오루 씨와 명동대성당까지 산책했다. 인적 없는 대성당에는 거대한 민주화운동의 현수막이 걸려 있었다. 김대중 대통령이 등장하기 3년 전, 한국은 오랜 군사정권 시대를 지나 민주화 시대에 접어들고 있었다.

서울에서 방문한 곳은 서울대 규장각이다. 200년 이상의 역사가 있고 왕조시대에 관한 장서 30만 권을 보유했다. 일본 근대사를 연구하는 김용덕(金容德) 교수가 안내해 주었다.

「각사등록(各司謄錄)」은 지방관 보고 등을 도별로 정리한 방대한 사료집으로 전라남도만 20권이 넘었다. 분담하여 마이크로필름 리더기에 종일 앉아 있었다.

눈에 띄는 기사를 발견했다. 광무 10년 9월 5일, 서력 1906년 10월 22일의 사건인데, 진도에서 동학 유골을 '채집'한 9월 2일보다 한 달 뒤의 일이다. 전라남도 진도군 조도면에서 일본인 토지 취득에 관해 도민이 소장을 냈다. 진도 앞바다의 섬, 조도면에서 일어난 도민의 저항운동이다. 이때 나는 이듬해 이 조도면의 한 섬에 가서 현장 조사를 하리라고는 꿈에도 생각하지 못했다.

동학농민군에 대한 토벌 기록은 금방 찾았다. 가령 붙잡힌 동학농민의 성명을 써넣은「전라도 각 읍소(邑所) 착(捉) 동도(東徒) 수 및 소획집물(所獲什物) 및 녹성책(錄成冊)」에 '효(梟)', '포살', '장살(杖殺)'이라는 문자가 곳곳에서 확인되었다. 포살은 총살이고 장살은 곤장으로 살해하는 처형이다.

진도에서 이루어진 토벌에 관한 사료는 이틀간 찾았지만 결국 찾지 못했다.

한편 이노우에 가오루 씨는 목포의 농업기수 사토 마사지로의 조사를 맡았다. 우리의 관심사는 문제의 1906년 9월 사토 마사지로가 진도에 출장했음을 보여주는 문서다. 그러나 이노우에 가오루 씨도 아직 찾아내지 못했다.

이노우에 가오루 씨는「각사등록」의 '농상공부래거문(農商工部來去文)' 등에서 권업모범장 기사, 임시면화재배소 기사, 사토 마사지로라는 이름을 찾아냈지만, 진도에 간 것을 확인할 수 있는 자료는 없었다. 찾을 가능성이 극히 적다는 것을 알았지만 찾는 수밖에 없다. 그리고 사료 조사의 철칙이지만 사료가 없음을 확인하는 것도 중요한 의미가 있었다.

이상린(李相燐) 학예연구원이 '초분(草墳)'에 관해 설명했다. 진도의 매장법은 독특하다고 한다. 사체 아래에 소나무를 깔고 위에 풀만 덮어 그대로 둔다. 3년이 지나면 뼈만 남는다. 뼈를 씻어서 잘게 갈아 다른 장

소에 설치한 진짜 묘에 모신다. 전라남도의 해안부에서는 이 같은 방법으로 매장한다고 한다

유골을 방치하는 것은 소홀히 다루는 것이 아니다. 유교국인 한국은 사자(死者)를 생자(生者)와 마찬가지 혹은 그 이상으로 소중히 다룬다. 세골(洗骨)하는 것이다. 사자를 정중히 존중하는 조선의 문화를 나는 조금씩 이해하기 시작했다.

그 다음 방문처는 국사편찬위원회. 말하자면 국립역사문서관이다. 건물도 대규모이고 국사편찬위원회 위원장은 정부 고관에 해당한다고 들었다. 이원순 위원장은 원래 서울대 교수이고 유학생을 위해 홋카이도대학을 방문한 적이 있다. 남북이 분단되어 한국에서 혼자 자랐다며 이 위원장은 자신의 파란만장한 삶을 우리에게 거리낌 없이 이야기해 주었다.

그는 현 정권하의 위원장으로 일본에 있는 한국인 연구자, 재일 연구자들 사이에서 인망이 있었다. "무슨 곤란한 일이 있으면 (이원순 위원장과) 상담하십시오." 민주화운동 측의 입장에 있던 재일 한국인 연구자가 해준 말이다. 이원순 위원장과는 그 후에도 자주 연락했고 그는 말로 다할 수 없을 정도로 충실한 도움을 주었다.

국사편찬위원회는 전국에 조사 위원이 있으며 각지의 문화원에서 활동한다. 진도의 조사 위원 중 한 명이 박주언 씨였다. 도쿄대학의 이토 아비토(伊藤亞人) 교수(당시)가 진도의 지역사 연구자라고 소개한 분이다. 이틀 뒤 진도에서 만날 사람이었다.

진도 ━━━━━

아침 일찍 김포공항으로 향했다. 깜깜한 서울은 짙은 안개에 싸여 전편이 결항이다. 즉시 고속버스로 변경하여 진도로 향했다. 서울에서 진도까지 6시간. 한반도 서남단, 해협에 걸린 철교를 건넜다. 해협은 조선의 수군과 히데요시(秀吉)의 수군이 전투하여 히데요시의 수군이 대패한 것으로 유명한 좁은 격류의 옛 전장이다. 고속버스는 그 해협을 건너 10km 정도 너머의 섬 중앙을 향해 산길로 접어든다. 진도의 시가지는 섬 중앙보다 약간 동북에 치우친 분지에 있었다.

정류소에서 박주언 씨가 기다리고 있었다. 인사하자마자 우리가 묵을 여관에 들어가 방바닥에 앉아 얘기를 나누었다. 갈색 가죽점퍼에 검은 바지를 걸치고 차분한 목소리로 얘기하는 수수한 중년 남자다. 그는 진도 지역 저널리스트라고 한다. 풍모에서 재야인사의 인상을 풍긴다. 이노우에 가오루 씨의 통역을 통해 대화했다.

진도, 동학농민군 지도자 세 명의 후보에 관해서는 박주언 씨에게 미리 연락해 두었다. 즉, 조도면의 박중진, 고도내면의 손행권, 석현리의 김수종, 그리고 진도 면채종포이다. 여관의 소박한 온돌방에서 박주언 씨는 낮은 목소리로 다음과 같이 얘기했다.

조도면의 박중진에 관해서만 기록이 있다.

박중진은 진도 지방의 첫째가는 지도자이며 많은 얘기가 전해진다. 조도면 박씨가의 '족보(가문의 명부)'가 남아 있다.

그는 1848년생으로 사망할 당시 46세였다(유골의 추정 연령은 30대 혹은 40대였다). 청일전쟁으로 청군과 일본군이 대거 조선에 왔다. 진도의 집집이 불을 놓아 근처 주민에게도 피해가 있었다고 전해진다.

박중진의 출신가인 밀양 박가는 7대(代) 전에 조도면에 들어왔다(밀양은 경상남도 동남부의 지명). 박중진은 전라남도 광주에서 동학 활동을 했다고 한다. 나주 또한 활동의 중심이었고, 목사(牧使, 지방관)와 형제처럼 사이가 좋았다. 섬에서 일어난 의병운동에 식료품을 지원했다. 힘이 세고 키가 컸다. 교양이 있어서 시험을 쳤다면 지방관이 되었을 것이다.

일족은 조도면 하조도에 대대로 산다. 박중진의 집은 부농이고 기와집이었다. 진압부대가 오자 스스로 집에 불을 질렀다. 형제가 누구인지 알게 될 것을 우려해서였다.

박중진의 아버지는 박장규(朴長圭)이고 박중진은 차남이었다. 본명은 종순(鐘恂)이다. 족보에는 박중진이 1894년 7월 19일에 사망했다고 쓰여 있다. 목포에 있는 친척은 박중진이 광주에서 숨을 거두었다고 생각한다. 나주에서 세상을 떠났다는 얘기도 있다. 박중진이 어디서 죽었는지, 일제 강점기에는 두려워서 아무도 조사할 수 없었다.

박중진의 묘는 하조도 산행리(山行里)에 있다. 어제(12월 12일), 시제(時祭)가 있었다(시제는 5대 위의 선조의 공양). 목포에 사는 72세의 친척으로부터 전화로 들은 얘기다.

1976년 간행된 『진도군지』에 다음과 같은 기록이 있다. 본토에서 동학농민군들이 진도성에 들어오자 주민들이 음식을 가지고 나와 환영했다. 그 후 토벌령이 나왔다. 주민은 "나오지 마라. 나오면 토벌을 당할 것"이라 했다. 50명 정도가 체포되어 죽임을 당하고 성(城)이 있는 부내면(府內面)에서 송현리 쪽으로 가는 길에 버려졌다. 악취를 풍기고 두려워서 아무도 접근하지 못했다고 한다. 후에 어딘가로 옮겼다고 전해진다.

송현리는 진도(진도군 내 진도) 중심가의 바로 서쪽 부근의 고개를 넘은 곳에 있는 마을이다. 여기서는 2km 정도 떨어진 거리다. 진도에서는 그 '고갯길' 위의 경사면 두 곳에 처형된 동학농민군 사체들이 유기되었다고 전해 내려온다.

『진도군지』에 따르면 50명 정도가 처형되었다. 사체가 버려진 고개는 '솔계치(率溪峙)'라고 한다. 이는 한글 발음 '솔게고개'를 한자로 옮겼을 때 나타난 오기로 정확히는 솔고개(松峙), 즉 '소나무가 있는 고개'다.

'박중진의 박가'라는 말이 있는데 진도에 피해를 준 반역자라는 나쁜 의미로 쓰인다. 박주언 씨는 "이건 지배자 측의 잘못된 견해"라고 말했다.

진도군 남동리에 일본의 면화재배시험장이 있었다. 남동리를 중심으로 한 일대였다. 현재 이 밭의 소유자는 이길성(李吉星) 씨로 씨 없는 수박을 재배한다. 지금 이 여관의 창에서 정면으로 보이는 밭이다. 내일은 밭 소유자인 이길성 씨와 만나자. 동학농민군 지도자들의 사체가 버려졌던 송현리로 가는 고갯길이나 면화재배시험장의 흔적을 보자.

박주언 씨는 내가 지참한 일제 강점기 때 지도에 송현리로 넘어가는 고개와 진도 면화재배시험장을 연필로 표시하고 여관과 가깝다고 설명해 주었다.

방의 남쪽 창에서 정면을 보면 창 아래가 바로 밭이었다. 밭에서 500m 정도 떨어진 곳에 집들이 점점이 있었다. 밭은 초록색이 약간 보이지만 한겨울이어서 작물 비슷한 건 볼 수 없다. 둘러싼 산들은 낮았다.

동학농민군의 유골이 버려진 고갯길이 있고 면화재배시험장이 있다. 거리는 겨우 1km라고 한다. 박주언 씨가 요점을 제대로 짚어 설명해 주었다.

송현리로 가는 고갯길 ———

이튿날 아침 한국식 기와지붕 문을 지나 이길성 씨 댁을 방문했다. 83세로 진도에 전해지는 얘기를 잘 알고 있었다. 이길성 씨의 얘기는 다음과 같았다.

일본의 면작 시험장은 목화만 재배했다. 조선의 면화와 품종을 바꾸려고 했다. 시험장의 면(미국 육지면)은 수확량이 좋았다. 시험장이 소유한 토지는 진도에서 가장 비옥했다. 목포에서 일본 기사가 자주 왔다. 목포의 임시면화재배소 건물은 목포석(木浦石)으로 지었다. 일화제유회사(日華製油會社)가 있었고 면실유를 만들었다.

동학 사람은 밖에서 배로 왔다. 지역 사람들은 소와 돼지를 내어주며 환영했다. 토벌령이 나오고 성문이 닫혔다. 지역 사람들은 "성에서 나오지 말라"고 했다. "나오면 토벌될 것이다."

이길성 씨의 동학농민군에 관한 증언은 간결하지만 동학농민군과 촌민의 관계를 말해주는 중요한 정보였다. 실은 어제 박주언 씨의 설명에서도 그것을 알아차릴 수 있었다. 이듬해에 진도를 방문한 동학농민전쟁 연구자 박맹수 씨도 이 증언에 주목했다.

이어 박주언 씨 지인의 차를 타고 송현리로 넘어가는 고갯길에서 내렸다. 높지 않은 구릉의 남쪽 사면 중턱에 있는 완만한 고갯길이었다. 지금은 포장된 1차선 길이 다닌다. 송현리는 진도 시가의 서쪽, 황해 쪽에 있었다. 송현리를 향해 보니 오른쪽이 산 쪽 경사면이다. 왼쪽도 밭인데 평야 쪽으로 완만하게 내려간다. 산 쪽 경사면은 볕이 잘 드는 남향이다. 이 두 곳에 사체가 방치되었다. 이것은 진도 도민에게 지금도 전해지는 이야기다.

우리는 그 장소 바로 밑에 서 있었다. 능선에 소나무가 듬성듬성 서 있었다. 나는 메모의 본문을 상기했다. "수창자 수백 명을 죽이고 사시(死屍), 길에 널리다." 별 뜻 없이 쓴 글이지만 살육 11년 후 쓰인 메모의 문장은 정확한 기록이었다. 사체를 내팽개친 '길'은 바로 이 고개였다.

곳곳에 인가가 있을 뿐, 전망이 아주 좋고 진도 시가지를 조망할 수 있었다. 거리는 박주언 씨 말대로 걸어서도 20분 정도, 약 1km에 지나지 않는다. 이듬해 여름에 다시 방문하니 고갯길 전면에는 논이 풍성하게 펼쳐져 있었다.

남동리의 면화재배시험장 터에도 갔다. 당시 일본은 일본의 면공업에 적합한, 섬유가 길고 조면률이 높은 미국 육지면을 재배하도록 관민(官民)의 사업을 일으켰다. 지난날의 미국 육지면은 지금 산간부에 아주 조금 남아 있을 뿐이라고 한다.

오후에 진도에서 목포로 향했다. 목포는 바다를 바라다보는 시가지다. 목포문화원은 시내가 내려다보이는 언덕 위에 있는데 1992년 일본영사관 건물을 원래대로 복원했다는 붉은 벽돌 건물이었다. 문화원의 이성열(李聖烈) 씨가 현지를 안내했다.

임시면화재배소는 구 영사관의 동쪽 인근에 있었다고 한다. 건물이 3년 전까지 존재했다. 홋카이도대학 부속 도서관 「구(舊) 외지 팸플릿」 내 『임시면화재배소 보고』에 청사(廳舍) 사진이 있어 복사하여 갖고 있었다. 그 사진과 똑같은 건물이었다. 지금은 목포석으로 만든 창고만 남아 있었다.

해안에 있는 일화제유회사, 조선제유회사 터도 방문했다. 목포대(木浦臺) 가까운 곳에 일본 면업공장 터가 집중되어 있었다. 이길성 씨의 증언은 정확했다.

고하도(高下島)에 일본인들이 세운 '조선육지면발상기념비'를 해방 후 이 지역 사람들이 쓰러뜨렸다. 목포시에서 이 비도 역사의 산물이라면서 장소를 옮겨 다시 세웠다.

역시 초분으로 매장하기 때문에 1900년대에는 여기에 늘 사체가 있었다. 해골을 보는 것도 가능했고 주울 수도 있었다. 이성열 씨의 감상으로는 해골을 가지러 굳이 진도에 갈 필요가 없었을 것이라고 한다.

시가지에는 일본인의 건물이 남아 있다고 한다. 내륙부는 의병 때문에 매우 위험해서 일본인들이 개항장인 목포에 모였다고 이성열 씨는 설명했다.

구 일본영사관, 지금의 문화원 바로 아래, 국도 1·2호선의 기점이 된 지역의 주택가 일각이 원래 영사관 거리였다. 삿포로농학교 졸업생이며 통감부 농업 기사인 사토 마사지로는 거기서 살았다.

5. 일본의 조선 면화 재배 사업

동학농민혁명 기념사업회 ━━━━

이듬해인 1996년 2월 초, 동학농민혁명 기념사업회 대표 두 명이 삿포로를 방문했다. 나와 이노우에 가오루 씨는 아침 일찍 삿포로 대로변의 호텔에서 그 두 사람을 만났다. 그들은 전날 문학부장과 만난 뒤 우리에게 급거 연락을 취한 것이다.

한 사람은 변호사 한승헌 씨, 또 한 사람은 젊은 동학농민전쟁 연구자 박맹수 씨다.

호텔 커피숍에서 얘기를 나눴다. 한승헌 씨는 일본어를 할 줄 안다.

나는 진도 송현리 고갯길, 『진도군지』의 동학농민군 토벌 기사(記事), 남동리의 면화재배시험장, 조도면의 동학농민군 지도자 박중진, 목포의 농업 기사 사토 마사지로에 관해 얘기했다. 지금부터 『중간 보고서』를 쓴다는 얘기도 했다.

한승헌 씨와 박맹수 씨는 우리 두 사람의 조사에 대해 크게 관심을 갖고 질문했다. 한승헌 씨는 솔직하고 초면임에도 불구하고 친근감을 주는 인물이었다. 박맹수 씨는 진도의 동학농민군에 대한 사료를 알려 주었다. 「천도교 진도종리원 연혁」과 「천도교회월보」(천도교는 동학을 계승한 종교), 『동학란기록』 등의 사료에 관해서도 토론했다. 실제로 박맹수 씨는 한국에 귀국하자 곧바로 진도에 갔다고 한다.

한승헌 변호사는 한국 측의 사정을 이야기했다.

5월 31일은 동학농민군이 정부군에 대승을 거두고 전라북도 전주부를 점령한 전승기념일이라고 한다. 그는 사단법인 동학농민혁명 기념사업회 회장을 맡고 있다. 전라북도 전주시에서 매년 5월 31일 기념행사를 여는데, 2년 전이 동학농민전쟁 100주년이었다. 이 기념할 만한 날에 동학농민군 지도자 유골이 반환되기를 희망했다. 부끄럽기 짝이 없지만, 나는 그때 한승헌 변호사가 누구인지 몰랐다. 그는 나와 이노우에 가오루 씨의 진도 조사에 대한 이야기를 깊은 관심을 가지고 감동어린 표정으로 들어준 인물이다. 후에 박맹수 씨가 귀국하여 서울에서 연구회를 열었다고 들었다.

헤어지면서 한승헌 씨는 "동학농민혁명 기념사업회가 (반환 과정에서) 창구가 될 것 같다. 반드시 또 연락하라"고 힘주어 말했다.

통감부 기수 ━━━

1996년 1월부터『중간 보고서』작성에 들어갔다.

목포의 사토 마사지로가 조선에 부임한 것은 다음과 같은 경위를 거쳤다.

사토 마사지로는 1904년 2월 시작된 러일전쟁 때문에 7월에 소집을 받아 구시로(釧路) 연대구 부관에 취임했다. 이듬해인 1905년 9월 종전이 되자 1906년 3월 구시로에서 소집 해제를 받아 곧장 도쿄로 향했다. 5월 4일 조선에 신설된 권업모범장 기수로 임명되어 6월 5일 도쿄를 떠나 9일 서울에 도착했다.

그 후 9월 20일 진도에서 동학농민군 지도자의 유골 '채집' 사건이 일어났다.

이듬해 1907년「삿포로농학교 동창회 제17회 보고」에는 사토 마사지로의 직업이 통감부 기사이고 주소는 '한국 통감부 모범권업장 목포지장'으로 기재되었다.

권업모범장은 서울과 가까운 수원에 본부를 두었다. 마사지로는 본부에 소속되었지만 조선 남부에 설치된 지부인 '목포지장(정확히는 목포출장소)'으로 주소가 등록되어 있었다. 일본의 면화 재배 사업은 이 목포 출장소가 중심이 되었다. 그는 1908년 3월, 목포에 신설된 한국 정부 산하 임시면화재배소 소장에 취임하고 통감부 기사, 목포 출장소 소장을 겸임했다.

일본의 면화 재배 사업 ━━━

1906년 9월 20일, 유골 '채집' 사건 당일에 진도에서는 무슨 일이 있었을까?

그 전에 일본의 조선 면화 재배 사업이 어떻게 시작되었는지를 보자.

일본의 면화는 섬유가 두껍고 짧다. 평상시 입는 두툼한 목면의 원료로 적합하다. 마찬가지로 섬유 품질이 두껍고 짧은 중국 면화가 일본 면화보다 저가여서 메이지기 한때 일본 시장을 석권했다. 일본 면화는 호시카(干鰯, 정어리로 만든 비료), 니신카스(鰊粕, 청어를 원료로 한 비료) 등 값비싼 화학 비료를 사용하고 제초, 솎아내기, 적심(摘心, 새순 따내기) 등 정농(精農) 농법으로 생산되어 국제적으로 생산원가가 높고 중국 면화와의 경쟁에서 열세였다. 이에 따라 일본에서는 면화 생산이 쇠퇴하고 1900년대에 들어설 무렵에는 괴멸했다.

한편 구미의 기술을 도입한 일본의 공장제 방적 산업은 청일전쟁 이전부터 급속히 성장했다. 일본의 방적 자본가는 세사(細絲)와 얇은 목면 용도로 미국 육지면과 인도면을 수입했다. 그중에서도 세계시장의 7할을 차지하는 미국 육지면을 주로 수입했는데, 미국 면화는 크고 섬유가 가늘고 길며 수출을 위한 얇은 고급 목면 생산에 적합했다.

일본의 면화 수입액(주로 육지면)은 1905년 약 1억 1천만 엔이나 되어 수입 품목 제1위를 차지하고 무역수지를 압박했다. 일본 방적업의 성쇠도 세계시장의 면화 가격 변동에 따라 좌우되었다. 물론 일본 각지에서 육지면 재배가 시도되었지만 일본의 기후는 면화가 결실을 맺는 가을 무렵 강우가 많아 재배에 성공하지 못했다.

조선의 면화는 일본 면화와 달리 섬유가 가늘고 길며, 품질이 육지면에 가까웠다. 조선에서는 전라남도, 경상남도, 평안북도 등을 중심으로 종래부터 면화 생산이 활발했다. 조선 면화는 1867년의 조선 개항 이후 일본의 방적업의 중심인 오사카 등에 수출되었다.

조선의 면화 생산은 개항 이후 외국 기계제 면포(綿布)와 면사(綿絲)의 유입 여파로 큰 폭으로 감소했으나, 일본처럼 정농 농법의 재배법이 아니고 생산원가가 쌌기 때문에 아직 건재했다. 조선의 기후도 면화 열매가 익는 가을에 맑은 날씨가 장기간 계속되어 목면 재배에 아주 적합했다. 조선 현지를 시찰한 일본의 농사시험장 기사는 조선의 자연 조건은 미국 육지면 재배에 적당하고, 한편으로 조선 면화는 육지면에 가까운 품종의 특성이 있는데 육지면보다 면화가 작고 수확량이 적다고 보도했다.

1902년부터 1904년까지 일본의 농사시험장 기사와 영사(領事)들이 조선의 면작을 시찰하고, 실제로 미국 육지면을 시험적으로 심기도 했다. 일본은 제2차 한일협약을 조선에 강요하고 조선을 보호국으로 삼으려 했다. 1905년 7월 하순, 정치가이자 실업가인 하라 다카시 등이 이전부터 계획했던 일본면화재배협회를 도쿄에서 발족시켰다. 하라 다카시가 필두평의원(筆頭評議員)이 되고, 제국 의회 의원, 농상무성 관료, 대일본방적연합회 실업가 등 수십 명이 모였다. 이 무렵 하라 다카시는 오사카 마이니치신문사 사장에 취임하고 일본 섬유업의 중심인 오사카 재계를 대표했다.

『면화재배협회 보고』는 협회의 사업을 설명한다.

조선의 면화 생산은 경작 방법이 '유치·우원(迂遠)'하지만 '양호한 면화'를 산출하는데, 일본의 '우등한 기술'로 '유치·우원'한 조선 농법을 개량하고 목면 품종을 미국 육지면으로 교체하며 '미개'한 조선에 많이 있는 미간지를 개간한다는 것이었다. 일본의 농상무성도 이 사업을 위해 조선에 '권업모범장'을 설치할 준비를 했다. '모범'장이라는 용어에서도 조선을 '미개·열등'하다고 보는 시선을 읽을 수 있다.

안도 고타로(安藤広太郎) 농사시험장 기사가 산출한 면화 재배 사업 비용도 보고에 게재되었다.

당시 조선의 면화 생산을 면적 12만 정보, 조면(繰綿) 2천만 근, 금액 5백만 엔으로 개략적으로 계산한다. 품종을 미국 육지면으로 바꾸는 것만으로도 4백만 엔이 증수(增收)되고, 나아가 일본의 '우등한 기술' 도입으로 850만 엔의 증수, 미간지 8만 정보 개간으로 9백만 엔이 증수된다고 한다. 결국 20만 정보의 육지면 면화밭이 생기면 조면 증산액은 2,250만 엔(정확히는 2,150만 엔. 원문 그대로), 현재 생산액의 4배 이상에 달할 것이다. 협회는 8만 정보의 미간지 개간이 '용이할 것'이며 금방 실현할 수 있다고 강조했다. 면화재배협회는 조선 농업의 현상을 그만큼 미개시했다.

미국 육지면 시험장 ━━━

1905년 10월, 안도 고타로 농사시험장 기사는 전라도에 관한 조사 보고서를 냈다. 벽파정(碧波亭), 진도 부내면, 사일시(四日市) 등 진도 동부를 시찰하고, "진도의 면작은 대단히 성하여 섬 도처에 있는 밭의 8, 9할은 모두 면작"이며, 진도에서 목포에 이출하는 액수는 실로 '5천 가마니(한 가마니는 180근)', 90만 근이라고 보고했다.

『임시면화재배소 보고 제2호』에 따르면, 종래 목포에 집하되어 일본으로 수출하는 면화는 '진도 부근'에 많았으므로 면화 시험장 사업 초기부터 진도는 '그 성적이 볼만할 것으로 기대'되었다.

진도는 농업과 어업이 융합한 목가적인 섬이고 상품경제의 발전과는 인연이 없는 곳이라고 생각하기 쉽다. 실은 나도 진도를 처음 방문했을 때 진도의 풍토에 관해 그렇게 생각했었다. 하지만 큰 착각이었다. 일찍이 '도처'에서 면작을 했다. 이는 진도 대안의 전라남도 나주평야에서도 마찬가지다. 광주와 남평(南平)은 나주평야 일대의 풍요로운 면화를 집하하여 '나목(羅木)'이라는 명산(名産) 목면을 산출했다. 조선 면업의 역사는 길다. 당연한 얘기지만 실제로 조선의 재배법이 확립되었고 또 발전했다.

1905년 11월, 일본은 제2차 한일협약으로 조선을 강제로 보호국으로 삼고, 상당 부분의 정치지배권을 탈취한다. 1906년 3월, 통감부는 한국 정부가 '면화종자원(棉花種子園)' 사업을 일본면화재배협회에 위탁하도록 했다. 조선 풍토에 적응하는 육지면 종자를 늘리는 '면화종자원'은 이때 '면채종포'로 개칭되었다. 이 책에서는 육지면 시험장, 면작 시험장, 혹은 단순히 시험장으로 부르기로 한다.

4월에 일본농상무성은 경기도 수원에 권업모범장 본부를 설치했다. 이 권업모범장은 한국 정부의 위탁을 받은 도쿄의 일본면화재배협회로부터 다시 위탁을 받아 육지면 재배 사업을 경영하게 되었다. 2중 위탁으로 민간 면화재배협회를 개재시킴으로써 권업모범장은 실질적으로도 자유로운 경영권을 얻었다.

같은 4월에 권업모범장은 10개소의 육지면 시험장 용지, 총 80정보를 지정했다. 목포, 고하도(高下島), 무안군 일서면(一西面), 나주군 복암면(伏岩面), 남평군 금마산면(金馬山面)·동촌면(東村面), 광주군 두방면(斗坊面), 영암군(靈巖郡) 서종면(西終面), 해남군 군일면(郡一面), 그리고 문제의 진도군 부내면이었다. 모두 전라남도, 더욱이 영산강 유역의 나주평야와 진도에 한정되고 조선 목면의 명산지대였다.

수원 권업모범장(본장)의 초대 장장(場長)은 도쿄 제국대 농과대학 교수 혼다 고스케(本田幸介)였다. 혼다 고스케는 6월에 급거 도한했다(같은 시기에 사토 마사지로도 도한). 일본인 기사와 기수들을 직원으로 두고 미국 육지면 재배 사업이 시작되었다. 면화 재배의 중심지이자 개항장인 목포에 목포 출장소가 설치되어 사업 거점이 되었다. 삿포로농학교의 사토 마사지로는 바로 목포 출장소에 부임하여 면화 재배 사업의 전임 기수가 되었다. 육지면 시험장 10개소에 일본인 주임이 배치되고, 주임으로 '미카와(三河) 목면'의 산지인 아이치 현 미카와의 농민이 임명되었다.

면화재배협회는 목포에서 육지면 면화를 전문으로 모아 조면하고 육지면 면화에서 종자(면실)를 채취하여 '순정(純正) 종자'를 농민에게 재배 포한다며 한국면화주식회사(조면 공장)를 설립했다. 목포의 한국면화주식회사는 일본으로 면화를 수출하는 회사였다. 조선 면화 재배 사업에서 육지면 면화를 목포에 독점적으로 모아들여 일본으로 송출하는, 즉 조선을 원료 면화의 공급지로 삼으려는 면화재배협회의 계획은 분명했다.

진도의 면화종자원(棉花種子園) ━━━━

1906년 문제의 진도군 남동리에 만들어진 육지면 시험장이 실제로 어떻게 되었는지 『면화재배협회 보고』, 『임시면화재배소 보고』 등을 참고해 보자.

4월 15일 면화재배협회는 남동리의 논 14.5정보를 매수했다. 5월 2일 미카와의 야마모토 긴타(山本金太)가 시험장 주임으로서 5월 17일부터 26일까지 육지면 종자를 뿌렸다. 본래는 파종이 4월 하순부터여서 파종이 아주 늦은 셈이다. 각 시험장 중에서도 가장 늦었다. 진도 소작인 49명이 동원되었다. 소작인이 많은 것은 육지면 보급을 위해서였다. 그것이 내가 진도의 여관에서 창밖으로 본 남동리의 육지면 시험장이다.

5월 29일부터 육지면 목면이 발아했다. 시험장 중 가장 발아가 늦었다. 8월 13일부터 개화하기 시작했다. 9월 중순이 육지면의 결실(개서〔開

絮]라고 한다)기이지만 9월에는 결실하지 않았다. 10월 8일, 통상보다 20일 늦게 결실이 시작되었다. 결국 1906년 진도 시험장의 수확은 2324.7근. 반(反〔反〕: 약 300평)당 수확량은 3.9관이고 10개소의 시험장 중 밑에서 세 번째, 재래종 반당 수확량의 약 5분의 1이었다. 괴멸 상태에 가까웠다.

각 시험장 모두 작황이 나빴다.

『면화재배협회 제2회 보고서』는 각 시험장의 상황에 관해 다음과 같이 보고했다. 용지 매수도 주임 임명도 파종 시기도 모두 너무 늦었다. 소작인은 주임의 '지도에 따르지 않고' 파종도 '조파(條播, 선상〔線狀〕)'가 아니라 '점파(點播)'였다. '제초, 솎아내기 등'이 '충분히 된 것이 드물고', '거의 부녀자'들이 재배했는데, 주임이 지도하려고 가까이 가면 '바로 도망쳐' 버렸다. '적심, 적초(適梢), 제얼(除蘗), 제초' 등 손질도 잘 안 되고 면경(綿莖)이 함부로 성장하여 개화를 지연시키고 면화의 성숙이 늦어졌다. 이해의 기후는 '가장 온난'했음에도 불구하고 '대부분 거의 개서하지 않은 거나 마찬가지인 참상'이었다.

해남, 영암 시험장은 진도 시험장보다 더 끔찍했다.

면화재배협회는 일본 농법의 다비료, 다노동을 도입하여 반당 30~40관의 수량을 기대하고 있었다. 그러나 반당 수량이 최상위였던 광주, 고하도, 목포 역시 반당 15~16관 정도로 재래 농법을 실시하는 조선 목면의 반당 수확량과 같거나 그보다도 적었다. 12월 목포에서 영업을 시작한 한국면화주식회사는 소량의 육지면 면화밖에 모으지 못했다.

영산강 유역의 면화 재배 ━━━━

수확량이 상위에 속하는 광주와 남평은 재래의 지목면(地木綿, 면포) 생산지였다. 나주평야 중앙 영산포 이북(즉 나주평야 북부)에서 생산되는 조선 면화는 면포 원면이 광주와 남평에 집산되어 서울에 파는 면포를 생산하는 등 가내공업이 성했다. 진도 역시 첫째가는 물산이 목면이고 지목면 산지였다. 『면화재배협회 제2회 보고서』는 "현재 전라남도에서 면화 수출의 일대 장해는 지목면 제조 관습이다."라고 시술했다.

나주평야와 진도의 지목면 생산은 조선 면업의 발전을 밑받침하는 중심적인 부분이었다. 한편 면화재배협회의 입장에서는 지목면이 계속 생산되는 것은 면화를 일본에 수출하는 데 '일대 장해'일 뿐이었다. 면화재배협회는 조선을 면포, 면사 생산지가 아닌 원료 면화의 공급지로 삼고자 했다. 각 육지면 시험장이 재배한 육지면은 전부 목포로 보내고 현지의 지목면 생산자에게 돌아가지 못하게 했다. 조선 입장에서 보면, 일본의 각 육지면 시험장과 목포의 한국면화주식회사야말로 이제 조선 면업의 '일대 장해'였다.

『목포지(木浦誌)』에서는 한 장(章)을 설정하여, '면(綿)으로 유명한 목포'에서 육지면 '시작지(試作地) 선정'이 곤란하다고 설명했다.

면화재배협회는 통감부의 지배를 받는 한국 정부로 하여금 지방관이 사업에 협력하도록 훈령을 내리게 했다. 그러나 면화재배협회의 용지 매수에 대해 남평군 지주들은 협력은커녕 '부당한 고가를 요구'했고, 군수는 매수 중개를 거부했다. 나주군에서는 관찰사(현재의 도지사)와 군수가 미간지 개척 허가를 계속 거부했다. 그뿐만 아니라 "토지를 일본인에게 매각하는 자는 엄벌에 처한다"는 고시를 냈다. 통감부 통치하의 일본 육지면 재배 사업에 한국 정부는 굴복했지만 지방관은 저항했다.

조선 농민이 일본면화재배협회를 거부한 이유는 많지만 크게 세 가지다.

첫째, 앞에서 설명했듯이 일본면화재배협회가 조선의 지목면(면포) 생산을 파괴하고 면화 공급지로 만들려 한 것에 대한 저항이다.

둘째, 일본면화재배협회의 토지 매입 자체를 거부했다. 이에 관해서는 남평군과 나주군의 사례를 위에서 들었다. 이에 관한 조선인의 저항은 면업 차원의 저항일 뿐 아니라 더 보편적으로 일본인의 토지 매입에 대한 저항이라는 측면이 강하다. 그 배경에는 제2장에서 보듯이 그 11년 전인 1895년 봄, 나주평야에서 전개된 제2차 동학농민전쟁의 역사가 있다. 왜 지방관과 지방 인민이 일본인의 토지 매입에 완강히 저항했을까. 그것은 나주평야에서 일본군이 동학농민군을 '많이 죽이는 방책', '붙잡아 죽이는' 섬멸 작전을 자행했기 때문이다. 특히 나주평야의 나주 이남에서 거대한 섬멸 작전이 전개되었다. '해골' 메모에 기록되었듯이 수괴자는 효수되고 수창자(간부)는 살해되었다.

면화재배협회가 설정한 10개소의 시험장 중 나주평야 남부에는 영암군 서종면, 해남군 군일면, 진도군 부내면이 있었다. 1906년 육지면의 반당 수확량 성적을 볼 때 하위 세 개가 이 영암, 해남, 진도였다. 재래 면화의 평균 수량이 16관 정도인데 진도는 3.9관, 영암은 1.8관, 해남은 1관, 문자 그대로 괴멸 상태였다. 해남은 제2장에서 보듯이 토멸대대 대대장의 섬멸 명령이 떨어지고 실제로 동학농민 섬멸 작전이 이루어진 곳이다. 물론 조선이 강제로 일본의 보호국이 된 것도 분격을 일으킨 요인이었다.

셋째, 면화재배협회의 보고에 따르면 토지 매입이 이루어져 시험장이 설정되어도 조선인 소작인은 육지면 파종에 저항했다(『면화재배협회 제2회 보고서』). 시험장의 반 정도 되는 면적에서만 파종할 수 있었다. 또 파종이 이루어진 경우에도 조선인 소작인은 일본인 주임이 지도하는 일본의 '우등한 기술'에 대해 저항했다.

진도에서 파종은 조파가 아니라 점파가 되었고 제초와 솎아내기, 적심 손질도 이루어지지 않았다. 후발 성태의 조선이 선진적인 일본 농법을 받아들이지 않은 것이다. 그러나 거기에는 다노동, 다비료의 정농주의(精農主義) 농업이 선진적이고 근대적이라는 선입관이 존재한다. 일본의 면화 생산은 이미 쇠퇴하고 20세기에 들어올 무렵 괴멸되었다. 이 엄연한 사실을 잘 생각할 필요가 있다.

육지면 시험장에서는 어떤 지도가 이루어졌을까. 『임시면화재배소 보고 제1호』에 일본이 지도하는 '육지면 재배법'이 실렸다. '비료 종류'는 똥재(糞灰) 혹은 초목회(草木灰), 두엄(廄肥) 등 자연 비료와 깻묵(油粕), 지게미, 마른 멸치, 과인산석회 등 화학 비료다. 한편 조선 면화 생산에서는 똥재나 거름 등 자연 비료를 쓴다. 조선 농민은 깻묵, 마른 멸치, 과인산석회 등 비싼 화학 비료를 결코 쓰지 않는다. 이는 당시 인도면이나 중국면 생산지에서도 마찬가지였다.

또 농작업을 보면 '육지면 재배법'에서는 '적심', '제아(除芽)', '줄기, 가지, 기장귀(支椏) 적초', '삭수(蒴數)', '제췌아(除贅芽)' 등 다종다양한 손질을 가하도록 했다. 그것은 일본의 면화 재배 농법으로 조선의 면화 재배 농법과 비교하여 비료 투하 면에서는 실로 4배의 비용이 들고, 2배의 노동 시간이 소요되었다(사와무라 도헤이〔沢村東平〕, 『근대 조선의 면작 면업』 등). 엄청난 다노동, 다비료이다. 조선 농민이 일본 주임의 지도를 거세게 거부하는 것은 당연했다.

목포의 기사 사토 마사지로의 이주 안내인 「한국 전라남도 주요지 명세도」는 전라남도의 지세를 에치고 국에 빗대어 총면적이나 경지가 거의 같다고 소개했다. 총면적에 대한 경지 백분비도 같았다. 결국 토지의 개간 정도는 거의 같지만 다른 것은 인구다. 1900년경 니가타 현의 인구는 170만 명, 전라남도는 100만 명으로 에치고 국이 1.7배 많다. 그래서 군산의 사토 마사지로가 벼농사에 관해 말하듯이 조선에서는 농가에 비해 논밭의 '면적이 광대'하고 농법도 '어느 정도 대농주의, 즉 조방·속성'이다. 자연 비료, 초목회, 두엄을 공급하는 산지, 초원, 늪지도 풍부했다. 군산의 사토 마사지로는 조선 농업을 '유치'하다고 보는 것은 '오해'라며, 일본의 '원예적'인 과소농적 농업을 조선에 함부로 들여와서는 성공하지 못한다고 했다.

일본 유학 중이던 이규수 씨는 군산의 일본인 지주가 이구동성으로 이런 증언을 한 것을 일본에서 발표한 논문에서 소개했다(이규수, 1996). 바로 내가 조사를 시작했을 무렵 발표된 논문이다. 나 역시 중요한 사실을 알았다. 전라북도 지주왕으로 불린 구마모토 리헤이도 "한인의 농업은 철두철미, 졸렬"하다고 일본인은 생각하지만 "본방(本邦) 농부가 경작한 논은 오히려 한인의 것보다 뒤떨어진다"고 썼다. 일본의 대지주는 조선에서 조선 농법으로 지주 경영을 했다.

실제로 조선에서는 자연 비료를 사용하여 다모작과 혼작이 다양하게 시행되었고 면화와 보리가 간작으로 생산되었다. 농민은 목화밭에 반드시 콩, 녹두, 야채, 고추 등 자급용 작물을 혼작했다. 다모작, 혼작, 간작이므로 노동 배분은 전체적으로 조정되고 면작에 특화하여 다노동, 다비료를 투입하는 정농 농법이 아니었다. 따라서 국제시장이 초래하는 가격 변동에 강하고, 값싼 면화 생산이 가능했던 것이다.

진도의 주임은 같은 해인 1906년, 주임의 자가용 육지면 시작지(試作地)에서 '1반보(半步)에 38관'이라는 수확량을 올렸다고 한다. 1906년 반당 수확량 제1위인 광주 시험장의 '16.5관'의 두 배가 넘는 놀라운 성적이다. 미카와의 면작 경험자는 다노동, 다비료의 '일본식 모범'을 실행했다. 이처럼 면작에만 집중한 정농 농법으로 감독을 받은 진도 농민은 '주임이나 조수(助手)가 다가오는 것을 보면 금방 도망'치는 모습을 보였다.

일본의 농업기술자가 조선의 면작 농법을 열등시한 것은 농업관(農業觀)에 관한 문제에 국한되지 않는다. 한 가지 사례로, 『임시면화재배소보고 제2호』에 실린 1909년 진도의 주임이 시행한 지도 내용을 보자. 육지면 재배를 시작한 지 4년째, 진도의 농민은 여전히 '점파'를 계속하며 '조파'에 저항했다. 그래서 주임은 진도의 칠전(七田)과 사일시에서 다음과 같은 짓을 했다.

"당소(當所)의 출장원은 헌병, 군수 등의 동행을 요구하고 군수는 스스로 난잡한 보리를 뽑아…… 가까스로 파종을 실시할 수 있었다." 여기서 '난잡한 보리'란 조선 농민이 간작(間作)하는 보리를 말한다. 출장원과 헌병은 동행한 군수에게 그 보리를 뽑도록 한 것이다.

조파는 이루어지지 않았다. 임시면화재배소의 소유지 이외에서는 제초나 적심 등이 "아직 충분하다고 할 수 없고," 시비는 "거의 실행되지 않는다"고 했다. 진도의 소작인은 여전히 재래 농법을 고수했고, 혼작이나 간작을 했다.

이해(1909년) 진도에서는 의병이 출몰하고 경찰서와 재무서가 총격을 받았으며 결국 임시면화재배소는 진도의 면화를 수확할 수 없었다. 같은 1909년 3월 24일 영암 육지면 시험장은 의병 수십 명의 습격을 받았다. 일본인 5명은 도망쳤지만 사무소와 농기구가 불에 탔다. 나주군 복암면의 시험장도 의병이 출몰하여 면화를 수확할 수 없었다. 결국 영암군과 나주군의 육지면 시험장은 폐지되었다. "폭도의 습격, 위협 등에 관해 수비대, 헌병대, 경찰서는 늘 직간접으로 다대한 원조를 주었다"고 면화재배협회는 기록했다. 일본 농법을 군사력으로 강요했지만, 그래도 성과는 쉽게 보증되지 않았다.

1930년대에 조선 면작을 담당한 일본인 기사 사와무라 도헤이(沢村東平)는 1906년의 조선 면작 실면적은 39,000정보이며, 한편 같은 해 일본에서는 면작 실면적이 7,400정보라고 했다. 20세기에 들어설 무렵 일본의 면작은 사실상 괴멸되었다. 당시 조선 인구는 일본의 3분의 1에서 4분의 1이다. 인구비를 생각하면 조선의 19세기 후반부터 20세기의 면작 생산은 국제시장에 떠밀리면서도 전통적인 재배법으로 아직 전개되었고 30,000정보의 규모를 유지했다. 결코 '유치·우원'한 것이 아니었다.

진도의 장려금 수여와 기사·기수 ━━━━

나는 1906년 진도 육지면 시험장의 면화 재배 진행 상황을 노트에 정리했다. 『면화재배협회 보고』를 보면, 본래 육지면 수확은 9월 중순에 시작되는데 진도에서는 훨씬 늦은 10월 8일부터 면화가 결실했다고 쓰여 있었다. 이때 나는 1906년 진도의 육지면 시험장에서 일어난 어떤 중요한 사실에 주목했다.

앞의 얘기로 돌아가면, 1995년 서울대 규장각을 열람할 때 김용덕 교수에게서 도움을 받은 일이 있다. 진도의 여관에서도 김 교수의 연락을 받았다. 그때 김 교수는 면화 재배 사업에 관해 1905년, 1906년 일본 당국의 보고서가 있으니 이를 삿포로로 보내겠다고 했다.

배달되어 온 것은 지금까지 몇 차례 소개한 면화재배협회 보고서의 복사본이었다. 나는 그 가운데 『면화재배협회 제2회 보고서』에 실린

1906년의 표를 보고 두 눈을 크게 떴다. '면채종포 사업 성적 보고' 부분 맨 뒤에 '재배자 장려 및 배상(賠償)' 기록이 있었다. "주임의 지도에 잘 따라 성적이 우량한 자에 대해 장려금을 교부했다."면서 각 시험장('채종포') 별로 장려금 지급 일람표가 첨부된 것이다. 일람표의 일부를 여기 싣는다. 표에는 진도군 부내면도 기재되어 있으므로 주의해서 보기 바란다.

▶ 표 1. 장려금 지급 일람표(부분). 『면화재배협회 제2회 보고서』에서

채종포	제1회		
	인원(명)	금액(엔)	월일
목포	22	17,20	9월 8일
고하도	25	11,70	8월 25일
무안군 일서면(一西面)	19	14,90	8월 31일
남평군 금마산면(金馬山面)	19	14,90	8월 25일
동 동촌면(東村面)	15	10,70	8월 27일
광주군 두방면(斗坊面)	30	25,00	8월 29일
영암군 서종면	12	9,40	8월 26일
해남군 군일면	29	23,90	9월 15일
진도군 부내면	28	23,60	9월 20일
합계	199	152,30	

　　장려금을 받은 진도 농민의 수는 28명이다. 진도의 육지면 재배 농민은 49명이었다. 금액은 총 23엔 정도. 장려금을 수여한 날은 '9월 20일', 더욱이 1906년이었다.

　　장려금을 수여하면서 "목포 출장소에서 기사, 기수 또는 채종포 총주임 출장, 당해 군리의 임석을 요구하고 재배자 전원을 소집하여 재배에 필요한 사항을 훈유"했다. 수여식에는 전체 소작농민이 소집되었다는 설명도 부가되었다. 목포 출장소에서 기사, 기수 또는 총주임이 진도 시험장에 출장하여 임석하고 훈시한다. 주임은 물론 임석했을 것이다. 군

리(郡吏)도 있었다. 진도는 가장 기대를 했음에도 재배 사업이 잘 진행되지 않은 곳이다. 목포에서 기사, 기수, 총주임 등이 출석하고 훈시한 것이 틀림없다.

'해골' 메모에는 "당해 섬(진도), 시찰 때 채집한 것"이라고 쓰여 있었다. '해골' 밑에 "1906년 9월 20일 진도에서"라고 기록되었다. 바로 '1906년 9월 20일', 목포 출장소에서 기사, 기수 또는 총주임이 남동리 시험장에 와서 장려금을 전달하고 훈시했다. 이때 기사나 기수가 진도 시찰을 하는 것은 오히려 당연한 흐름이었을 것이다. 누가 유골을 '채집'했는지, 나는 수수께끼가 풀렸다고 생각했다. 목포의 기사나 기수일 것이다. 이제 '해골' 메모의 신빙성은 증명되었다.

수여식 당일, 남동리 시험장의 육지면은 아직 꽃봉오리였다. 그 바깥에서는 진도 재래종이 일제히 개화했다(진도종의 개화는 9월 15일이라고 보고되었다).

한편, 이렇게 장려금까지 주어도 진도에서는 의병이 봉기하고 육지면 재배 사업은 원활히 진전되지 못했다. 그러나 군대, 헌병, 경찰을 동원하여 육지면 재배 사업을 강행했다. 결국 조선의 면업에 파괴적이고 치명적인 악영향을 주었다.

앞에서 본 사와무라 도헤이 기사의 저서에 나오는 「후기」의 다음과 같은 문장은 그 파괴적인 영향을 잘 보여준다. 사와무라는 1933년 황해도 면작 지대로 전근했을 때를 회상하고 기록했다(황해도 북쪽의 평안북도에서 사토 마사지로도 1912년부터 1919년까지 기사로 일하다가 그곳에서 조기에 퇴관했다).

연구기관을 떠나 새로운 임지(황해도)에 도착한 나는 (조선) 농가가 '면작을 좋아하지 않는다'는 것을 알았다. 농가는 면종자 배포를 받아 면작하고 종자대(種子代)는 면 공판(共販)으로 청산되는데, 농가는 분배된 씨를 전부 뿌리려 하지 않는다. 겉으로는 수확한 면화는 하나도 남기지 않고 공판에 낸다고 말하지만, 감추어서라도 잔여분을 만들어 솜을 들어 이불에 넣고 실로 자아서 옷으로 만들려 한다. 그래서 면작기술원(사와무라 등)이 집 안까지 들어가 방직 기구를 찾아내기도 했다. 또 농가는 그 목화밭에 반드시 콩·녹두·야채·고추 등 자급용 작물을 간작·혼작했다. 이를 배제하고 면의 수량을 늘리는 것이 장려 사항 중 하나였다. 기술원이 농가의 밭에 들어가 간작·혼작물을 뽑아낸다. 그것을 농가가 안타깝게 바라보는 모습을 종종 보기도 했다. 이 같은 일을 쓰자면 한이 없다.

1930년대의 "기술원이 농가의 밭에 들어가 간작·혼작물을 뽑아"냈다. 진도에서는 훨씬 이전인 1909년 헌병이 와서 군수에게 밭을 짓밟고 간작 보리를 뽑아버리게 했다. 육지면 재배 사업 당초부터 전라남도에서는 면화재배협회·기사와 조선 농민의 전투가 계속되고 있었다. 사와무라 기사의 문장을 읽으면 1930년대에도 여전히 계속되는 조선 농민이 저항하는 모습을 재현할 수 있다. 농가는 씨를 "뿌리려 하지 않고", "감추어서라도 잔여분을 만들"었다. "반드시 콩·녹두·야채·고추 등 자급용 작물을 간작·혼작했다." 일본 기술자는 "밭에 들어가 간작·혼작물을 뽑아냈"고, "(조선) 농가가 안타깝게 바라보는 모습"이 보였다. 조선 농민이 간·혼작을 '반드시' 했다는 문장은 중요하다. "이 같은 일을 쓰자면 한이 없다." 여기에 경제활동 차원에서 항일 의병의 깊은 기층(基層)이 있었다고 생각된다.

6. 사토 마사지로와 니토베 이나조

군산 및 하코다테의 사토 마사지로 ────

또 다른 사토 마사지로의 탐색으로 되돌아가 보자. 전라북도 군산에 일본인 지주 사토 마사지로가 있었다.

1905년에는 이주 2년째로 자작도 하는 소규모 지주였다. 2정(町) 4반보(半步)의 논을 자작하고 일본인 4명, 조선인 12명에게 8정 6반보의 논을 소작하게 했다. 자작 논은 가족과 고용 일꾼 4명이 경작했다. 소작지는 "조석으로 끊임없이 경지를 순회하고, 필요한 주의를 주고 농사의 개선에 관해 할 수 있는 건 거의 다 감독"했다고 한다.

진도 유골 '채집'은 이듬해 9월 20일이었다. 군산의 논 수확기는 10월 초순부터 11월 초순이었다. 『군산농사월보』에 11월부터 이듬해 2, 3월경까지 일본인 지주가 일본으로 일시 귀국한다는 기사가 있다. 이 농한기가 일본인 지주가 고국으로 돌아가는 기간이었다.

목포의 사토 마사지로가 기술한 이주 안내에 따르면 목포에서 진도까지 가는 데에는 며칠만 체재해도 총 열흘은 걸렸다. 1906년 9월 하순, 수확과 소작미를 거둬들이는 다망기를 목전에 둔 이주 2년 차의 자소작 경영 일본인 지주가 진도 시찰에 나선다는 것은 사실상 무리일 것이다.

하코다테의 사토 마사지로에 관해 하코다테 시립 도서관 등을 조사한 것은 이미 서술했다.

문제의 1906년 9월, 하코다테의 사토 마사지로는 도쿄에 있었다. 도쿄 시대의 사토 마사지로가 간행한 교육 잡지 『실천교육지침』 등에 대해서는 다음과 같이 검증했다. 사토가 불교사상가였으므로 홋카이도대 인

도철학 강좌(당시)의 도움을 받아 하코다테 시립 도서관의 결호분은 쓰쿠바 대학 도서관에서 보완하여 잡지 기사를 모두 열람했다. 조선 여행이나 인골과 관계된 기사는 없다. 이러한 조사의 상세한 내용은 『보고서』를 참조하기 바란다.

그 후 1995년 8월, 하코다테의 사토 자이칸(佐藤在寬) 선생 현창회 편 『사토 자이칸 신문논담집(佐藤在寬新聞論談集)』이라는 851쪽 짜리 두툼한 책이 간행되었다. 이 책에서 사토 마사지로(자이칸)는 1906년 전후, 도쿄의 사립 여학교 창립 등에 관해 깊은 얘기까지 증언한다(같은 책 644~670쪽). 그러나 조선에 관한 이야기는 없다. 한편 그 기사에서 여학교의 여름방학은 "7월 하순부터 9월 상순까지 50일"로 기재되었다. 문제의 9월 20일은 사립 여학교의 학기 중이고 더욱이 창립 2년째였다. 진도의 교통 사정을 생각하면 도쿄에서 진도에 건너가 돌아오는 것은 왕복 2주일, 전체적으로 한 달 조금 못 미치는 일수가 필요할 것이다. 하코다테의 사토 마사지로가 여학교의 학기 중에 기록도 남기지 않고 진도에 건너가는 것은 생각할 수 없다. 군산과 하코다테의 사토 마사지로 두 사람은 진도의 인골 '채집' 사건에 관련되었을 가능성이 극히 낮다고 할 수 있다.

필적과 서명 ━━━

'사토 마사지로 자필 노트'가 남겨진 것은 이미 소개했다. '두개골에 첨부된 메모'와 이 '자필 노트'를 비교하면 50년 이상의 시간이 지났지만 필적이 거의 일치했다.

다만 문제점은 메모의 왼쪽 아래 난외에 기재된 '사토 마사지로'라는 서명이었다. 메모의 서명 필적이 '자필 노트'의 성명(이름)과 비슷하지 않다. 앞에서 언급했듯이 「삿포로농학교 동창회 제36회 보고」에 실린 압록강에서 보낸 엽서의 '사토 마사지로'라는 서명도 '자필 노트'의 필적과 일치하지만 메모 서명의 필적과는 유사하지 않다. 메모 서명의 필적만 이질적이었다.

'자필 노트'가 나오기 전에는 서명의 차이가 삿포로농학교 졸업생이라는 가능성을 판단할 때 큰 문제였다. 그 후 '자필 노트'를 빌려 상세하게 검토함으로써 문제점은 사실상 해결되었지만, 서명의 차이는 한 가지 문제점으로 남는다.

메모를 보고 알게 된 것이 있다. 본문의 문자 배열이 특징적이다. 모든 행이 약간씩 왼쪽으로 치우친다. 괘선과 비교하면 잘 알 수 있다. 원인은 문자가 오른쪽 위편으로 살짝 경사지기 때문이다. 한편 메모의 서명에는 그러한 경향이 없다. 다른 사람이 나중에 서명했을 가능성이 있다. 그러나 서명의 글자 수가 적기 때문에 의문점으로 남겨두는 것이 합당하다고 생각한다.

삿포로농학교 졸업생이고 통감부 기수인 사토 마사지로는 목포, 즉 진도로 가는 출발지에 있었다. 유골 '채집'이 이루어진 1906년 9월 20일 당일, 목포의 기사, 기수 혹은 총주임이 진도에 갔다는 것도 판명되었다. 이 관련성을 보면, 기수 사토 마사지로가 유골 '채집'에 관계했을 가능성은 극히 높다. 다만 진도에서 '채집'한 사람은 사토가 아니라 다른 기사 혹은 기수 혹은 총주임이고, 사토는 2차적으로 유골을 손에 넣었을 수도 있다.

경로 ━━━━

'사토 마사지로 자필 노트'에는 인골 '채집'이나 삿포로농학교에 송부한 일에 관해 아무 설명이 없다. 그렇다면 유골을 삿포로농학교에 보내는 것이 가능한 일이었을까.

가능성은 있었다. 예를 하나 들어보자.

사토 마사지로가 목포에 있을 때, 문제의 1906년 가을, 사토 마사지로의 삿포로농학교 때 스승인 니토베 이나조(新渡戶蹈造)가 조선을 방문했다. 『조선신보(朝鮮新報)』1906년 10월 11일 자는 "니토베 박사, 도한 용무는 면작·사탕 등 보급에 관한 조사를 위한 것"이라고 보도했다. 니토베 이나조는 면작 보급에 관해 조사하려고 조선을 방문했다. 면작 보급은 육지면 재배 사업의 조사를 말한다.

그 후 『조선신보』11월 10일 자는 농학사 니토베가 권업모범장의 마치다 사키치(町田咲吉) 기사와 함께 군산 시찰에 나서 일본인 지주 농장을 시찰하고 11월 6일 목포로 향했다고 보도했다. 이후 니토베 이나조의 목포 활동에 관한 기사는 발견되지 않는다. 면작 보급에 관한 조사였다. 니토베 이나조는 목포에서 권업모범장 목포 출장소를 틀림없이 방문했을 것이다.

한편 니토베 이나조는 인류학에 관심이 있었다. 1895년 세키바 후지히코(関場不二彦)와 함께 삿포로인류학회를 설립했다. 도쿄인류학회 회원이기도 했다. 이 무렵 형질인류학에서는 구미의 영향을 받아 문명발전사와 민족의 우열을 관련지어 두개골의 해부학적 비교 연구가 최신 학문으로 유행하고 있었다. 오늘날에는 근거 없는 민족 멸시를 초래한, 유해한 연구였다는 것이 증명되어 수많은 논문이 휴지 조각이 되어 버렸다.

니토베는 두개골의 비교 연구에 많은 지식과 관심을 갖고 있었다. 논설「일본국민」에서는 파리에서 '두개골 학자(頭蓋學者)' 아미 교수와 만나 아시아의 두개골 연구에 관한 가르침을 받고 자신의 논리를 전개했다(『新渡戸稻造全集 제17권』).

니토베 이나조가 조선에 온 목적은 면작과 사탕 시찰만이 아니었다. 니토베는 1898년 병 때문에 삿포로농학교를 사직하고 이후 1901년 식민지 대만의 총독부 기사로 취임했다. 임시당무국 당무국장이 되어 대만당업의 성공으로 식민학자로서 높은 평가를 받음에 따라 고토 신페이(後藤新平)의 추천으로 교토제국대학 법과대학 교수가 되고 이어 1906년 다이이치(第一) 고등학교 교장, 도쿄 제국제학 법과대학 교수가 되었다.

1906년 당시, 니토베 이나조가 조선을 방문한 경위가 주목된다. 조선을 강제적으로 보호국으로 삼아 순차적으로 식민지화를 진행한 노련한 이토 히로부미(伊藤博文) 통감에 대해 조선 통감부 내에서는 현 상태보다 급진적으로 식민지화를 추진하는 노선을 주장하는 세력이 있었다. 적극파, 급진파의 대표는 통감부 농상공부 총장 기우치 주시로(木內重四郎)였다. 니토베 이나조는 급진파 기우치 총장의 의중을 받아들여 조선에 온 것이다. 니토베는 이토 통감을 방문하고 급진론을 논의했다(다나카 신이치「니토베 이나조에 관해」, 「니토베 이나조의 식민지 조선관」, 『홋카이도대백년사(北大百年史), 편집 뉴스』 제9호·제10호). 이때 「망국(亡國)」, 「고사국(枯死國) 조선」이라는 수상(隨想)을 적었다. 조선 식민지 지배에 관한 급진파와 점진파의 대립, 니토베의 견해 등은 본서의 제3장으로 넘기겠다.

『중간 보고서』는 다음과 같이 의견을 정리했다. 이 무렵 니토베는 삿포로농학교를 떠나 있다. "사토 마사지로 씨로부터"라고 쓰인 '두개골 기록'의 필적을 니토베의 필적과 비교하면 서로 달랐다. 자손이 보존하고 있는 '사토 마사지로 구술 노트'에 따르면, 사토 마사지로는 니토베의 학식과 박학에 크게 감명을 받고, 특히 바이블이나 영문학 강의에서 배운 바가 많았다고 한다. 그러나 사토 마사지로 자신은 니토베가 아니라 삿포로농학교 교장 사토 쇼스케에게 사사했다고 쓰여 있다.

니토베가 '두개학(頭蓋學)'에 관심이 컸다는 점도 간과할 수 없다. 또 『보고서』에서 상세하게 지적했지만, 도쿄 시대에도 삿포로농학교 졸업생이 식민지에서 취직할 때에는 니토베가 인맥을 살려 사토 쇼스케 교장 등과 연락을 취하고 그 후로도 관학(官學) 인사(人事)의 인맥이 유지되었다. 니토베 이나조는 영문 일기를 썼다. 자손에게 문의하니 1906년의 영문 일지는 현존하지 않는다는 대답이었다. 지금은 상황적이라고밖에 얘기할 수 없다. 니토베가 진도의 인골을 사토 마사지로로부터 손에 넣었을 가능성을 검토할 필요성은 충분히 있다고 본다.

'사토 마사지로 구술 노트'에 따르면 사토 마사지로는 평안북도 의주에서 근무했을 무렵, 만철(滿鐵)에 초빙된 은사인 사토 쇼스케를 방문하고 만주까지 동행했다. 한편, 사토 마사지로가 평안북도 기사를 했던 시기에 권업모범장을 계승한 조선총독부 농사시험장 장장으로 홋카이도 제국대학 교수인 하시모토 사고로(橋本左五郞)가 취임한다. 당시 '삿포로' 족벌로 지칭된 동창생들의 결속이 있었고, 사토 마사지로의 구 삿포로농학교와의 인연은 각별했다. 유골이 홋카이도대학으로 옮겨질 수 있는 경로는 니토베 이외에도 다양하게 존재했다.

앞에서 보았듯이 면화재배협회는 권업모범장 사업을 실시하며 헌병, 군대, 경찰의 힘을 빌렸다. 『조선의 면화 사정』에 따르면 육지면 시험장 직원은 지도를 위해 출장할 때 관급품인 총을 휴대했다. 수비병이나 경찰관의 호위가 필요했고, 숙박하는 경우는 머리맡에 총을 두고 신발을 신고 각반을 두른 채 새우잠을 잤다고 한다. 출장 시 일본인 직원은 "목숨을 걸고 무장을 한 채 장려 사업에 임했다"고 한국의 경제사 연구자이며 서울대학교 교수인 권태억 씨는 근대면업사에 관한 저서 『한국근대면업사연구』에서 밝혔다. 각지에서 의병 봉기가 이어지는 가운데 기사나 기수는 문자 그대로 격무였다. 20대의 젊은 농학사가 식민지 정청의 현직(顯職)에 취임하여 최전선에서 목숨을 건 격무를 했다. 그것이 삿포로농학교 졸업생 사토 마사지로의 모습이었다.

진도는 유명한 면화 생산지로 일본면화재배협회가 기대를 걸고 있었다. 또 이전부터 의병이 격렬한 봉기를 일으킨 섬이었다. 1906년에도 진도 농민은 기사·기수에 대해 항전했을 것이다. 12년 전, 항일을 내걸고 일제히 봉기한 동학농민군 진도 지도자들. 그 효수된 유골 한 개가 '채집'된 사건은 이런 상황 속에서 일어났다.

제2장 동학농민전쟁
– 동학농민군과 토멸대

▶ 상 : 미나미 쇼시로 문서·군용 행장
▶ 하 : 김포공항에서의 추모식. 앞줄 왼쪽부터 필자, 조성용(趙成湧)
　　　위원, 가이타니 게이조 문학부장, 한승헌 대표, 그 뒤는 장영
　　　달 위원(공항 도착 직후, 한국 봉환위원회 제공)

훗카이도대 문학부 유골 봉환식에서 민주화운동가이자 한국의 대표적인 인권 변호사는 일본인에 대해서도 자신의 생각을 피력했다. 군용 행장에 들어 있던 토멸대대 대대장의 토멸 작전 사료와 조우하고, 전투 기록이 뒤바뀌고 망각된 일본 병사 전사자의 비를 찾았다. 한국의 잊힌 전장을 방문했다. 일본군 앞에 '한순간에' 나타나 사방을 새하얗게 뒤덮은 수만의 백의의 농민군 모습과 함께 섬멸 작전의 역사적 진실이 나타난다.

1. 홋카이도대학에서 실시된 '해골' 봉환식

동학농민군 유골의 봉환 ━━━

『중간 보고서』 공표는 1996년 4월 13일에 이루어졌다.

'해골' 메모의 기술에 관해서는 "진실을 전하고 있을 가능성이 지극히 높다"고 기록했다. 사료 원문을 게재하고 논증을 가한 부분이 많은데, 『중간 보고서』의 골자는 본서에서도 바뀌지 않았다.

이에 앞서 3월, 한국에서 동학농민혁명 기념사업 단체협의회, 동학농민혁명유족회, 동학민족통일회 3자가 단일 단체로 동학농민혁명군 지도자 유해 봉환위원회(이하 봉환위원회로 약칭)를 발족시켰다. 모두 재야 단체다. 2월에 나와 이노우에 가오루 씨가 만났던 민주화운동가 한승헌 변호사가 상임 대표를 맡았다.

거슬러 올라가지만 한국에서 가장 먼저 협의를 구해 온 것은 동학농민혁명 기념사업회의 한승헌 변호사였다. 방치된 유골에 관한 기사가 신문 각지에 실린 지 열흘 뒤, 도쿄의 AP통신 기자는 한승헌 씨에 관해 "1960년 이래 반독재 민주화운동 측의 변호사로 자신도 투옥된 적이 있지만, '지사연(志士然)'하거나 정치적으로 이용하지 않고 지금도 재야의 시민운동가"라고 소개하며, "정치성과 관계없이 시민운동의 일환으로 본국에 봉환해 달라"는 요청을 전달해 왔다.

『중간 보고서』 공표 후 한승헌 대표는 문학부에 금년 5월 31일 열리는 '동학농민전쟁 102주년 기념행사'에 맞추어 유골을 반환해 달라고 요청했다. 한국의 봉환위원회는 유골 메모의 기재 내용을 거의 진실로 보는 『중간 보고서』의 판단과 견해를 같이했다. 동시에 『중간 보고서』에서

'유골 당사자'를 특정하지 못했으므로 동학농민혁명과 인연이 깊은 전주시의 재야시민단체가 당분간 유골을 맡고 싶다고 신청했다.

문학부위원회는 한국의 광범한 의향, 또한 진도의 의향도 문의했다. 한국 측은 정부의 입장에 가까운 사람까지 포함하여 봉환위원회 상임대표 한승헌 씨 앞으로 반환하는 것이 최선이라고 응답했다. 전주시의 봉환위원회와 홋카이도대학 문학부는 민간 차원에서 유골 반환을 진행하자고 합의했다.

가이타니 게이조 문학부장은 자신이 현지에 가서 유골을 반환하겠다고 일찍부터 결심하고 있었다. 러시아 문학, 고골리 연구자인 가이타니 게이조 씨는 한 시민으로서 조선에 대한 일본의 식민지 지배 문제에 관심이 있었다.

문학부위원회는 삿포로농학교 졸업생이 관계되어 있고 대학이 방치해 온 유골이기 때문에 문학부가 전주시에 가서 책임을 지고 반환하겠다고 했다. 국제전화로 그러한 의향을 전하니 한승헌 대표는 "홋카이도대학 문학부의 생각은 예의에 어긋나지 않는다. 봉환위원회에 설명하겠다"고 얘기했다.

그 후 한 대표로부터 전화가 왔다. "봉환위원회에서 설명했는데 홋카이도대학의 반환에 대해 반발이 아주 거세요. 그런 반발은 이론(理論)이 아니라 유골 방치에 대한 한국인의 감정 문제입니다."라고 답변했다. 이후에도 빈번히 반환을 위한 실무적인 논의를 계속했다.

한승헌 대표는 반환 실현에 온 힘을 다했다. 5월 중순 어느 날 밤, 한 대표는 "홋카이도대학 문학부가 봉환에 가담하는 데 대해 한국에 아직 강한 반대론이 있다"고 전해 왔다. 문학부위원회는 한국 측의 의향에 따르겠다는 취지로 답변했다. 한승헌 대표는 지독한 감기로 목소리가 거의 나오지 않았다. 다음 날 아침 전화가 왔다. "홋카이도대학 문학부와 함께 봉환하도록 다시 한 번 노력해 보겠다"는 연락이었다. 나는 한 대표가 건강이 좋지 않은데도 모든 노력을 기울이는 모습에 놀라고 또 감동했다. 결국 이날 오후의 전화에서 한일 양측은 공식으로는 '공동 봉환'이라는 말은 쓰지 않지만, '함께 봉환한다'고 표명하기로 합의했다. 이렇게 홋카이도대학 문학부가 전주시까지 동행하기로 한 것은 일정이 코앞에 닥친 5월 하순이었다.

한국 측에서 홋카이도대학에 대해 감정이 들끓는 것이 이론이 아니라 사실로 존재하는 것을 나는 잘 알았다. 부(負)의 유산을 지고 있는 문학부 조사위원회의 입장은 용이하지 않았다. 그러나 아마 일본인 입장에서는 의외지만 한일 공동의 봉환 실현에 훨씬 마음을 다해 분투한 것은 피해를 받은 한국 측이었다.

"나는 서투른 변호사입니다.", "내가 변호하면 피고는 유죄가 됩니다. 꼭 형이 무거워집니다."라고 진지하게 얘기하는 한승헌 변호사였다. 부드러운 유머로 잘 알려진 한 변호사의 강철처럼 강하고도 유연하고 흔들림 없는 응답에서는 한국의 군사 법정에서 법정 투쟁을 하는 가혹한 수라장을 때로 엿볼 수 있었다. 그런 한승헌 씨가 "내 유해 봉환이 될 수도 있겠다 싶었어요."라고 진지한 얼굴로 나에게 말했다. 한국 측의 진정성을 잘 이해할 수 있었다.

홋카이도대 문학부 봉환식 ─────

▶ 문학부 봉환식 전, 가안치 유골, 상자 표지, 한 변호사 필서

1996년 5월 29일 오후, 동학농민군 지도자 유골 봉환식이 문학부 회의실에서 거행되었다.

한국에서 14명이 왔다. 한승헌 씨, 조성용 씨(시민운동가), 박맹수 씨(원광대 교수), 장영달 씨(국회의원, 시민 자격) 등 봉환위원회 대표단 4명이다. 동학을 이어받은 천도교에서는 동학민족통일회 2명이 참가했다. 또한 취재진으로 MBC(문화 방송), CBS(기독교 방송), 3개 신문사 기자들도 왔다.

유골을 넣은 나무상자에는 붓글씨로 '고(故) 동학농민혁명군 지도자'라는 표지를 붙였다. 명필가이기도 한 한승헌 대표가 직접 붓으로 쓴 것이다. 일본을 방문한 대표들은 모두 전라도의 민주화 시민운동가들이었다. 소회의실에서 한승헌 씨는 준비해 온 붓으로 2, 3매 정도 연습한 뒤 정돈된 서체로 정성껏 정서했다. 지켜보는 3명의 대표도 포함하여 실로 표정이 밝았다. '지사연'하지 않고 느긋하게 담소하는 모습이었다.

그러나 문학부 회의실에서 봉환식이 시작되자 봉환위원회 대표단의 태도는 엄숙 그 자체였다. 처음에 문학부장이 인사를 했다. 그의 '사과의 말'은 나중에 소개하기로 한다. 한승헌 대표가 일어나 '고유문 낭독'을 했다. 한 대표가 유해 당사자(님)를 향해 고유문을 읽고, 홋카이도대학 법학부 대학원에서 일본 근대사를 연구하는 한국 유학생 박양신(朴羊信) 씨가 중간중간 일본어로 통역했다. 번역문도 서울에서 준비했다. 한국 측 번역문의 전문을 토씨 그대로 소개한다.

고유문
동학농민혁명군 지도자로 싸우다 순국하신 님에게

1세기 전 조국의 자주와 창생(蒼生)의 구원을 위해 몸을 바친 동학농민혁명군 장군님께 감히 말씀드립니다.

님이여! 장군님! 지금 이곳에는 목숨과 바꾼 당신의 실천적인 애국의 일념을 기리며 저 높은 죽음 이후에도 백골의 모습으로 님의 봉환을 받아들여야 하는 부끄러움에 분노하는 저희가 왔습니다. 지금 이 장소가 우리나라, 우리 땅이 아닌 다른 땅. 그것도 지난날 우리를 짓밟았던 일본인들의 땅이기 때문에 저희는 더욱 착잡한 느낌을 가눌 수 없습니다.

징병, 징용, '위안부' 등 살아 있는 사람을 강제 연행한 것은 쓸 곳이 있어서라고 해 둡시다. 그러나 효수된 당신의 육체의 일부를 멀리 이 홋카이도까지 무슨 목적으로 가져왔나! 이해할 수 없습니다. 감히 단언하는 것은 과거 수많은 산 사람의 납치 행위보다 더 깊은 음모를 가진 만행이었음이 명백합니다.

살아서 뜻을 펴지 못하고 순국하신 당신이 사후까지 백골의 모습으로 적지에 연행된 그 원한을 어디에 비할까요.

당신은 신문지에 싸여 종이 상자에 넣어진 채 옛 침략자의 땅, 먼지에 뒤덮인 구석으로 이리저리 밀려나 10년 모자란 백 년 동안 치욕의 세월을 보내셨습니다.

정말 애통하기 그지없습니다. 당신을 '반출'해 온 그 사람은 자신의 행위에 대해 하등 수치도 죄책감도 없었기 때문에 자기의 성명 다섯 글자를 당당히 써서 남겼겠지요.

더욱이 다름 아닌 이 대학 안에서 여섯 구의 유골이 동시에 발견(?)되었을 뿐 아니라 한때 그 수가 천 개나 되었는데도 학교 측은 유골이 모인 이유와 경위를 모른다고 합니다.

저희는 유감스럽지만 당신의 이름과 당신을 '반출'해온 사람의 신원을 밝히지 못했습니다. 그러나 그것은 그리 큰 문제가 아닙니다. 당신이 동학농민군의 지도자이고 당신의 유골을 가져온 사람이 의심할 나위 없이 일본인이고 다름 아닌 대학의 연구실에 90년간이나 방치되었다는 사실이 중요할 뿐입니다. 한마디로 말해 그것은 과거 우리 한국을 지배한 침략자 일본의 저주스러운 음모와 경멸에서 나온 비극이었습니다.

일본인에 대한 질책과는 또 다른 차원에서 우리 한국인 스스로 님 앞에 면목이 없으며, 다만 깊이 머리를 숙여 사죄를 올릴 수밖에 없습니다.

님이여, 당신이 묘지도 없이 구천을 떠돌며 통분하신 1세기 동안 저희는 나라를 온전히 세우고 민족을 하나로 하지 못한 채 분단과 외세, 그리고 불의의 사슬 속에서 부끄러운 세월을 거듭했습니다.

지금도 조국의 현실은 당신이 백 년 전에 군을 일으켰을 때의 모습과 본질적으로 그리 달라지지 않았습니다.

오늘 이 자리에서 설령 저희들이 이렇게 참담한 마음으로 만났다고 해도, 아니 이렇게 기괴한 만남을 가졌기 때문에 바로 당신과의 만남은 살아 있는 저희에게 더할 수 없는 분노와 커다란 각성을 줍니다.

역사는 언제나 승리하는 쪽에 서서 쓰여진다고 합니다. 그러나 저희는 이제 패배의 모욕과 고통을 다시 되살림으로써 치욕의 역사를 극복하고 함께 승리를 쟁취하는 길로 매진할 것을 님 앞에 맹세합니다.

지금 여기 일본 땅에는 과거 일제의 한국 침략을 정당화하는 맹신이 아직도 이어지고, 강대국의 패권주의의 악습도 사라지지 않습니다. 바로 그 때문에 당신이 목숨을 건 '척왜(斥倭)항전'의 투쟁은 실로 선구적인 자기 회생이며 오늘의 저희가 마음에 새기고 걸어야 할 길의 방향을 극명히 보여 주셨습니다.

지금 이 자리에 계신 한일 양국 사람들 사이에는 어떤 대립이나 적의도 없다고 믿습니다. 오히려 유골의 발견을 계기로 함께 숙연히 아픈 마음을 새기고 그리하여 주저 없이 사죄하려는 마음을 갖고 계신 분들이 참석하고 있다고 알고 있습니다.

저는 이번 유골 봉환이 새로운 시대에 부합한 올바른 상호 인식과 건강한 한일관계를 세우는 데 도움이 되는 전향적인 계기가 될 것을 바라 마지않습니다.

그것을 위해 무엇보다 일본의 국립 학교에서 일어난, 의도적으로 단행되었다고밖에 생각되지 않는 유골의 수집·방치에 관해 일본 정부는 당연히 한국인과 인류의 양심 앞에 깊이 반성하고 그에 상응하는 자세를 보여야 한다고 생각합니다.

숨이 끊어진 후에도 영면을 하실 수 없었던 님이여! 님에 대한 흠모와 위로의 말 대신에 이런 진애(塵埃)의 세상 말씀을 드려서 진실로 죄송합니다. 그러나 이렇게라도 당신의 혼을 영원히 추도하고 역사에서 자리 잡도록 하는 것이 저희의 절실한 염원이라는 것을 이해해 주십시오.

이제 내일 님의 육신은 이 땅을 떠나게 됩니다. 결국 사실도 모르고 어떻게든 봉환하지도 못한 저희를 질책해 주십시오. 이렇게 늦어졌지만, 당신이 생명을 걸고 사랑한 우리 민족이 사는 곳, 당신과 뜻을 같이하고 죽음도 함께한 많은 전우들이 잠든 땅, 고국 땅으로 님이여, 이제 가십시다. 아직도 정상이 아닌 조국의 현실을 생각할 때, 당신의 영혼과 육신을 봉환하는 오늘의 이 식전을 통해, 당신은 저희 마음속에 두 눈 부릅뜨고 지켜보는 살아 있는 선구자로 부활하시고 임해 주십시오. 그리하여 님이여, 지금도 나뉘어 싸우고 외세에 시달리는 우리 조국, 그 속에서 부침하여 역사를 바로 이끌지 못하는 배달민족을 위해 다시 한 번 힘 있는 호령을 외쳐 주십시오.

님을 모시고 고국 땅으로 돌아가는 저희의 마음을 살피시고, '편히 쉬라'는 말씀조차 하지 못한 저희의 부족함을 용서해 주십시오.

1996년 5월 29일
동학농민혁명군 지도자 유해 봉환위원회
상임대표 한승헌

첫째, 일본 정부에 대한 통분이다. 둘째, 한국인 스스로에 대해서도 외국 세력 속에서 부침하여 역사를 바로 이끌지 못했다는 생각이 나타난다. 셋째, 참석자들의 양식을 이해한다. 엄중하게, 예의를 갖춘 인삿말이다.

한승헌 변호사는 시인이기도 하다. 유골 반환을 논의하면서, 한승헌 씨가 민족을 사랑하고 보편적인 상식을 중시하는 사고방식의 소유자임을 충분히 느꼈다. 그런 한승헌 씨의 말이기 때문에 강하게 가슴 깊이 울렸다. 한국인, 조선인들이 얼마나 큰 통분과 분노를 갖고 있는지 말이다.

2. 전주에서 이루어진 유골 진혼식

고국으로 ━━━━━

1996년 5월 30일 이른 아침, 유골은 한국 측 봉환위원회 멤버의 품에 안겨 신치토세(新千歲) 공항으로 향했다. 가니타니 게이조 문학부장과 내가 동행했다. 오전에 봉환 협찬 단체인 대한항공 775편을 타고 12시 40분 김포공항에 도착했다. 동학농민군 지도자의 유골은 90년 만에 고국으로 돌아갔다.

김포공항 대기실이 추도회장이 되었다. 곧바로 동학농민혁명유족회가 주최한 추도식이 거행되었다(본장 맨 앞의 사진 참조). 봉환위원회의 일원이자 동학농민전쟁을 연구하는 한 분은 굵은 눈물을 억누르지 못했다.

이어 서울의 천도교 중앙총부가 있는 수운회관으로 유골을 옮겼다. 경찰차를 선두로 정장(正裝)한 승용차들이 열을 지어 이동했다. 천도교 교령과 인사를 나누고 추모 의식을 치른 뒤 전주시로 향했다. 유골은 전주동학혁명기념관에 임시로 안치되었다.

진혼제 ━━━━━

다음 날, 전주시 덕진종합회관에서 '동학농민군 지도자 유해봉환진혼제 ― 동학농민혁명 전승 102주년'이 열렸다.

한승헌 상임대표의 제문 낭독에 이어, 가이타니 게이조 문학부장이 단상에 올라 '사과의 말'을 낭독했다.

다음은 그 전문이다.

홋카이도대학 문학부의 사과의 말

작년 7월 26일 홋카이도대학 문학부가 관리하는 후루카와 강당의 '구 표본고'를 정리하던 중, 신문지에 싸여 종이 상자에 방치되어 있는 두개골 6개가 발견되었습니다. 그중 하나는 '한국동학당'이라고 묵서가 쓰인 유골이었습니다.

인간의 유골을 이렇게 함부로 취급하는 것은 인간의 존엄에 대한 모독이고 용서할 수 없습니다. 유골이 발견된 '구 표본고'를 관리, 사용한 것은 작년 3월 말 홋카이도대학 문학부를 정년퇴직한 교관입니다만, 이 교관이 이처럼 오랫동안 유골을 소홀히 방치한 것에 대해 홋카이도대학 문학부로서는 깊이 책임을 느끼고 여기서 사죄를 드립니다.

더욱이 조사 결과, 이 유골을 한국의 진도에서 가져온 사람이 홋카이도대학의 전신인 삿포로농학교 출신자일 가능성이 매우 높다는 데 대해서도 마음으로부터 사과를 드립니다.

일찍이 일본의 대학에서는 식민학이라는 학문이 활발하여 일본의 식민지 지배를 이론적·실천적으로 지탱하는 역할을 했습니다. 나아가 인종론이라는 잘못된 학문이 식민지 지배를 정당화하는 역할을 했습니다. 이것이 이번에 발견된 유골과 깊이 관련되어 있다고 생각합니다. 그렇게 생각할 때 학문의 장으로서 홋카이도대학 문학부는 새삼 자신의 역사 인식을 재고하고 과거를 반성하며 앞으로의 한일 문화·학문 교류 발전에 기여하고자 합니다.

이번에 저희가 봉환위원회 대표 여러분들과 함께 동학농민혁명군 지도자의 유골을 한국에 봉대한 것은 지금까지 말씀드린 사죄를 말로만이 아니라 구체적인 형태로 표시하고자 했기 때문이며 이를 이해해 주시기를 바랍니다.

1996년 5월 31일 홋카이도대학 문학부장
가이타니 게이조

이 말은 일본의 공적 기관의 대표가 최초로 한국에서 공식 사죄한 일일 것이라고 한승헌 상임대표는 말했다. 사죄는 문학부위원회의 총의이고 문학부 교수회에서도 합의된 바다.

진혼식에 이어 추모 공연이 있었다. 창극과 명창들의 판소리 공연 후, '현대 무도단'의 젊은이들이 동학농민군 지도자의 유골을 중심에 두고 모던하면서도 전통적인 춤을 추었다. 남녀의 군무는 엄숙하고 약동감이 넘쳤다.

정읍시 황토현으로 유골이 이송되어 지역 사람들도 참석했다. 유골은 정읍 황토현 기념관 사당에 안치되었다. 식전이 끝난 저녁 무렵이었다. 참석자들은 야외의 테이블을 둘러싸고 막걸리를 마시며 동학농민군 지도자를 기렸다.

한국 측의 의견서 ━━━

앞으로의 조사에서 중요한 것은 한국 측 봉환위원회가 표명한 '의견서'였다. 의견서는 문학부 봉환식 3일째 되는 날인 5월 28일, 문학부 회의실에서 한일 공동기자회견을 열었을 때 제출되었다.

한국 측 봉환위원회는 『중간 보고서』를 일정하게 평가하고, 아울러 다음 일곱 가지 문제점을 지적했다.

첫째, 진도의 동학농민전쟁에서 일본군의 책임에 관해. 둘째, 삿포로 농학교 졸업생 사토 마사지로의 한국 행적에 관해. 셋째, 사토 마사지로가 유골을 '채집'한 목적에 관해. 넷째, 유골이 일본에 반출된 경로에 관해. 다섯째, 반출된 유골이 홋카이도대학에 보관된 경위에 관해. 여섯째, 대학에서 유골을 장기 방치한 것에 관해. 일곱째, 조선에서 일본에 전래된 다른 유골에 관해.

내가 담당하는 동학농민군 유골 반출의 역사적 배경 조사는 그중 첫째부터 넷째까지다. 다섯째 이후와 다른 유골과 함께 추적한 전(前) 교수의 경로 조사는 내가 본서에서 서술할 자격이 없다.

한국 측 봉환위원회의 요청은 나로서는 무겁게 받아들여졌다.

첫째 문제에 관해 『중간 보고서』에서 일본군의 진도 침입 여부는 검증할 수 없었으나 한국 측의 동학농민전쟁 연구자는 자료를 제시하며 이 점을 지적했다. 또 둘째와 셋째는 삿포로농학교 졸업생 사토 마사지로의 '한국에서의 행적'과 '채집'에 이르는 시대 배경을 더욱 상세히 밝히라는 요망이다. 넷째는 사토 마사지로가 홋카이도대학에 전달한, 한국에서의 반출 경로에 관해 검토해 달라는 요망이다.

첫째 과제에 관해 한국 측 연구자는 조사 자료를 제공하겠다고 제안했다. 문학부 봉환식을 준비하면서 한국 측 봉환위원회는 목포, 진도, 그리고 하조도의 공동 현장 조사를 내게 제안했다. 그리고 위원인 나와 함께 교육학부의 이노우에 가오루 씨도 또다시 동행하게 되었다.

3. 동학농민전쟁의 현장을 방문하다

목포 ————

7월 초, 한국의 목포, 진도, 하조도를 6일간 조사했다.

목포에서는 목포문화원의 이성열 씨가 일본의 육지면 재배 사업 유적지를 안내해 주었다. 일본이 고하도에 세운 '조선 육지면 발상지(朝鮮陸地綿發祥地)'라는 비(碑)를 보았다. 해방 후 현지 사람들이 비를 넘어뜨리고 표면을 훼손했으나 목포시는 이것도 역사의 산물이라며 장소를 옮겨 세웠다. 일본은 조선의 영웅 이순신의 비를 부수고 그 장소에 면화발상비를 세웠다고 한다.

호텔에서 박정두(朴正斗) 씨(1926년생, 71세)에 대한 구술 조사를 했다. 박정두 씨는 박중진과 같은 밀양 박씨 출신으로 종친회장(일가의 장)이다. 목포에 사는데 태어나고 자란 곳은 박중진과 같은 마을, 황해 앞바다, 하조도 서안의 산행리이다.

박정두 씨는 다음과 같이 얘기했다. 박중진의 자손 일족은 지금 하조도 동쪽 해안, 유토리(柳土里)에 산다.

밀양 박씨는 제2차 동학농민전쟁에서 일족 전체가 피해를 입었다. 박중진은 1만 평 정도의 보리밭을 갖고 넉넉하게 살았지만, 박정두 씨의 친척 중에도 많은 사람이 이산 혹은 행방불명이 되거나 황해의 먼 섬으로 도망가서 가난한 생활을 했다. 박정두 씨의 부친 등이 그들을 원조했다고 한다.

진도 ━━━━

이노우에 가오루 씨, 한국에서 박맹수 씨, 문학부 봉환식을 취재한 바 있는 김수돈(金壽墩) CBS 기자와 함께 목포에서 출발했다. 김수돈 씨가 운전하는 승용차를 타고 갔다.

진도에서 박주언 씨와 합류하여 안내를 받았다.

고군내면 내산리 마산(馬山) 마을에서 처형된 동학농민군 지도자, 손행권의 출신 마을을 방문했다. 마산 마을은 진도의 동쪽 끝, 바닷가 마을이며 낮은 사면에 집들이 있다. 손씨 일가는 노부인 한 명만 있었다.

길을 오르며 김상홍(金相洪) 씨의 얘기를 들었다.

섬에는 밀양 손씨 일가와 경주 김씨 일가가 많이 살고 있었다. 손씨 일가는 모두 서울에 갔고, 동학에 관해서는 잊어버렸다. 마을 가장 높은 곳에 유골은 없고 혼만 있는 묘가 있는데 '손 지장의 묘'라고 불린다. 연대가 손행권과 딱 들어맞는 묘지였다.

이어 진도의 석현리를 조사한다. 처형된 김수종의 출신 마을이다.

석현리는 진도의 성내리(城內里)로 가는 입구 바로 앞에 있는 마을로 섬 중앙에 있다. 김해 김씨 일족의 장로들이 모였다. 석현리는 김해 김씨 일족의 마을이다. 김수종에 관해, 또 동학운동에 관해 얘기만 들었다고 한다. 석현리의 아랫마을에 살다 50년 정도 전에 돌아가신 김찬휘(金贊暉)는 동학에 관해 "조선전쟁 이상으로 무시무시했다"고 말했다고 한다. 김찬휘는 동학농민전쟁을 실제로 본 세대의 사람이었다.

하조도 ━━━

진도 팽목항에서 하조도 행 페리에 승선했다.

박주언 씨, 박맹수 씨, 김수돈 씨, 이노우에 가오루 씨, 나, 특별 참가한 곽의진(郭義珍) 씨(작가)와 비서가 하조도로 향한다. 소형 페리로 황해 앞바다에 나갔다. 쾌청하고 바다는 조용했다.

하조도는 구릉이 많은 섬이었다. 조도면의 면사무소에서 청취 조사를 했다. 1995년 조도면 인구는 총 5,879명이고, 반농반어(半農半漁)로 농업이 위주다. 김해 김씨 일가가 가장 많고 밀양 박씨 일가가 뒤를 잇는다. 박중진은 두 번째로 많은 밀양 박씨 일가이다. 옛날 조도면 섬들과 한반도 서남부는 지금보다 더 밀접한 생활권을 이루고 있었다. 진도·하조도의 섬들과 본토의 목포, 영광, 영암, 그리고 훨씬 남쪽의 제주도까지 생활

권이었다고 한다. 박맹수 씨는 박중진의 동학농민군 활동에서 주요한 무대는 영광이고 맞은편 본토도 활동의 장이었다고 얘기했다.

창유리(倉柳里, 통칭 유토리〔柳土里〕)에 있는 박중진의 자손 댁을 방문했다.

박웅식 씨는 1941년 태어났다. 박웅식 씨는 진도 동학농민군 지도자인 박중진이 할아버지들 중 제일 맏형이라고 알고 있었다. 박웅식 씨의 할아버지는 삼남으로 이름은 종효(鍾孝)이다. 한편 종친회장인 박정두 씨는 둘째 형이 박중진이라고 한다. 왜 이런 차이가 생겼을까. 이유는 분명했다. 다섯 형제 중 세 명이 동학농민전쟁에 참가하여 행방불명이 되었다. 동학농민전쟁 후 박중진과 그 일가는 완전히 '역적' 취급을 받고 좋지 않은 얘기만 들었다.

박맹수 씨가 "할아버지들의 발자취를 조사하고 싶은 생각은 없었습니까?"라고 물으니 박웅식 씨는 다음과 같이 답했다.

"그건 안 됩니다. 조사해도 좋은 평가가 나올 리도 없고. 좋은 거라면 조사하겠지만, 역적으로 몰리는 사람을 누가 조사할 마음이 나겠어요. 감추려 하는 것이 당연합니다. 나는 그런 것에 지지 않도록 살아 왔습니다. 나쁜 소리를 들을 것 같으면 박중진의 박씨로 온 힘을 다해 열심히 한다는 생각이었어요."

박중진의 다섯 형제 가운데 박정두 씨의 정리에 따르면 차남 종순(일명 중진), 사남 종오(鍾吾), 오남 종진(鍾辰), 이 세 명이 동학농민전쟁 중 죽거나 행방불명이 되었다.

박웅식 씨는 지금 사남인 종오가 살았던 땅에 산다. 박중진이 살았던 곳에는 장남인 종빈(鍾彬)이 집을 지었다. 동학농민전쟁으로 인해 토지가 다른 일족에게 넘어갔다. 박중진의 택지는 150~200평이었다. 박중진과 친족인 밀양 박씨는 막대한 피해를 당했다. 지금도 '중진의 박가'라든가 '몽둥이 박'으로 불리고 있었다.

이처럼 『보고서』를 쓰기 전에 동학농민전쟁의 현장, 진도의 마산, 석현리, 하조도의 창유리, 그리고 박중진 일가의 묘지가 있는 산행리 현장을 방문했다.

훗날, 『중앙일보』 7월 19일 자에 박맹수 씨의 협력으로 한일의 진도 조사에 관한 기사가 실렸다. 타이틀은 '동학군, 최후의 항전지는 진도', 진도로 도주하는 동학농민군을 일본군이 추격, 처형한 것은 한국에서도 일반에 알려지지 않았다.

나는 『보고서』에 매달렸다. 동학농민군 유골과 관련하여 홋카이도 대학의 식민학을 포함한 역사적 경위와 배경, 이 모든 것이 테마였다.

진도에 처음 침입한 일본군 토멸대대에 관해 방위성 방위연구소 도서관이나 외교사료관 등의 조사를 통해 알게 된 사실을 서술하기로 한다. 『보고서』 집필 후 새로 알게 된 것도 포함될 것이다.

4. 동학의 조직과 사상

동학농민군 토벌대대 ━━━━━

1894년 11월 6일 저녁 6시, 보병 1대대가 조선 서해안의 인천항에 도착했다. 대대는 후비보병 독립 제19대대로 3중대, 총병력 660여 명이었다.

이 '후비보병'이란 일본군이 징병제에서 사용한 용어다. 당시 만 20세에 징병된 병사는 처음에는 현역이 되고 다음에는 예비역, 마지막으로 후비역이 되었다. 후비역은 27~32세의 높은 연령대로 대다수는 가족이 있는 병사였다.

인천의 병참감부(재조선 병참총사령부)는 이 후비병사 3중대, 즉 대대가 '동학당 토벌대'로서 동학농민군 '토멸만 하는 임무'가 부여되었다.

후비 제19대대 3중대는 서울 남쪽 근교, 한강에 면한 용산의 일본군 진지로 옮겨갔다가 일제히 남하하여 이듬해 1895년 2월 초순까지 3개월간 조선 중남부 각지에서 봉기한 동학농민군 수십만 명을 사상시키고 수만 명을 섬멸, 살육했다. 이 밖에 본서에서는 언급하지 않았지만 황해도와 평안도에서도 동학농민군이 일본군에 대해 봉기했는데, 일본군은 역시 잔혹한 토멸 작전을 같은 해 4월까지 실행했다. 말하자면 한국사에서 말하는 제2차 동학농민전쟁이다.

최대 전장이 된 것은 조선 중앙에 위치한 충청도 공주다. 공주 전투는 전투를 쉰 기간까지 포함하면 두 차례에 걸쳐 20일간이나 지속되었다. 이어 일본군 후비보병부대가 동학농민군에 대해 문자 그대로 섬멸전을 펼친 것은 조선 남서부, 전라도 나주, 남서해안의 장흥, 강진, 해남, 그리고 서남단에 있는 진도였다.

제2차 동학농민전쟁의 최종 단계에서는 조선 서남부 일대에서 역시 수만 명의 동학농민군이 참가한 대규모 전투가 있었고, 그 후 도주하여 촌락에 숨은 동학농민군 병사들은 약 한 달간의 색출 작업으로 붙잡혀 살육을 당했다.

일본군의 토벌 작전 지휘는 인천의 병참감부, 정식 명칭으로 남부 병참감부가 맡았다. 후비 제19대대의 입항 다음 날(11월 7일), 병참감부 자체는 일본군의 북상에 맞춰 평양과 가까운 어은동(漁隱洞)으로 북상했다.

뒤에 남겨진 인천 병참부는 역할을 줄여 인천 병참사령부로 격하되었다. 조선 중남부의 수비와 최전선으로 북상하는 군용 전신선을 수비하는 것이 주 임무였다. 바로 이 인천 병참사령부가 동학농민군 토벌전을 지휘했다.

그러나 조선 병참부는 일본군의 전선부대 제1군이 북상한 9월 이후에는 대본영이 직할했으므로 인천 병참사령부는 대본영의 명령에 따라 현장 지휘를 한 셈이 된다.

한편 전라도, 충청도 등 각지의 동학농민군 세력은 이미 10월 중순 일본군을 조선에서 몰아내기 위해 봉기를 선언하고, 후비 제19대대가 조선에 도착한 11월 초순경 전라도 삼례(參禮), 충청도 보은(報恩)에 집결하여 서울로 북상할 준비를 갖췄다.

개벽의 꿈 ————

1894년 봄의 제1차 동학농민전쟁에 관해서는 제1장에서 개략적으로 소개했다. 동학 사상에 관해서는 일본에 별로 알려지지 않았으므로 필요한 범위 안에서 설명을 덧붙이겠다.

동학 사상은 동학 초대 지도자였던 최제우(崔濟愚, 호 수운재(水雲齋), 1822~1864)가 1860년에 창시했다. 최제우는 1864년에 체포되어 '좌도혹민(左道惑民, 잘못된 가르침으로 민중을 현혹시킴)'으로 처형당했다. 동학 사상은 현재의 혼란한 세상이 소멸하고 이상적인 시대가 도래한다는 종말 사상이 포함된 것이었다.

일본에서도 같은 무렵인 막말유신기에 등장한 곤코쿄(金光教), 오모토교(大本教) 등이 종말 사상을 주장했다. 다만 이들 종교는 동학처럼 전국적으로 확산되거나 농민전쟁의 사상이 되지는 못했다.

현재 한국에서 동학은 민주화운동의 효시가 된 사상으로 높이 평가된다. 동학농민군 지도자의 유골 봉환 이후의 일인데, 1998년 10월 일본을 방문한 김대중 대통령이 일본 국회 연설에서 아시아의 인권 사상으로 조선의 동학을 예로 든 것은 동학이 한국에서 얼마나 높이 평가되고 있느지 잘 보여준다. 김 대통령은 아시아 자체에서는 근대 민주주의 사상이 생기지 않았다는 종래의 사고방식을 정면으로 비판했다. "아시아에도 서구에 뒤떨어지지 않는 인권 사상과 국민주권의 사상이 있고, 그런 전통도 있었습니다." 맹자와 석가의 사상에서도 인간의 존엄성과 평등을 얘기했고, "한국에도 그런 전통이 있습니다."라고 동학을 소개했다. "동학이라는 민족 종교의 창시자들은 '사람이 즉 하늘이다(人乃天)', '사람을 섬기기를 하늘과 같이 하라(事人如天)'고 가르쳤습니다. 이런 인권과 국민주권 사상은 사상에만 머무르지 않고 그것을 뒷받침하는 여러 제도도 있었습니다. 다만 근대민주주의 제도를 서구가 먼저 발견했을 뿐입니다."

일본에서는 종말 사상, 평등, 상호부조, '살아 있는 신(生き神)' 등 민중 사상이 생겨났지만 막말유신기에도 농민전쟁으로 규정할 만한 규모와 질을 가진 민중운동은 없었다. 그 후에도 근현대 일본을 대표하는 거대한 토착적 민중 사상은 탄생하지 못했다. 한편 한국의 민주화운동에서는 동학과 동학농민전쟁이라는 살아 있는 역사의 기억이 사람들을 크게 고무했다고 한다.

2006년부터 지금까지 '동학농민군의 역사 탐방 여행'을 주최하는 나라(奈良)의 근대사 연구자 나카즈카 아키라(中塚明) 씨는 한국 국민과 다양하게 교류하며 현지에서 동학농민전쟁의 역사를 소개한다. 나카즈카 씨는 한국에서 육성되고 단련된 동학 사상을 최근의 저서에서 알기 쉽게 설명했다(中塚明, 2013). 한국에서 동학 사상을 연구하는 박맹수 씨의 성과도 참고하여 동학 사상의 요점을 본서에 필요한 정도로 소개하고자 한다.

동학 사상의 특징은 네 가지다. 첫째, '후천개벽' 사상이다. 종말론의 주장인데, 가까운 장래에 '재개벽(再開闢)', 즉 이상적인 시대가 이 세상에 찾아온다는 현실성을 가진 변혁 사상으로 사람들에게 받아들여졌다.

둘째, 21개의 글자로 된 주문을 외우며 수양하면 하늘과 일체화되고 지상에 천국을 실현할 수 있다는 유명한 '인내천' 사상이다. 누구나 자기 속에 섬기는 천주를 체험할 수 있다는 점에서 신분제 사회에서 만인 평등의 사상이 되었다. 조선 사회에서 차별받던 과부들이 동학에 모인 것은 상징적이었다.

참고로 조선은 19세기가 되면서 양반이 급증하는 형태로 일본의 근세 사회보다도 신분제가 이완되고 무너져가고 있었다. 일본에는 현재까지도 조선 사회가 정체되었다는 통속적 이해가 퍼져 있지만 사실은 반대로 19세기 신분제가 해체되기 시작했고 이는 교과서에 기록된 정설이다.

셋째, '치병(治病)과 유무상자(有無相資)' 사상이다. 가르침을 믿으면 콜레라 같은 병도 낫는다고 가르쳤고 경제적으로 여력이 있는 사람이 가난한 사람을 돕는 '유무상자'를 주장하여, 이러한 상호부조운동이 동학 자치의 기반이 되었다.

넷째, '척왜양(斥倭洋)'의 민족 사상이다. 동학은 구미 열강의 서학을 평가하면서도 조선의 전통적인 사상이 되고자 동학이라는 이름을 붙였다. 조선은 1867년 일본과 수호조규를 맺고 세계자본주의에 편입되었다. 동학 사상은 민중운동을 통해 재야 민족 사상을 형성하고, 아래로부터 내셔널리즘운동을 전개했다.

최제우의 처형 후 동학은 종말론이나 평등 주장 때문에 탄압을 받았다. 2대 지도자가 된 최시형(崔時亨, 호 해월[海月], 1829~1898)은 조직화를 진전시켰다. 원래의 발상지인 조선 동부의 경상도, 강원도뿐만 아니라 1880년대에는 중앙 산악지대와 충청도, 전라도로 포교가 이루어졌다.

이 무렵 생긴 조직이 '접(接)'과 '포(包)'였다. 접은 한국에서 '모임'이라는 의미이다. 접 하나는 35~75호 정도의 모임이며, 접은 전도자(傳道者)와 수도자(受道者)라는 사람과 사람의 결합으로 이루어졌다.

포는 접이 모인 것으로 동학농민은 포명(包名)을 기재한 기치(旗幟) 아래 모여서 행동했다. 포의 지도자가 대접주다. 가령 남접 전라도의 손화중, 북접 충청도의 손병희 모두 대접주이며, 손화중은 정읍 대접주, 손병희는 충의(忠義) 대접주였다. 동학농민의 봉기를 '기포(起包)'라고 하는 것은 이 포에 기초하고 있다. 포는 탄압 속에서 만들어진 농민의 지하조직이고 아래로부터의 자치와 민족 자율의 강고한 조직이 되었다.

종래에 동학 세력은 북접과 남접이라는 이분법으로 이해되어 왔다. 충청도에 있던 교주 최시형의 지도를 받은 충청도, 경상도, 강원도, 경기도 등의 동학농민을 '북접'이라 하고, 동학농민전쟁에서 전봉준 등이 이끈 전라도의 동학 세력을 '남접'이라고 부른다. 지금까지 충청도를 중심으로 하는 북접은 동학의 종교적 입장을 중시하여 실천성이 떨어지고, 봉기를 일으키지도 않았으며, 전라도의 남접은 실천적이고 현실적인 변혁을 내걸었다는 설명이 대부분이었다.

이에 대해 최근 한국에서는 나중에 소개하겠지만, 북접 세력이 일본군에 대항하여 과감히 봉기하고 남접과 공동 행동을 했다는 많은 사례를 찾아냈다. 북접의 재평가가 진행되고 있다.

실제로도 동학농민군의 일본군에 대한 일제 봉기는 우선 북접의 근거지에서 시작되었다.

5. 일본군의 조선 침입과 동학의 봉기

일본군의 조선 침입과 점거 ━━━

청일전쟁의 개시로 돌아가면 일본 공사관과 군은 1894년 7월 23일 군사력을 행사하여 서울 왕궁을 점거하고 정부 각료를 교체시켜 청일전쟁으로 돌진했다.

청일전쟁 초기, 일본군 병참선은 부산에 상륙하여 경상도를 북상했다. 낙동강을 따라 북상해 가면 동서로 가로지르는 험한 소백산맥에 닿게 된다. 조령(鳥嶺) 고개를 넘으면 북쪽에는 충청도가 있다. 일본군의 병참사령부가 설치된 안보(安保)와 충주 순으로 고갯길을 내려가고, 남한강변의 가흥(可興)을 넘어 병참선은 서쪽 경기도로 들어가 한성, 지금의 서울에 다다른다. 병참선은 더 나아가 서해안의 인천까지 연장되었다.

청일전쟁 개전 1개월 후인 8월 말, 일본에서 후비 제10연대 5중대(1중대는 약 220명)가 파견되었고 부산에서 조령을 넘어 서울, 인천에 도달하는 각 병참부의 수비를 맡았다. 이후 9월 중순의 황해해전 후, 일본군이 제해권을 획득하여 인천이 운반항이 되고 9월 하순에는 병참감부가 인천으로 옮겨져 병참선도 인천에서 평양으로 연장되었다. 인천, 용산, 평양, 의주 방면으로 북상하는 각 병참부의 수비대로 이 시기에 일본에서 후비 제6연대가 파송되었다.

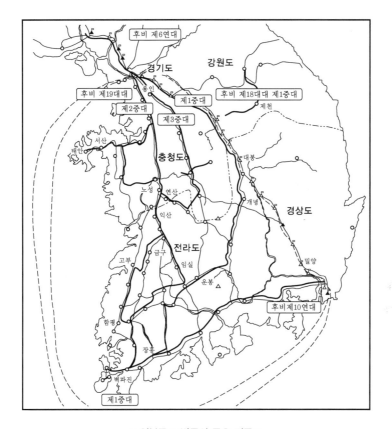

B 일본군 토벌군의 주요 진군도

▶ 제1중대 진로는「메이지 27년, 일청교전 종군일지(日淸交戰從軍日誌)」(도쿠시마 현〔德島県〕개인 소장)
　를, 제3중대 진로는「동학당 정토 경력서(東学党征討経歴書)」(야마구치 현 문서관 난케〔南家〕문서) 참고
▶ 제2중대 진로는『주한 일본공사관 기록』에 근거
▶ 진로의 주요 지점만 표시

　이와 같이 일본군의 조선 왕궁 군사 점령 사건, 국토를 종단하는 일본
군 병참선의 설치와 대거 침입이 동학농민군의 재봉기를 불러일으켰다.
　동아시아의 민중은 일본의 경우에도 그렇지만 당시 구미인의 여행기
등에 기록되었듯이 외국인, 구미인을 만나도 침략 목적이 아니면 대체

로 친화적으로 대했다. 국제사회가 형성될 수 있는 깊은 원점이라 할 수 있다.

그러나 군사력을 갖추고 침략을 위해 들어온 구미 열강 세력에 대해 재야의 민중운동은 민족으로 단결하여 서로 충돌했다. 이는 침략을 받은 동아시아 세계에서 보편적으로 일어난 것이다. 동학농민군은 우선 일본 군 병참선의 군용 전신선을 절단하거나 수비대 진지를 습격하는 봉기를 계속했다. 이러한 게릴라적인 봉기를 최초로 실행한 것은 일본군의 병참 선이 지나는 세 개의 길, 남쪽부터 경상도, 충청도, 경기도의 동학농민군 이었다.

한국에서 일본에 유학 온 강효숙(姜孝叔) 씨는 동학농민군의 군용 전 신선을 절단하는 항일운동이 이미 8월 초부터 경상도 등에서 끈질기게 일어났음을 찾아냈다. 9월 하순 일본군은 낙동에서 전주(電柱)를 절단한 조선인을 참살하고 시체를 매달아 본보기로 삼았다(강효숙, 2002).

같은 9월 하순, 경상도 안동(유교가 성한 곳)에서는 3천 명이 병참부를 습격하는 사건이 일어나고 가까운 대봉(臺封) 병참부에서도 일본군 다케 우치 모리마사(竹內盛雅) 대위가 조선복으로 변장하고 정찰하다가 동학 농민군에게 살해되는 사건이 일어났다. 다케우치 대위의 전사(戰死)는 일본에서 '다케우치 귀신의 분투'라고 신문에 기사화되고 「일본혼 다케 우치 대위 동학당과 분전한 그림」이라는 니시키에(錦繪, 비단 그림)도 그려 졌다(강덕상 2010).

남접의 전라도 동학농민군은 10월 12일, 전라도 북부의 삼례에서 기 포를 선언했다. 그러나 농번기가 겹쳐 삼례에서 일본군과 조선정부군에 대해 무력 봉기를 실행하는 대거 북상 준비를 하고 있었다. 북접의 동학 농민군은 남접보다 뒤늦게 10월 16일 기포를 선언한다.

이에 대해 10월 22일, 북접이 기포한 지 6일 후 일본군 인천 병참감이 동학농민군 토벌 전문 부대 2중대를 보내달라고 히로시마 대본영에 요구했다.

인천 병참감은 「진중일지」에 일본군 병참선에서 동학농민군이 봉기한 데 대해 "동학당의 거동은 출몰이 예사롭지 않고 한쪽에서 이를 제압하면 또 다른 곳에서 출현하고, 아무 제한이 없어 실로 일본군 수비병은 목하 동서로 분주하게 고생할 뿐이다."라고 호소하며, '일거에 장래의 화근을 제거'하기 위해 동학농민군 토벌을 전담하는 수비병 2중대를 조선에 파견할 것을 대본영에 요청했다. 인천 병참감부는 대본영에 대해 "조선 남부 국민의 감정을 해친다 해도" 상관없다고 표명하기도 했다(「진중일지」 방위성 방위연구소 소장).

북접 동학농민군의 일제 무력 봉기 ━━━━

대본영에서 조선에 있는 병참부를 직할한 군인이 참모차장 겸 병참총감 가와카미 소로쿠(川上操六) 소장이다. 그는 사쓰마 번(薩摩蕃)[3]의 하급 무사 출신으로 일본 육군을 대륙침공형으로 바꾸고, 청국을 상정한 작전계획을 책정하고, 청일전쟁 때 외무대신 무쓰 무네미쓰(陸奥宗光)와 더불어 개전 강경 노선을 집요하게 추진한 군인이었다.

대본영의 가와카미 병참총감은 10월 23일 2중대 파견 요청에 대해 일단 알았다고 응답했다.

---

3 규슈 남부 지역의 번이며 가고시마 번(鹿兒島藩)이라고도 한다. 1868년 막부(幕府) 권력을 타도하고 메이지 정권을 수립하는 데 중요한 역할을 했다. 권력 내부의 부패와 사족(士族) 처우에 대한 불만으로 가고시마 현(鹿兒島県)을 중심으로 1877년 대규모 반란(세이난〔西南〕전쟁)을 일으켰으나 진압되었다.

그러나 같은 날, 조선과 청국의 국경에서 일본군 제1군의 압록강 도하 작전이 시작되었다. 이 무렵 일본군은 병참부의 부실함 때문에 애를 먹고 있었다. 특히 평양 이북에서는 인부와 식량, 군사물자 부족 때문에 일시적으로 전군의 진군을 중지하기도 했다. 24일, 가와카미 병참총감은 인천 병참감에 대해 "제1군이 북상한 뒤 서울수비대 대대로 3중대(후비 제18대대)를 일본에서 보내는데, 다시 별도로 2중대가 필요한가?" 하고 문의했다. 이에 대해 인천 병참감은 토벌을 위한 2중대 파견을 거듭 요구했다. 그러나 25일 밤, 가와카미 총감은 "경상도와 전라도의 동학농민군에 대해서는 어쩌면 병력이 부족할지 모르겠다. 하지만 충청도 등지의 농민군 봉기를 진압하는 데에는 이번에 보내는 서울수비대 일부로도 '충분하다'"고 말하고, 파견 연기를 인천 병참감에 정식으로 통보했다.

같은 날인 10월 25일 제5사단 사령부도 압록강을 도하했다. 이 사령부는 대본영에 물자 수송을 다시 재촉했다. 부실한 병참으로 속을 끓이던 대본영은 청일전쟁의 배후지가 된 조선 남부에 병참부대를 보낼 여유가 없었다.

위에서 가와카미 병참총감이 말하듯이 제1군 정규군이 북상한 후 서울수비대로 파송되는 것이 후비 제18대대, 3중대였다. 이 대대는 히로시마 현과 야마구치 현의 병사들로 편성되고, 그 후 명성황후(明成皇后, 민비〔閔妃〕) 학살 사건에 참가하게 된다.

또한 토벌을 위한 2중대 파견을 보류한다고 대본영이 인천 병참감에 정식으로 통달한 바로 그날(10월 25일), 이미 16일에 기포를 선언한 북접 동학농민군이 일본군 병참선에 대해 일제히 무력 봉기했다. 이 일제 봉기에는 충청도, 경상도, 경기도, 강원도의 농민군이 참가했다.

앞에서도 소개했듯이 경상도와 충청도를 나누는 소백산맥의 조령을 넘어 북쪽으로 가면 순서대로 안보 병참지부, 충주 병참지부, 가흥 병참 사령부가 있었다. 북접 동학농민군은 이 세 개의 병참부를 습격하거나 습격을 위해 집결했다. 조령을 남북으로 연결하는 수비부대는 후비 제 10연대 제1대대 제1중대로, 가흥에 본부를 두고 후쿠토미 다카시(福富孝) 전 대위가 지휘했다.

충청도 동학농민군 일제 봉기는 일본군의「진중일지」에 다음과 같이 기록되었다.

10월 25일 오전, 남한강 강변에 있는 가흥 병참사령부의 대안인 가흥 동부에 동학농민군 '약 2만 명 정도'가 모였고, 백의를 입은 700~800명의 농민군 선두 부대가 강변에 모습을 나타냈다. 지휘자가 청색 깃발을 흔들며 호령하고 일본 병사의 일제 사격으로 싸움이 시작되어 일본 병사 중 한 명의 사망자가 나왔다.

이어서 안보 병참지부에 약 2천 명의 농민군이 10월 25일 밤부터 다음 날 이른 아침에 걸쳐 병참부 건물을 방화하며 습격했다. 충주 병참지부 근방에서도 동학농민군 약 2만 명이 집결했다는 보고가 나왔다.

현재, 남한강 상류의 강변에는 가흥 병참사령부 터가 있다. 충북대학교 호서문화연구소 김양식(金洋植) 씨가 이곳을 안내해 주었다. 옆에는 작은 구릉이 있고 비탈진 곳에 이때 전사한 일본 병사 한 명의 석비가 남아 있다. 비의 표면이 심하게 마모되어 문자는 판독할 수 없다.

히로시마 대본영은 이 가흥 습격과 안보 습격을 다음 날 저녁 무렵에는 알고 있었다. 방위연구소 도서관의 사료「동학당폭민」등에 대본영에 도착한 전보가 기록되어 있다. 가와카미 병참총감은 이제부터 '동학당폭민'을 "모조리 살육하라"는 명령을 내렸고 이것이 다음 날인 27일 밤 9시 반에 인천 병참사령부에 도달했다.

'모조리 살육' 명령 ━━━

방위연구소 도서관에 있는 인천 병참감의 「진중일지」에서 대본영이 동학농민군을 "모조리 살육하라"는 명령을 내린 것을 발견한 사람은 재일 연구자 박종근 씨다(박종근 1982).

이 가와카미 병참총감의 명령은 일본군의 농민군 토벌 양상을 일변시켰다. 명령은 「진중일지」 10월 27일 조(條)에 다음과 같이 기록되었다.

> 가와카미 병참총감으로부터 전보가 왔다. 동학당에 대한 처치는 엄혹할 필요가 있다. 향후, 모두 살육해야 한다.

동학농민에게 엄하고 혹독하게 대처하라, 향후 즉 지금부터는 모조리 살육해야 한다는 대본영의 명령이었다.

「진중일지」를 통해 이 대본영 명령이 조선 병참부에서 제대로 실시되었는지 여부를 확인할 수 있다. 처음에 10월 28일, 경상도 낙동강 중류에 있는 낙동 병참사령부의 사례를 들어보자. 낙동 병참사령부, 아스카이(飛鳥井) 소좌의 문의 전보와 이에 대한 인천 병참감부의 회답이다.

> 어제, 상주(尙州, 낙동의 서쪽)에서 (동학농민군의) 수령으로 보이는 자 2명을 포박해 왔다. 오늘 여러모로 취조했으나 사실을 밝히지 않는다. 말하는 것을 관찰하니 수령이라고 생각되지 않는데, 이런 사람을 당부(낙동 병참사령부)에서 참살하는 것이 당연한가.
> 답. 동학당 참살 건은 귀관(아스카이 소좌)의 의견대로 실행해야 한다.

낙동 수비대가 경상도 상주의 토벌에서 동학농민군의 지도자로 보이는 두 명을 붙잡았다. 낙동 병참사령부는 이들을 취조했으나 자백하지 않았다. 그러나 두 명은 '수령이라고 생각되지' 않는다. "참살하는 것이 당연한가?"라고 물으니, 인천 병참감부의 답은 참살 실행 명령이었다.

또 같은 날, 아스카이 소좌는 다음과 같은 문의 전보를 인천 병참감에 타전했다. 동학농민군 본영에서 가져온 서류를 조사하니 일본군의 각 병참부를 습격한다는 목적이 분명해졌다. 지금부터 동학농민군에 대한 처치는 엄혹해야 한다. 그러나 지금 보은 등 원격지에 있는 동학농민군을 공격하기에는 병사 수가 부족하다. 약간의 증병을 요구하며 "보은 부근의 적(賊, 동학농민군)을 모조리 살육하는 수단을 실행"한다고 했다.

이에 대한 인천 병참감의 회답은 "저들(동학농민군)에 대해 엄혹한 처치는 기본적으로 가(可)한다", "공격에 관해서는 후쿠토미(福富)와 협의하라"는 것이었다. 아스카이 소좌는 경상도 측 제2중대, 후쿠토미 대위는 충청도 제1중대의 사령관이다. 조령을 중심으로 남북의 사령관이 공동으로 북접의 본거지 보은의 동학농민군을 모조리 살육하라는 명령이었다.

사례 소개는 두 가지만 하겠다. 조선은 일본의 교전국이 아니었으므로 동학농민군은 적병(敵兵)이 아니었다. 조선 정부의 주권하에 있었다. 또 설령 동학농민군이 적병이었다고 해도 붙잡힌 병사는 전쟁법상 '포로'이고 '모조리 살육'할 수 없다. 전시 포로는 설령 지휘관이라 해도 살해당하지 않는다. 낙동 병참사령부가 붙잡힌 동학농민에 대해 "수령이라고도 생각되지 않고", "세력자가 아니"라면서 참살하거나 극형에 처하는 데 대해 우려를 느끼며 문의한 것은 당연한 일이다. 대본영은 일본이 문명국이라면서 국제법학자 아리가 나가오(有賀長雄)까지 군에 초빙했으나 조선에 대해서는 국제법을 개의치 않았다.

인천 병참감부의 「진중일지」는 전보의 왕래를 빠짐없이 기록한다. 많은 날은 하루에도 몇 차례나 대본영과 전보 왕래가 있었다. '가와카미 병참총감으로부터', 혹은 '가와카미 병참총감에게' 등으로 기록되었다. 나는 이를 자세히 조사했지만 인천 병참부 측에서 모조리 살육한다는 수단을 사용하고 싶다는 문의나 의견 구신을 한 행적은 찾지 못했다.

이노우에 가오루(井上馨) 공사의 대본영 이토 히로부미 총리 앞, 지급(至急) 전보 ━━━

10월 29일 밤 9시 반, 가와카미 병참총감의 '살육 명령'을 받은 인천 병참감부는 심야 12시에 가와카미 병참총감에게 다음과 같은 전보를 쳤다.

어제(25일)부터 동학농민군의 모습이 '위험의 도를 더하고' 있다. 안보와 가흥의 수비병이 싸우고 있지만 북접 동학농민군 주력이 괴산(槐山)과 진천(鎭川)에 있다. "혹은 북쪽 서울로 향할지도 모른다." 진천 바로 앞, 서울 방면의 죽산(竹山)에서 조선정부군이 준비 태세를 취하고 있으나 혹시 격퇴당한다면 용인(龍仁)도 위험하다고 한다.

북접 농민군 주력이 있는 진천은 충청도 북단으로 서울과 가장 가깝다. 용인이 위험한데 서울까지 약 20km, 도보로 한나절이 걸리는 곳이다. 이렇게 인천 병참감부는 가와카미 병참총감에게 '2중대 파견', '대지급(大至急) 단행(斷行)'을 요구하며 "한강을 건너는 것을 결코 허용할 수 없다"고 했다. 전보에서는 농민군의 서울 접근을 알리며 이전부터 요구하던 2중대 파병을 호소했다.

위의 전보는 이렇게 중요했으나 이보다도 대본영에게 충격을 준 것은 같은 달 27일 밤, 신임 이노우에 가오루 공사가 이토 히로부미 총리대신에게 보낸 지급 전보였다. 막말기 조슈 번(長州蕃)[4] 이래 이노우에 가오루의 맹우(盟友)인 이토 히로부미는 중신(重臣)으로 히로시마 대본영에 들어간 상태였다.

이노우에 공사는 서울 특명전권공사로 임명되어 이틀 전인 10월 25일, 북접 동학농민군이 일제 봉기한 바로 그날 인천에 도착했다. 그 이틀 후인 27일, 이노우에 공사의 지급 전보가 서울 공사관에서 오후 6시 반에 발신되었다. 이는 방위연구소 도서관 소장 「동학당폭민」이라는 전문(電文) 기록에 수록되었다.

전문은 첫머리에서 이토 총리에게 북접 동학농민군의 일제 봉기에 관해 상황을 설명한 후, '5중대' 파견을 요구했다. 이미 파견이 결정된 서울수비대의 3중대, 즉 후비 제18대대의 3중대 뿐 아니라 별도로 동학농민군 토벌을 전담하는, 이전부터 요청했던 2중대 파병을 되풀이 요청한 것이다. 그 후반부에서 다음과 같이 말했다.

······이제는 동학당을 토벌하는 것이 간요하다. 언제쯤 5중대가 파견될 수 있는가.

이상, 본사(本使. 이노우에 공사)가 청구한 이상의 군대가 도착할 때까지는 경성(서울)의 수비병은 물론 순사까지도 파견하여 동학당에 대처해야 한다.

그때 국도(서울)는 완전히 수비가 없어지고, 따라서 재한 영국 총영사에게 영국의 해병, 또는 홍콩의 수비병을 불러들이는 좋은 구실을 주게 된다.

---

4 현재의 야마구치 현(山口県)에 해당하는 에도 시대의 번을 말한다. 에도 막부 말기에는 사쓰마 번과 함께 막부타도 운동의 중심이 되고, 메이지유신 이후에는 많은 정치가를 배출했다.

또, 당지(서울)에서 취조한 바에 따르면 위의 사항은 일찍이 동(영국) 총영사가 기획한 듯하다. 아무쪼록 본 건은 직접 대본영(히로시마)에 평의에 부치도록 지급의 대책을 취하길 바란다.

사정의 접근은 귀 대신(이토 히로부미 총리대신)에게 직접 송전할 필요가 있다. 본건은 귀하(나베시마〔鍋嶋〕 서기관, 이토 총리에 보내는 전보를 중개했다)가 외무대신(무쓰 무네미쓰)에게 연락하기를 바란다.

이노우에 공사는 서울수비대를 농민군 토벌에 차출하면 영국이 서울의 불안한 치안을 구실로 '영국의 해병' 혹은 '홍콩의 수비병'을 서울로 파견할까 봐 두려워했다. 영국총영사가 파병 시기를 기다리고 있다고도 했다.

이노우에 공사는 왜 영국의 서울 파병을 우려했을까. 우리 일본인은 쉽게 겁을 내는 경향이 있다. 어쨌든 동아시아 근대사에서 영국은 일본보다 청국을 일관되게 훨씬 더 중시했다. 영국이 청국에서 했던 아편 무역을 포함한 이권이 일본에 대한 이권보다 훨씬 거액이었기 때문이다. 이때도 전국(戰局)의 추이에 따라 영국이 일본과 청국 어느 쪽을 지지할지는 실제로 미묘했다. 영국은 거액의 이권을 지키기 위해 자칫 청국의 붕괴를 막는 것은 물론 때에 따라 청국을 원조할 수도 있었다. 그런 영국이 청국령에 침공한 일본군의 배후지가 된 서울에 병력을 파견하는 것은 일본 입장에서 치명적일 정도로 위험했다. 그래서 영국에 파병할 기회를 주지 않기 위해 서울수비대의 신속한 파견과 동학농민군을 섬멸할 2중대의 파견을 지급 요청한 것이다.

대본영의 긴급 평의 ───

이노우에 공사는 위의 전문에도 보이듯이 동학농민군 토멸 2중대 파견 문제를 "직접 대본영에 평의에 부치도록 지급(至急)한" 처리를 요청했다. 말미에서는 사정이 절박하므로 직접 이토 총리에게 전보했으므로 이를 다시 무쓰 무네미쓰 외무대신에게 전하기 바란다고 했다. 외무대신은 도쿄에 있었다. 공사가 외무대신을 건너뛰어 총리에게 직접 타전한 것은 이례적인 일이다.

이노우에 가오루 공사가 이 정도로 이토 총리에게 요구한 대본영 지급 평의는 실제로 열렸을까. 이에 관해서는 다음 날인 28일 저녁 대본영에서 타전된 일련의 전보를 보면 알 수 있다.

이토 총리가 이노우에 공사 앞으로 보낸 다음과 같은 전보가 있었다. 서울 공사관의 기록이다.

> 동(10월 28일), 오후 6시 30분 접(수신) 오후 4시 발
> 이노우에 특명전권공사   이토 총리대신
> 제3호 암호
> 군대 파견의 건, 알겠다. 3중대는 오는 30일 출범선으로 경성에 파견하고 또한 3중대(동학농민군 토멸대)를 편선(便船) 차제에 파견한다.

이 전보는 일본 패전 시 우연히도 소각 처분을 면했던, 구(舊) 서울 일본공사관 문서가 수록된 『주한 일본공사관 기록 3』의 「화문전보왕복공(和文電報往復控)」에 있다. 이토 총리는 이노우에 공사에게 서울수비대 3중대를 파견한다고 전하고 후반부에서 동학농민군 토멸 3중대 파견을

'편선(便船) 차제에', 즉 최대한 빨리 파견한다고 회답한 것이다. 첫머리에 '알겠다'고 한 것은 이노우에 공사의 긴급 요청을 받아들였다는 뜻이다. 또 전보가 도착한 시간이 오후 6시 30분이라는 점도 유의할 필요가 있다.

같은 시간, 대본영의 아리스가와노미야(有栖川宮) 참모총장도 같은 내용의 전보를 주(駐) 서울 이노우에 공사에게 타전했다. 또 가와카미 병참총감도 "경성수비대는 30일 출발하는 배로 파견하고, 다시 3중대(동학농민군 토벌대)를 편선 차제에 인천을 향해 파견한다"는 전보를 인천 병참감에 타전했다(모두 인천 병참감「진중일지」에 수록). 가와카미 병참총감이 히로시마에서 전보를 발신한 시각은 기록이 없지만 인천 도착 시각은 오후 6시 35분이었다. 앞에서 살펴본 이토 총리 전보의 서울 도착 시각 5분 후다. 가와카미 병참총감의 전보는 이토 총리의 전보와 거의 같은 내용이고, 원래 똑같은 문장이었다고 생각된다. 도착 시각은 5분 차이가 있었다. 이토 총리와 아리스가와노미야 참모총장, 가와카미 참모차장 겸 병참총감, 바로 대본영의 최고 지도자 세 명이 모여, 더욱이 거의 동시에 같은 명령을 타전했다면, 히로시마 대본영에서 긴급회의가 개최된 것이 틀림없다.

또 중요한 것은 이노우에 공사의 긴급 요청과 인천 병참감의 거듭된 요청이 모두 동학농민군 토멸대 '2중대'를 요구한 데 대해, 대본영은 '3중대'의 지급 파견을 전달했다는 점이다. 대대 3중대를 파견한다고 확대한 것은 대본영이다.

6. 동학농민군 토멸대의 파견

미나미 쇼시로(南小四郎) 대대장 ─────

동학농민군 토멸대는 후비보병 독립 제19대대다. 청일전쟁 개전일 (일본군 서울 왕궁 점령)인 7월 23일 시코쿠 4현에서 소집되고, 마쓰야마 시에서 편성되어 시모노세키 히코시마(彦島) 수비를 맡고 있다가 조선에 파견되었다. 그 대대장이 미나미 쇼시로 소좌였다. 내가 유골 조사를 시작했을 당시에도 한국과 일본의 동학농민전쟁 연구자들은 농민군 수십만 명을 사상(死傷)하고, 수만 명을 섬멸, 살육한 대대장의 이름과 부대 이름을 모두 알고 있었다.

1998년 방위연구소 도서관의 자료를 통해 미나미 소좌가 야마구치 현 출신이라는 것을 알았다. 그 후 야마구치 현 문서관에서 조사를 실시하여 미나미 쇼시로가 원래 조슈 번(長州藩)의 배신(陪臣, 가신(家臣))인 다카스기 가(高須家)의 부하이고 구성(舊姓)은 야나이(柳井)라는 것, 본거지는 오고오리(小郡) 서쪽, 요시키스젠시무라(吉敷鑄錢司村, 현 야마구치 시)의 남촌(南村) 집락이라는 것도 알아냈다. 배신은 문자 그대로 하급 무사를 말한다.

조슈 번은 막말유신사를 연구하는 내 본래의 영역이다. 막말기 조슈 번에 관해서는 누구든지 참고가 될 만한 대저가 있다. 전전에 스에마쓰 겐초(末松謙澄)가 간행한 『보초카이텐시(防長回天史)』전12권이다. 최근 이 책을 복각 간행한 마쓰노 서점(松野書店)이 작성하여 부록에 넣은 「총색인」의 위력은 컸다. 미나미 쇼시로가 1867년 바쿠초 전쟁(幕長戰爭, 야마구치에서는 시쿄(四境) 전쟁이라 한다)[5]에서 고쿠라 번(小倉蕃)과 전투할 때, 조슈번 제대(諸隊)의 응접(應接) 담당이었다는 사실도 손쉽게 찾아냈다.

야마구치 현 문서관 모리가 문고(毛利家文庫)의 유신 사료에서 막말기 여러 부대의 전공록(戰功錄)을 찾아보면, 「정무대전공록(整武隊戰功錄)」에 미나미 쇼시로의 막말기 활동이 기록되어 있다. 쇼시로는 배신들과 함께 존왕양이(尊王攘夷) 운동에 참가하고 야마구치의 상의대(尙義隊)에 들어갔다. 교토에서 '긴몬(禁門)의 변(變)'[6]이 일어나자 구사카 겐즈이(久坂玄瑞)[7]를 따라 상경하여 하마구리몬(蛤門)[8]에서 싸웠으며, 1864년 조슈 번 겐지(元治) 내전에서 오다·에도(大田·繪堂) 전투에 참전했다. 유지(有志)들이 구성한 고조군(鴻城軍)에 들어갔고, 앞에서 언급했듯이 1866년의 바쿠초 전쟁에 참전했다. 왕정복고 이후의 보신 전쟁(戊辰戰爭)[9]에서는 후쿠야마 번(福山蕃)에서 싸우고, 히메지 번(姬路蕃), 마쓰야마 번(松山蕃)에 가서 사도(佐渡), 쓰치자키 항(土崎港), 아오모리(靑森)를 거쳐, 오시마(渡島)반도의 오토베무라(乙部村)에 상륙하고, 하코다테 전쟁에 참전했으며 에사시(江差)[10]에서 진군하여 고료카쿠(五稜郭)[11]에서 싸우고 도쿄로 귀

---

5 에도 막부가 존왕양이의 거점인 조슈 번을 처분하고자 1864년, 1866년 두 차례에 걸쳐 군대를 보낸 데서 비롯된 막부와 조슈 번의 전쟁.

6 1864년 7월 19일. 그 전해인 1963년에 교토에서 쫓겨난 조슈 번의 존왕양이파가 다시 교토에 출병하여 아이즈(會津), 사쓰마 번의 병사들과 무력 충돌했으나 패배한 사건. 이를 계기로 에도 막부는 제1차 조슈정벌에 나서게 된다.

7 조슈 출신 번사이며 존왕양이 급진파.

8 교토의 교쇼(御所. 천황의 거처였던 곳)의 서쪽 문의 하나. 1864년 긴몬의 변이 일어난 장소.

9 1868년 메이지 정권이 도쿠가와 막부에 권력의 반환을 요구하자 친막부 세력이 일본 전역에서 일으킨 내란.

10 홋카이도 히야마 군(檜山郡)의 한 지명.

11 홋카이도 하코다테 시에 세워진 성곽.

환했다. 조슈 번 제대(諸隊) 병사들의 반란(군대 이탈 소동)에서는 반란 병사로부터 추궁을 당한 제대 간부 측에 속하고, 번(藩) 정부 측의 진압군에 참가했다. 막말기의 모든 내전에 참가한 존왕양이 운동, 토막(討幕) 운동의 활동가였다.

그 후 병부성(兵部省) 교도대(教導隊) 생도가 되어 육군에 들어가고 사가(佐賀)의 난에 참전했다. 와카야마 현(和歌山県)의 지조(地租) 개정을 위한 농민운동 농민진압군으로 출장하고 하기(萩)의 난과 '세이난(西南)의 역(役)'[12]에 참전했다. 이처럼 메이지에 들어와서도 일본의 모든 내전에 참전하고 메이지 일본 육군과 역사를 같이 했다. 1890년 휴가를 얻어 후비역에 들어갔다가 청일전쟁에 소집되었다. 당시 52세로 퇴역에 가까운 조슈벌 군인이었다.

산요혼 선(山陽本線) 욧쓰지(四辻) 역 서쪽, 남촌 집락인 기타노오카(北の丘)에 미나미 쇼시로의 묘가 있었다. 구택(舊宅) 터도 있고 높은 문주(門柱)만 남아 있었다. 촌의 고로들의 기억이 선명한데, 주위와는 달리 높은 담장이 있는 '군인 분'의 집이었다고 한다.

나는 여러 해에 걸쳐 이 묘를 계속 방문했다. 2008년 봄, 자손과 만날 수 있었다. 집을 방문하니 자손은 미나미 쇼시로가 사용한, 뚜껑에 큰 묵서(墨書)로 성명 '미나미 쇼시로'라고 쓰인, 가죽을 두른 낡은 군용 행리(行李, 행장)를 내놓았다(79쪽사진). 행리 속에 제2차 동학농민전쟁 때 조선 지방관이 대대장 앞으로 보낸 문서, 토벌 일본군 사관(土官)이나 소좌 자신이 쓴 보고서 등이 보존되어 있었다.

---

12 메이지 정부에서 사직한 사이고 다카모리(西郷隆盛) 등이 가고시마 현에 낙향하여 이 지역을 중심으로 1877년 메이지 정부에 대항해 일으킨 대규모 반란. 세이난 전쟁이라고도 한다.

자손들은 군용 행리를 포함하여 미나미 쇼시로 문서를 야마구치 현 문서관에 기증했다. 역사적으로 부(負)의 유산이지만, 그만큼 귀중한 사료를 고령의 자손이 문서관에 기증했다. 그 공정한 처사에 나는 경의와 감사를 품고 있다. 작년(2012년) 동학농민군 봉기지인 전라북도 정읍시 황토현의 동학농민혁명 기념관에서 야마구치 현 문서관의 미나미 쇼시로 문서가 대출되었다. 이 자료는 '동학농민혁명의 진실을 찾아'라는 주제로 8개월간 전시되고 학술 도록으로 작성되었다.

이 미나미 쇼시로 문서 내에 「동학당정토경력서(東学党征討経歴書)」가 있다. 미나미 쇼시로가 한국 정부에 제출한 후비 제19대대의 행동 기록으로, 간결하고 분명한 일지체(日誌體)로 작성되었다.

그 가운데 대본영이 대대에 내린 도한(渡韓) 명령이 있다. 도한 명령은 언제 나왔는지, 그 부분을 뽑아보자.

> 동년(1894년) 10월 28일, 도한 명령을 받고 동 훈령 수수(受授)의 용무가 있으므로 동도(同島) 수비 교대 준비를 끝마치고 출두해야 한다는 명령을 받다. 동일 출발.
> 동 29일, 제5사단사령부에 출두, 용무 끝내다. 동일, 히로시마 출발.
> 동 30일, 바칸(馬関, 시모노세키) 시에 체재한 본대(후비 제19대대)로 귀착(歸着).
> 동년 11월 4일, 바칸 출발. 동 7일 조선국 인천 상륙……

미나미 쇼시로 소좌는 10월 28일 히코시마(彦島)에서 조선으로 가라는 명령을 받았다. '동도(同島) 수비 교대의 준비'를 마치고 히로시마 출두 명령을 받고, 그날 출발하여 다음 날 제5사단 사령부에 출두했다. 그

사령부에 대본영이 있었다. 바로 10월 28일은 대본영의 이토 총리대신 등이 토멸대 파견을 서울과 인천에 통달한 날이었다. 대본영 지도부는 3중대로 구성된 후비 제19대대의 도한(渡韓) 준비를 마치고, 조선의 공사관과 병참감에 연락한 것이다.

무쓰 무네미쓰 외상 ━━━━━

조선 현지에서는 2중대 파견을 요청했는데, 부실한 병참으로 인해 고전하던 히로시마 대본영이 왜 3중대로 확대시켰을까. 이 문제에 관해 발언한 것은 무쓰 무네미쓰 외무대신이다.

이노우에 공사는 앞서 살펴본 이토 총리에게 보낸 지급 전보에서 총리대신이 도쿄의 무쓰 외상에게 연락하도록 의뢰했다. 4일 후인 10월 31일, 무쓰 외상은 외교사료관의 「동학당 봉기 일건(東学党蜂起一件)」에 수록된 서한에서 이노우에 공사에게 사정을 설명했다.

이토 총리로부터 연락을 받은 무쓰 외상은 이노우에 공사와는 다른 외교적 의견을 피력했다. 무쓰 외상은 외무성의 관측으로는 영국 정부의 의향은 아무 문제가 없다면서, "방심하지 말고 주의해야 할 것은 노국(露國)", 즉 러시아의 거동이라고 이노우에 공사에게 전했다. 동학농민군의 소란이 조선 남부, 전라, 경상, 충청도 등에 머무르는 동안에는 러시아 정부는 간섭하러 오지 않는다. 러시아의 본격적인 군사적 간섭의 위험은 없으나 동학농민군이 함경도로 도주해 가면 러시아가 조선에 개입할 수 있는 구실을 줄 것이라고 지적했다.

19세기 북동아시아의 정세에서 함경도가 중요한 지점이라는 무쓰의 생각은 충분히 예상할 수 있다. 러시아는 1860년 북경조약 때 청국과 영국 사이를 중개하고, 청국으로부터 연해주를 획득하고 조선 북동부 방면까지 크게 영토를 넓혔다. 조선 북동부에 위치한 함경도는 러시아의 연해주와 접하고 있었다. 무쓰 외상은 동학농민군이 함경도로 도주하면 청국과 전쟁 중인 일본은 손을 쓸 수 없을 것이라며, 러시아가 동학농민군 봉기를 구실로 이 국경 지역에 한정적인 개입을 할까 봐 두려워했다.

무쓰가 가와카미 소로쿠 참모차장과 함께 청일전쟁 개전을 추진한 것은 일본이 조선을 독점적으로 지배하기 위해서였다. 따라서 무쓰 외상 등의 입장에서 러시아가 조선에 개입하는 것은 중대한 문제였다. 무쓰는 "요컨대 사변이 북부로 옮겨가지 않도록 어디까지나 (동학농민군 북상을) 미연에 방지하는 것"이라고 이노우에 공사에게 보내는 서간을 마무리했다.

이와 같이 대본영은 동학농민군 전체를 남서부 쪽으로 밀어붙이는 작전을 세웠다.

올해(2013년) 봄의 일이다. 방위연구소 도서관에서 구(舊) 궁내성(宮內省) 사료인 지요다(千代田) 사료를 찾아보다가 1893년(청일전쟁의 전년도)에 아연판으로 인쇄된 거대한 「조선 전도」 남북 2매를 발견했다.

1888년 측량이라는 20만 분의 1 지도로 총 68매이고, 조선 북부 36매, 남부 32매를 각각 이어 붙인 2매의 거대한 지도였다. 도로를 중심으로 도로 연변의 등고선과 이를 가로지르는 강, 논밭, 거리 이름, 산악 등이 빽빽이 기입되고 도로와 도로 사이는 공백으로 남아 있었다. 도로는 적색, 강과 바다는 청색으로 채색되었다. 청일전쟁 1년 전인 1893년, 참모본부 육지측량부는 지도 북동부의 두만강, 북서부의 압록강까지 주요한 도로는 모두 측량을 끝내놓고 있었다. 지도가 원체 거대하여 방위연구소 도서관의 큰 테이블에도 다 펼칠 수 없어 양쪽에 의자를 놓고 나서야 그럭 저럭 열람할 수 있었다. 참고로 지요다 사료는 방위연구소 도서관에서 별도로 취급하며, 대본영과 관계가 깊은 구 궁내성 사료이다.

이 지도에는 조선의 중앙부를 종단하는 3개의 간선 가도가 명료하게 드러났다. 동쪽 병참선이 지나는 대구가도, 중앙산악부의 청주가도, 서해안에 가까운 공주가도다. 3개 가도의 좌우 역시 모두 측량이 이루어진 상태였다.

대본영은 동학농민군 전체를 남서부에 밀어붙여 섬멸하는 작전에서 최소한 3개 가도를 각각 남하하는 3개 중대가 필요하다고 판단했을 것이다. 2중대로는 서울 침입을 저지할 수 있지만 동학농민군을 밀어내어 섬멸하는 작전은 불가능하다.

러시아에 개입 구실을 주지 않고, 일본의 독점적인 조선 지배를 겨냥한 무쓰 외상의 동학농민군을 남서부로 밀어 내리는 방책, 군부의 동학농민군의 일거 섬멸책이 맞아떨어져 대본영 스스로 3중대 파견책을 결정한 것이다. 또한 그렇게 하면 외무성이 당장은 괜찮다고 판단하고 있던 강국 영국의 개입 위험도 방지된다.

그렇다면, 왜 섬멸대로 후비 제19대대를 선발했을까.

미나미 쇼시로 소좌는 앞에서 보았듯이 막말기 조슈 번이자, 배신, 하급 무사의 입장에서 20세 때인 1863년부터 존왕양이 운동에 참가했다. 미나미 쇼시로 문서 중 「경력서」를 보면, 단순한 활동가가 아니라 간부였다. 야마구치에서 배신들의 유지대(有志隊), 상의대(尙義隊)에 들어갔고, 긴몬의 변에서 상경할 때에는 부대의 '참모 역할'도 했다. 1864년 야마구치에서 고조군(鴻城軍)에 참가하여 '참모·서기를 겸무'하고 이듬해에는 중대장을 겸무했다.

더욱이 고조군의 초대 총독은 이노우에 몬타(井上聞多), 즉 젊은 날의 이노우에 가오루 공사였다. 고조군은 막말기의 모든 일본 내전에 조슈 번의 제대로서 참전하고 1867년 개편되어 정식대(整式隊)가 되었다. 미나미 쇼시로는 하코다테 전쟁에도 중대(中隊) 지휘관으로 참전했다.

미나미 쇼시로와 이노우에 가오루는 이렇게 지면이 있는 사이였다. 더 검토해야 하겠지만, 미나미 쇼시로 소좌가 도한(渡韓) 부대의 대대장 으로 뽑혀 이노우에 공사 밑에서 섬멸 작전에 종군한 데에는 이유가 있다 고 생각된다.

이노우에 가오루 공사와 미나미 쇼시로 대대장은 과거 조슈 번의 토 막파(討幕派) 제대에서 총독과 참모 겸 서기의 관계였다. 그리고 막말기 와 마찬가지로 청일전쟁기의 조선에서 한 명은 서울특명전권공사, 또 한 명은 그의 의향을 수행하는 동학농민군 섬멸대대의 대대장인 소좌라는 현장 지휘관이었다.

3로 남하 ━━━━

후비 제19대대 3중대는 11월 12일, 용산에서 일제히 3개 가도를 남하 했다. 제1중대가 동로, 제2중대가 서로, 제3중대가 중로였다.

제1중대가 진군하는 동로는 일본군이 원래 중로라고 부른 대구가도 이며, 일본군의 병참선이 지나는 가도였다. 동학농민군이 북동으로 확 산되는 것을 막는 중요한 길이어서 이노우에 공사는 서울수비대였던 후 비 제18대대 제1중대도 동로에 추가 파견했다. 제2중대가 진군하는 서로 는 공주가도이며 충청도에서 남서부의 남접 농민군이 있는 전라도로 들 어간다. 제3중대는 중로였다. 일제 봉기한 북접 충청도 농민군의 본거지로 올라가는 청주가도였다. 미나미 대대장이 지휘하는 제3중대는 이 북접의 땅인 산악지대로 진군했다.

대대에 대한 훈령에서는 동학농민군의 '근거를 탐구'하여 '초절(勦絶)'한다(제1조), 즉 멸절시키라고 했다. '화근을 초절'하는 것이다(제2조). 훈령 중에는 '협종자(脅從者)'나 '유순하게 귀순하는 자'에게는 '굳이 가혹한 처우'를 피하라는 구절도 있었으나 '협종자' 자체도 의미가 애매했다. 동학농민군은 실제로 일본군에 대해 '유순하게 귀순'할 마음이 없었다.

훈령상 작전이 완료되는 날은 28일째인 12월 9일이었다. 그날까지 전(全) 대(隊)는 '적류(賊類)를 초토(剿討)하고' '나머지 깜부기(餘燼)가 없도록' 토멸하고, 대구가도, 즉 병참선인 경상도 낙동에 다시 집결할 예정이었다(제3조).

한편 전라도 북부 삼례에서 기포를 선언한 전봉준은 남접 농민군을 이끌고 있었다. 남접 농민군은 북상하여 11월 11일 충청도 초입의 논산 평야에 본진을 두었다. 때마침 일본군 토멸대대가 용산에서 출발하기 하루 전이었다.

한편 북접 농민군의 동향에 관해 신영우(申榮祐) 씨는 새로 발굴된 사료 「임동호(林東豪) 씨 약력」에 근거하여 새로운 사실을 밝혔다. 충청도, 강원도, 경상도, 경기도 등지의 북접 농민군이 북접의 본거지인 보은군에 집결했다. 북접 농민군은 군세의 반(半)을 충청도 서북부의 지역 방위대로 남기고 나머지 반을 일본군과 싸울 목적으로 서쪽 논산으로 보냈다. 그리하여 11월 13일 남접과 북접 동학농민군은 논산 본진에서 합류했다(신영우, 2011).

반면, 서로(西路)의 제2중대는 남북접 합동 농민군의 북상을 눈앞에 두고 논산평야 북부에 있는 금강 유역의 요지, 공주성으로 들어갔다. 곧 이어 합동 농민군이 공주로 북상함에 따라 11월 20일, 제2차 동학농민전쟁 최대의 격전인 두 차례에 걸친 공주 전투가 시작되었다.

제2중대장 모리오 마사이치(森尾雅一) 대위가 원군을 요청하고, 용산 수비대(후비 제6연대)에서 원군이 파견되었다. 신영우 씨는 북접 농민군이 공주의 격전 장소, 대교(大橋)와 이인(利仁) 등에서 격렬하게 싸웠다는, 지금까지 알려지지 않은 사실을 밝혔다. 동학농민군의 군세에 대해서는 몇 가지 설이 있지만, 대체로 남접 2만 명, 북접 2만 명이라는 대규모의 군세 였다.

일본군 제2중대 자체가 나중에 다시 보겠지만 분단되어 있었다. 미나미 대대장에게 모리오 대위가 원군을 요청했으나, 미나미 대대장은 원군에게 모습을 나타내지 않았다. 그렇지만 100명 단위의 일본군 쪽이 승리를 차지했다. 동학농민군은 압도적인 군세였고, 일본군의 100배 이상이나 되었다. 이 숫자는 사실이고 과장이 아니다. 나는 동학농민전쟁의 조사에 관여하기 시작한 무렵 거대한 세력인 농민군이 왜 패배했는지 의아하게 생각하는 연구자들의 목소리를 듣기도 했다.

스나이더(snider) 총 ━━━━

일본군과 동학농민군 모두 양측의 전투력 격차가 크다는 것을 거론한 일이 있다.

1894년 12월 17일 『도쿠시마니치니치신문(德島日日新聞)』은 문경수비대 시마다 다메사부로(島田爲三郎) 군조(軍曹)가 지인에게 보낸 서한을 실었다. 조령 남쪽의 문경 병참지부에서 동학농민군과 종종 전투를 벌였다. 시마다 군조는 동학농민군을 "보이는 대로 총살해 버린다", "동학당 같은 것은 우리 일본인 한 명이 200~300명을 당해낼 수 있다. 이로써 저놈들이 약한 적이라는 증거가 충분하다"고 썼다. 한편, 충청도 괴산 부근의 전투에서 체포된 동학농민군 '백인장(百人長)' 박명근(朴命根)은 일본군의 심문에서 농민군이 "일본 병사 한 명에 동학당 백 명이라는 예산으로 싸운다"고 말했다.

일본군 군조는 일본 병사와 동학농민군은 1대 200, 300이라고 하고 농민군의 간부는 1대 100이라고 한다. 어쨌든 전투력의 차이가 아주 크다. 이는 올바른 것일까. 나는 동학농민전쟁 연구자가 실제로 이 문제에 절실한 관심을 갖고 있다고 느꼈다. 그 정도로 방대하게 민중을 조직한 동학농민군이 왜 패했나. 동학농민군 내부에 중대한 결함이 있었나…….

참모본부가 편집한 『메이지 이십칠팔년 일청전사(明治二十七八年日清戰史)』는 조선에 파견된 후비병의 총이 스나이더 총이라고 명기했다. 이 스나이더 총을 실제로 본 연구자는 거의 없었다. 반면에 일본군 정규군은 당시 신형인 무라타 총을 갖고 있었다.

동학농민전쟁 연구자 박맹수 씨와 함께 1997년 일본에서 스나이더 총의 실물을 찾았다. 야스쿠니신사 유슈칸(遊就館)과 이바라키 현(茨城県) 이나시키 군(稲敷郡)의 육상자위대 무기학교 무기기술자료관도 방문했다. 스나이더 총은 거기에 있었다. 우리는 진열 케이스의 유리 너머, 띠로 묶인 총을 응시했다. 한국에서 민주화운동에 참여하고 어려움 속에서 동학농민전쟁 연구에 몰두해 온 박맹수 씨가 엄청난 수의 동학농민을 사살한 스나이더 총을 진지하게 응시하는 모습이 내게는 뼈아프게 느껴졌다. 그러나 그 소총을 손에 쥐고 자세히 조작해볼 수는 없었다.

박맹수 씨가 삿포로를 떠난 후 나는 홋카이도 개척기념관에 스나이더 총의 실물이 있다는 것을 알았는데 그것은 실제로 조작해 볼 수 있었다. 이것은 동학농민전쟁의 땅 전주시에서 개최되는 2001년 '동학농민혁명의 21세기적 의미'라는 한·중·일 국제심포지엄에 초대 받아 참가하기 직전의 일이었다. 홋카이도 개척기념관의 사진 전문가, 다메오카 스스무(爲岡進) 씨는 갑작스러운 의뢰에도 불구하고 한나절이나 시간을 내어 스나이더 총의 대형 사진을 찍어 주었다.

그렇게 하여 온전한 대형 사진을 갖고 전라북도 전주시로 향했다.

나는 5월 31일부터 나흘간 열린 심포지엄 보고에서 가와카미 소로쿠의 살육 명령의 의미와 경위를 얘기한 후 이 사진을 소개했다. 민주화운동가와 동학유족회가 참가했는데 특히 나이 드신 유족회 여러분의 시선을 잊을 수 없다. 심포지엄 주최 위원장인 한승헌 변호사는 맨 앞에서 내 얘기를 들었다.

스나이더 총의 실물을 찾는 것이 역사 연구로는 소박하기 그지없는 것으로 생각하는 사람도 있을 것이다. 정직하게 말해 나 자신도 그런 기분이 들었다. 그러나 나는 구 육군사관학교 편 『병기학교정(兵器學敎程)』 등을 통해, 스나이더 총의 초속이 매초 359미터, 탄량 31그램, 구경(口徑) 14밀리, 라이플 우회전, 복서식 탄약통, 점화, 퍼커션 로크(percussion lock, 격발전[擊發栓]) 식이라고 보고하면서 역사 연구의 기본이 중요함을 느꼈다.

스나이더 총은 막말기에 미니에 총에 이어 두 번째로 들어온 1853년에 개발된 영국제 라이플 총이다. 탄환 장전은 후발식이며, 탄환을 넣어 회전식 뚜껑을 닫는 방식의 소박한 구조였다. 무라타 총은 스나이더 총이 개발되고 27년 뒤인 1880년 개발한 것이다. 스나이더 총은 발사 기관이 소박하고 낡았다. 그러나 삿포로에서 양쪽 사진을 모든 각도에서 촬영한 다메오카 씨는 이렇게 지적했다. "스나이더 총은 실로 정교하게 만들어졌다. 총상(銃床)이 오른손잡이용으로 깨끗하게 비대칭으로 깎였다." 바로 그랬다. 무라타 총의 총상(銃床) 만듦새는 그런 눈으로 보면 조잡하다는 것을 확실히 알 수 있었다. 무라타 총의 초속은 매초 425미터, 탄 무게는 27그램이다. 스나이더 총이 초속이 느리지만, 무라타 총과 스나이더 총 모두 라이플 총이다. 뇌관식의 앞이 뾰족한 탄환을 쓰는 라이플 총이 구형탄(球形彈)을 쓰는 게벨 총과 어느 정도로 획기적인 차이가 있었을까.

조슈 번은 1866년의 바쿠초 전쟁에서 미니에 총을 전군에 보급하고, 1868년의 보신 전쟁에서 번의 재력을 쏟아 스나이더 총으로 교체했다. 다카스기 신사쿠(高杉晋作), 이노우에 몬타, 이토 슌스케(伊藤俊輔) 등은 영국제 라이플 총으로 도약의 기회를 잡고자 했다. 이노우에와 이토는 나가사키(長崎)에서 서둘러 이 총을 구매하기도 했다. 이는 막말유신사를 읽을 때 역사를 보는 기본적인 시각과 관련된다. 미나미 쇼시로 역시 보신 전쟁에서 스나이더 총을 사용하고 중대를 지휘했다.

나중에 일부러 다시 일본에 온 박맹수 씨는 한국에서 1980년 5월 18일 군이 시민을 총살·진압한 '5월의 광주'에서 광주 군사령부의 보병 중위였다. 이후 민주화운동에 참가하며 현대사를 살아왔다. 스나이더 총을 조작하며, "이 총이라면 1대 200이라는 건 맞는 말이고 또 그 이상이지요."라고 귀띔했다. 나도 동감이었다. 일본군은 확립된 용법을 갖고 있었고 '400미터' 물러서서 동학농민군에게 일상적으로 일제 사격을 했다.

화승총이나 게벨 총 구형탄의 유효 사정거리는 100미터 이내. 총구에서 무회전으로 날아가는 구형탄은 야구의 포크볼을 보면 알 수 있듯이 아무리 위력을 주려 해도 멋대로 휘어나간다. 한편, 라이플 총의 장원탄(長圓彈)은 총신 내부의 라이플(나선)에서 자이로(gyro) 회전을 받아 정확히 직진하고 탄환의 강력한 회전으로 살상력을 증대시켰다. 이렇게 세계의 보병전에 대변혁이 일어났다. 세계의 비(非) 구미(歐美) 민족은 이런 군사력 격차 때문에 패배했다. 농민군 내부에 특별히 약점이 있었던 것이 아니다.

문경 병참부 시마다 조장의 발언은 압도적으로 우월한 무기를 가진 군인이 상대를 '놈들', '약한 적'으로 부른 데서 보듯이 얼마나 오만하게 임했는지도 보여준다. 붙잡힌 동학농민군의 백인장, 박명근은 '1대 100'이라고 공술했는데 보통은 '1대 200'이고 박명근은 오히려 농민군으로서 자부심을 갖고 이렇게 답한 것이다.

이 심포지엄에서 기조 강연은 청일전쟁 연구자인 나카즈카 아키라 씨가 했다. 그리고 내가 보고한 제2부 사회를 서승 씨가 맡았다. 제1부에서는 조경달 씨가 동학 사상에 관해 보고했다. 이분들과 함께한 심포지엄에서는 한·중·일 역사교과서 문제에 관한 호소문을 냈다.

여기서 감히 작은 학술의 세계에 관해 언급해 보자. 김대중 정권 시대의 회장의 열기 속에서 나는 한 소총(小銃)의 실물을 찾아 실제로 보고 조작해 본다는 역사 연구의 원점이 공감을 불러일으킬 수 있다는 것을 실감했다. 내가 지참한, 삿포로에서 다메오카 스스무 씨가 열심히 촬영해 준 스나이더 총의 대형 사진은 지금도 전라북도 정읍시의 동학농민혁명 기념관에 잘 보존되어 있다.

7. 전투에서 동학농민군의 저항

북접 동학농민군 ━━━

공주의 전투 결과, 남북접 연합군의 북상은 저지되었다. 그러나 그 때문에 일본군 서로(西路) 분진대는 반 달 이상 같은 장소에서 농민군과 대치해야만 했다.

동학농민군은 정부군 등으로부터 손에 넣은 보잘것없는 신식 총이 있었지만, 대체로 죽창(竹槍)과 화승총의 농민군이었다. 공주 전투에서 농민군 측 전사자는 수천 명에 달한다고 보인다. 그 때문에 동학농민군은 공주 전투에서 참패하고 무참히 좌절했다고 얘기되어 왔다. 그러나 나는 일본군의 사료, 인천의 「진중일지」 등, 그리고 미나미 쇼시로 대대장의 전쟁 후의 강화(講話) 기록, 또한 새로 발견한 미나미 쇼시로 문서에 포함된 대대장이 제출한 보고서를 읽고 이런 평가에 수긍할 수 없었다. 일본군은 확실히 이 공주 전투의 전장에서는 이겼다. 그러나 동학농민군 토멸대의 기록에는 이후에도 각 부대가 '고생'했다는 보고가 도처에 있다.

공주의 전투에서는 공주성에 들어가 싸운 서로의 제2중대뿐만 아니라 중로 쪽을 진군하다가 제2중대장의 원군 요청을 받은 미나미 대대장도 고전했다.

미나미 대대장의 전투를 간단히 설명하겠다. 미나미 대대장은 공주의 전투가 시작되었을 때 중로, 청주가도를 남하하고 있었다. 이곳은 중앙부의 소백산맥에서 차령산맥이 뻗은 산악지대다. 공주 바로 동쪽에 해당하는 문의(文義)에 도착한 뒤, 전봉준이 이끄는 동학농민군 대군(大軍)

에 포위된 제2중대에서 다시 보고를 보냈다. 1월 25일 공주에서 위기에 처했고 내원(來援)을 요청한다는 내용이었다. 제1차 공주 전투는 22일 일단 끝났고, 제2중대는 합동 동학농민군 약 4만 명과의 제2차 전투에 대비하고 있었다(지도 C).

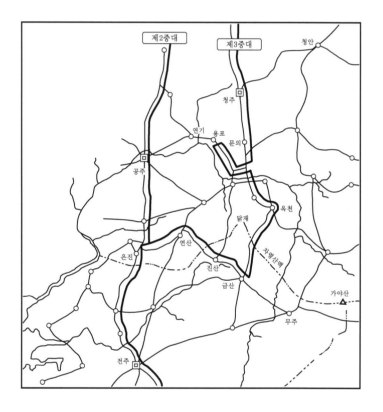

C 제3중대·제2중대의 진로 일부

다음 날, 미나미 대대장은 요구에 부응하여 청주가도를 서쪽으로 빙 돌아서 공주로 향했다. 공주 쪽으로 산 하나를 넘은 용포촌(龍浦村)에서 숙박했다. 그때 후방에 남긴 1지대로부터 수만 명의 동학농민군이 문의에서 봉기했다는 연락이 왔다. 대대장은 협격을 두려워하여 다음 날 문의로 되돌아온다. 그리고 동학농민군이 남쪽 옥천(沃川)에서 봉기했다는 보고에 따라 남쪽의 옥천, 금산(錦山)으로 향했다. 공주의 제2중대에 (원군으로 나설 수 없으니) 잠시 공주성에서 절대 나가지 말라고 '사수(死守)'를 명령했다. 미나미 대대장은 고을 전체가 동학인 옥천에서 토벌을 위해 체류하고 12월 6일 금산으로 이동한다.

미나미 대대장이 이렇게 산악부를 남하하는 동안, 제2차 공주 전투는 12월 4일부터 7일까지 격전이 이어졌다. 한편, 미나미 대대장은 금산쪽에서 서쪽으로 진군하여 진산을 거쳐 연산(連山)에 도착했다. 다음 날 10일, 미나미 대대장은 전봉준의 부관인 이끄는 별동대와 연산에서 싸우고, 그날은 연산에서 숙박했다. 11일 노성(魯城)으로 북상하여 제2중대의 분대와 만났다. 그러나 공주 전투는 이미 4일 전인 7일에 끝난 상태였다.

제2중대는 대대장의 원군이 오지 않아 한때 위태로운 지경에 달했다. 그리고 미나미 대대장도 실은 산악부에서 다음과 같이 고투하고 있었다.

미나미 대대장의 강화(조선 정부 앞에서 한 것)에 기록된 것을 보자. 도중에 문의에서 옥천, 금산, 진산, 연산으로 이동했는데 옥천과 금산, 그리고 진산과 연산 사이가 험난한 길이었다. 이 지역은 병풍으로 앞을 둘러막듯이 차령산맥이 북쪽으로 만곡하여 삐져 나와 있었다. 대대장은 이 산맥을 우선 북쪽 옥천에서 금산, 산맥 남쪽으로 넘어와서 금산에서 진산까지 서쪽으로 진군하고 진산에서 연산으로 같은 산맥의 약간 서쪽을, 이번에는 다시 산맥의 남쪽에서 북쪽으로 타고 넘어 연산으로 나왔다.

대대장은 처음에 산을 넘은 것에 대해 "통로가 협애하여 험악하므로 병마의 곤란은 실로 엄청났다"고 하고, 나중에 산을 넘은 것은 "도로가 험악한 데다가 진흙이 무릎까지 빠져 말은 미끄러지거나 비틀거리고 행군이 지극히 곤란했다"고 했다. 이 행군으로 70여 두의 군마(軍馬) 가운데 반을 잃었다.

앞에서 말한 구 궁내성 지요다 사료에서 발견한 1893년 「조선전도」를 보면, 제3중대는 용포촌에서 숙박했을 때 실은 공주에서 불과 20여 킬로미터 거리까지 근접했고, 더욱이 육지측량부의 지도에 상세히 측량된 길로 공주에 갈 수 있었다. 한편, 두 번에 걸쳐 넘어간 산길은 길이 없을 뿐 아니라 육지측량부의 지도에는 공백 상태로 하얗게 남아 있는 지역이었다. 연산의 경우 지명조차 실리지 않았다. 미나미 대대장은 험한 길에서 고투하며 2주일이나 산악부를 헤매는 바람에 공주 전투에 시간을 맞추지 못하고 귀중한 군마를 30마리 이상 잃었다. 옥천과 진산은 온 마을이 동학 마을이고, 연산의 지방관도 동학과 내통하고 있었다. 앞에서 보았듯이 이 충청도 산악부에는 동학농민군의 지역방위대가 남아 있었다. 미나미 대대장은 이 지역에 머물러 있던 동학농민군에게 낭패를 당한 셈이다.

한편, 서로의 제2중대도 아카마쓰 고쿠후(赤松国封) 대위의 분대는 공주보다 더 서쪽의 바다 근처인 홍주(洪州) 지방에서 충청도 동학농민군 수만 명의 봉기 때문에 제1차 공주 전투에 참전하지 못했다. 이와 같이 제2중대가 동서로 분단되어 있을 때 공주 전투가 약 20일간 계속된 것이다.

당초 일본군이 예정한 토멸 작전 기간은 28일간이었다. 그러나 그것은 도저히 무리한 작전이었다. 각지의 수만 명의 동학농민군은 개개의 전투에서는 훨씬 적은 100명 단위의 일본군에게 압도적으로 격파당했다. 죽창, 화승총의 농민군과 라이플 총으로 무장하고 잘 훈련된 근대 보병은 200명당 1명이라는 비교할 수 없는 전투력 차이가 있었다. 그러나 전국적으로 볼 때 동학농민군은 힘없고 열악한 농민군으로서 개개의 전투에서는 참패를 당하면서도 땅과 사람의 이점을 갖고 최대한 효율적으로 일본군에 대항했다.

미나미 대대장은 동학농민군에 관해 이노우에 공사에게 보낸 보고에서 "그들은 가는 곳마다 기포하고 그 당류(黨類)를 모아 군대에 저항하기 때문에 한번 싸워 이를 격파하면, 바로 흩어져 인민이 된다"고 말했다. 지역의 지리적 이점과 사람의 이점이 미나미 대대장을 괴롭혔다. 기회를 보면 용솟음치듯이 모여 싸운다. 그러나 불리해지면 바로 지역 속에 모습을 감춘다. 바로 동학농민군은 훗날 20세기에 세계 각지에서 해방 전선의 이름으로 전개된, 근거지를 가진 유격전을 벌인 것이다.

연산 전투 ━━━━━

연산 전투에서 일본군 앞에 등장한 동학농민군의 모습은 인상적이다. 미나미 대대장이 「동학당정토략기(東学党征討略記)」에서 이 전투 장면을 얘기했다.

앞에서 보았듯이 미나미 대대장은 2주일간 충청도의 산악지대를 헤매다가 연산으로 겨우 나왔다. 거기에서 돌연 동학농민군이 사방에서 나타나 습격해 왔다. 최대한 원문을 살려 강화를 알기 쉽게 소개해 보자.

병사들에게 서서 식사를 끝내도록 하고 출발하려 했다. 이 순간, 적병이 앞쪽 성산(城山) 위에 나타났다. 그 수는 실로 수천 명이었다. 미나미 대대장은 전위 대열을 정비하고 이에 대응했다. 적(敵)은 깃발을 아주 좋아하여 수백 기를 펄럭이고 있었다. 이때 적은 흑의(黑衣, 20여 명)를 입었고 그 지휘와 전개는 매우 볼 만한 것이 있었다. 또한 수천의 병력이 나타나 잠시 후 성벽 전면에 있는 산 위에 오르고 또 그 뒷면에 많은 적이 나타났다. 주위의 작은 언덕은 모두 순간적으로 백의의 적도(賊徒)로 충만했다.

신영수 씨가 최근 밝혔듯이, 이 동학농민군에는 공주에서 전봉준과 합류한 북접 동학농민군도 가담했다. 동학농민군은 미나미 쇼시로 중대의 움직임을 기다리고 있었다.

최초로 전면의 성산에서 농민군 수천 명이 갑자기 모습을 드러냈다. 수백의 깃발이 펄럭였다. 이어 수천이 나타나고 다시 수천이 나타나는 일이 되풀이되어 주위의 구릉들이 '순간적으로' 백의의 농민군으로 가득 찼다.

미나미 대대장은 마지막에 전후좌우의 산, 언덕, 모조리 새하얗게 되었으므로 그것으로 추측하건대 적어도 3만 명 이상이었을 것이라고 말했다.

정면에 처음 나타난, 흑의를 입은 20여 명의 지휘가 굉장했다고 한다. 3만 대군의 존재가 일본군 누구에게도 들키지 않게 통솔한 것을 보면 며칠 전부터 준비한 것이 틀림없었다. 미나미 대대장은 "사생(死生)을 걸 때"라고 각오했다고 한다. 농민군 지휘관은 나이가 40세 정도이고 부선봉(副先鋒)으로 임명한다는 전봉준의 사령서를 갖고 있었다. 이 군세는 공주 전투에서 패배한 동학농민군의 별동대였다.

일본군 제3중대는 전투 전날, 연산에 도착하여 비로소 연산관청(관아)에 들어갔다. 지금도 작은 연산 시가(市街) 중앙에는 이 미나미 쇼시로 대대장과 제3중대가 들어간 관청의 문, 2층 8주(柱)에 기와지붕의 훌륭한

'연산관문(官門)'이 당시 모습 그대로 남아 있다. 2010년 12월 10일, 정확히 연산 전투 116주년을 맞이하는 그 날, 나는 연산을 다시 방문하여 동학농민전쟁 연구자인 박맹수 씨, 신영우 씨, 지역 향토사가인 조중헌(趙重憲) 씨, 독립운동사 연구소의 조성진(趙星珍) 씨 등과 함께 싸락눈 속에서 만 하루 동안 현장 조사를 했다.

미나미 대대장의 중대가 진산에서 산을 넘다 말 여러 마리를 잃었다는 급경사의 구 도로도 남아 있었다. 연산이라는 지명 그대로 산들이 에워싸고 있었다. 정면이 황산성(黃山城), 쭉 뻗은 산등성이 중턱에 있고, 동학농민군 부선봉인 김순갑(金順甲)의 정예군이 진을 쳤다. 연산은 조선 중앙부의 동과 서를 잇는 교통 요지이고, 황산성은 백제와 신라가 싸운 옛 전장으로 잘 알려진 곳이다. 그러나 현재의 논산시 연산면이 116년 전인 1894년 12월 10일 동학농민군과 일본군의 연산 전투 현장이었다는 것은 그때까지 한국에서도 잊혀 있었다.

대대장의 강화에 따르면, 연산현 지방 장관인 현감 이병제(李秉濟)의 장남도 동학농민군에 참가했다. 현감은 미나미 대대장이 의뢰한 인부(人夫) 조달을 일부러 게을리했다. 일본군은 현감을 기둥에 포박했고, 현감의 처와 딸이 미나미 대대장을 붙들고 매달렸다.

현감은 중앙에서 파견된 장관이다. 그런데 그 장남이 동학농민군에 참가한 것은 매우 주목된다. 장남은 '금년 20세'로 집을 떠나 '동도(東徒)에 가담'했다. "2, 3일 전 일단 집에 왔다가 또 떠났다." 장남은 연산의 관아와 동학농민군을 왕래하고 있었다. 미나미 대대장이 말하듯이 현감은 동학농민군에 '가담한 것과 같은 죄'일 것이다. 동학농민군과 연산현감은 느슨한 연대 관계에 있었다고 볼 수 있다.

관동리포(官洞里包) ━━━━━

양군 전체의 움직임을 보면 동학농민군 측의 작전을 잘 알 수 있다. 12월 10일 남북접 연합군의 전봉준이 있는 본대는 후비 제19대대 제2중대에 패배하고 공주가도에서 15km 정도 떨어진 남쪽의 노성으로 퇴각하여 머물러 있었다. 거기에 충청도의 산악지대를 벗어난 미나미 쇼시로 대대장이 9일 연산까지 진군해 왔다. 위치 관계를 보면, 연산은 공주가도 동쪽으로 미나미 대대장이 약 10km를 더 가면 노성 남쪽의 은진(恩津)에서 공주가도로 나온다(그림 C). 즉 이대로 미나미 대대장이 진군하여 은진에서 더 북상하면 전봉준은 남북의 일본군에게 협공을 당할 상황이었다.

12월 10일 연산에서 노성 방면으로 나아가려 한 미나미 대대장 앞에 남북합동 동학농민군의 별동대가 모습을 나타낸 것은 이전에 동학농민군과 일본군의 대결이 어떻게 전개되었든 농민군 입장에서 반드시 필요한 작전이었다. 전봉준은 우선 신속히 노성에서 은진을 거쳐 삼례 방면으로 퇴각할 필요가 있었고, 별동대는 미나미 대대장이 움직이지 못하게끔 하여 그 퇴각을 원호할 필요가 있었다.

미나미 대대장은 별동대의 움직임을 전혀 몰랐다. 강화 중에 미나미 대대장의 중대가 연산 전투에서 이겨 공주를 포위하고 있던 동학농민군이 "무너져 흩어졌다"고 했고, 공주의 전투는 이미 끝난 뒤였다. 연산 전투를 과대평가하는 데 그치지 않고 산악지대를 헤매고 다닌 대대장이 전쟁의 대국을 파악하지 못했음을 보여준다.

그에 대해 동학농민군 쪽은 사전에 연산에 와 있던 연산 현감 이병제의 장남의 행동을 보아도, 또 연산 전투에서의 작전 준비를 보아도 대국을 보며 준비하고 있었다.

연산에서 관문 뒤쪽 나지막한 공원(연산공원)으로 올라가면서 나는 착잡한 생각을 품고 장대한 역사가 되살아나는 데 감동했다. 신영우 씨는 앞에서 인용한 미나미 대대장의 '순간적으로'라는 문장의 중요성을 여러 차례 지적하면서, 황산성 쪽 정면에 있는 연산천 맞은편 촌락이 관동리(官洞里)이며, 동학농민의 '관동리포' 조직이 있었다고 알려 주었다.

미나미 대대장이 진군해 온 충청도 산악부의 옥천과 진산은 마을 전체가 동학농민군이었는데, 연산도 그러했다. 현감의 장남이 동학농민군에 참가했고 이 연산 중심부의 정면에 있는 촌에 동학농민군의 포가 있었다. 그런 지리적 이점이 있었기 때문에 비로소 대대장을 전율시킨 동학농민군의 태세가 가능했던 것이다.

미나미 대대장의 강화에서도 '탐정'은 지리를 아는 조선인을 고용할 수밖에 없었는데 그래서 일본군의 기밀이 새어 나갔다는 것, 인부 몇 명을 고용했더니 실은 그들이 동학농민군이고 험로에 들어서자 병사의 등짐을 짊어진 채 도주했던 일 등을 거론했다. 또 같은 충청도에서 이런 일도 있었다.

행군이 야간에 벌어지자 충청도 북쪽의 진천에서 마을 사람이 줄지어 서서 관솔을 밝히고 일본병을 맞이했다. 제3중대 병사가 고향에 보낸 편지가 '조선 사신(朝鮮私信)'으로 『우와지마신문(宇和島新聞)』에 실렸다.

이날 밤 실로 장관이었던 것은 진천으로 들어가는 1리 정도 떨어진 지점부터 한민이 화톳불을 피워 군대를 맞이하는 모습이 구불구불 긴 뱀과 같았다.

장사(長蛇) 같은 관솔의 행렬은 모든 병사의 기억에 남았을 것이다. 충청북도 중앙의 요지인 청주에서도 동일한 일이 있었다. 또 미나미 대대장도 옥천에서 차령산맥의 험로를 넘어 밤이 되어 금산에 다가가자, "인민은 관솔을 들고 우리 군을 환영했다"고 기록했다. 위의 『우와지마신문』 기사는 후비 제19대대 제3중대(미나미 대대장의 군대) 병사가 3회 연재한 장문의 편지를 실은 사례로, 귀중한 편지이기 때문에 삿포로 시민 연구회에서 보고했다. 이때 한국 유학생이 참가했는데, 민주화운동 세대인 그 유학생은 "한국에서 관솔은 위급을 알리는 불입니다. 현대에도 그렇고 과거도 그랬습니다. 일본 병사를 환영한 것이 아니지요. 조선인이라면 누구나 알고 있습니다."라고 의견을 말했다. 확실히 그랬다. 조선시대의 민란 봉기의 신호(봉화)도, 일제 강점기 3·1독립운동의 신호도, 해방 후 내전시대의 인민군 봉기의 신호도 전통적으로 산에 피우는 봉화였다. 민주화운동 시대에 군대를 향해 비춘 민중의 등불도 그러했다. 마을 사람들의 관솔 행렬은 일본군 진용을 선명히 밝혀 사람들에게 위급을 알린 것이다.

이처럼 농민군의 별동대는 연산에서 낮부터 저녁 5시까지 제3중대와 싸웠다. 미나미 쇼시로 대대장은 농민군을 격퇴했다고 한다. 그러나 전봉준의 본대는 제2중대장 모리오 대위의 다음 날 전투보고(연산, 논산보고 모두 『주한 일본공사관 기록 1』 소수)에 따르면, 연산 전투와 똑같은 시간, 10일 오후 노성에서 논산으로 철퇴했다. "지난 10일 오후 논산을 향해 퇴각했다." 그날 저녁 연산의 동학농민군 별동대의 철수는 전봉준 본대의 행동과 완전히 합치한다. 다만 전봉준의 부관으로 집강(執綱)과 부선봉을 맡았던 김순갑은 이 전투 중 미나미 대대장이 이끄는 일본군에 체포되어 죽임을 당했다.

한편,「연산전투상보」에는 미나미 대대장이 일본군 제3중대의 희생자가 '아군 전사자 1명'이라고 보고하고 있다. 그 1명은 실은 후비 제19대대 3중대 약 660여 명 가운데 동학농민군 토벌전의 전체 기간에 나온 유일한 전사자였다.

그러나 연산 전사자 1명에 관해 전사자를 모두 망라한 것이 틀림없는 야스쿠니신사, 그리고 구 일본 육해군이 편찬한 『야스쿠니신사 충혼사』 명부에는 이 조선 충청도 연산 전투 전사자에 대한 기재가 없다. 이 연산 전투의 전사자가 누구였을까. 왜 기재가 없을까를 찾는 것도 과제였다. 이 조사에 관해서는 제4장에서 서술하기로 하자. 조사 과정에서 나는 이상과 같이 두 차례 연산을 방문했다.

8. 토멸 명령을 받은 일본 병사들

병사들이 고향에 보낸 편지에서 ————

조사를 시작했을 무렵, 나는 참모본부가 편찬한 『메이지 이십칠팔년 일청전사』 등을 통해 후비 제19대대가 마쓰야마 시에서 편성된 것을 알았다. 그 병사들은 어디에서 징병되었을까.

사실 병사들의 출신지는 뜻밖에도 1935년 간행된 『야스쿠니신사 충혼사』 명부에서 볼 수 있었다. 『야스쿠니신사 충혼사 제1권』에 따르면, 후비 제19대대의 660여 명 가운데 41명의 전병사자(戰病死者)가 나왔다. 토멸 작전 시행 중 두 명이 전병사(戰病死)했다. 도쿠시마 현 및 고치 현(高知縣) 출신이다. 다른 39명은 청일전쟁이 종료된 이후의 전병사자이다. 치중병(輜重兵)들과 3중대로 나뉘어 기록되었는데, 각 중대 모두 시코쿠 4현의 혼성부대였다.

나는 이 후비병 자료를 찾을 수 있을지 확신이 없었지만 2002년부터 시코쿠 4현을 돌아보기로 했다. 에히메 현, 고치 현, 가가와 현(香川縣), 도쿠시마 현 순으로 찾아가 지방 신문을 보니, 에히메 현의 『가이난신문(海南新聞)』과 『우와지마신문』, 가가와 현의 『도쿠시마니치니치(德島日日)신문』1894년, 1895년분이 모두 남아 있었다. 다만 고치 현의 『도요(土陽)신문』은 제2차 대전의 전화(戰禍)로 인해 일부 유실되었다.

처음으로 본 것은 에히메 현의 『가이난신문』과 『우와지마신문』이다. 에히메 현립 도서관에서 마이크로필름을 열람하니 동학농민군 토멸부대나 조선병참수비대 병사들이 고향에 보낸 편지가 실려 있었다.

동학농민군 토멸 작전에 가담한 일본병이 동학농민군을 어떻게 보았는지를 보여주는 두 통의 편지를 보자.

먼저, 『도쿠시마니치니치신문』1월 9일 자 2면 기사다. 이는 앞에서도 일부 인용했지만 마침 국회도서관에 보존되었고, 최초로 읽은 병사의 편지다. 경상도 문경 병참사령부 수비대의 시마다 다메사부로(德田爲三郎) 군조가 고향인 나카 군(那賀郡) 사카노무라(坂野村, 현재 고마쓰시마 시〔小松島市〕)의 지인에게 12월 17일에 보낸 것이다.

당소에 처음 부임했을 때는 각 도에 저들의 나라에서 야만의 극한으로 이름이 진동하고, 동학당 놈들이 출몰하여 한때는 매우 불온한 조짐이 있었다. 우리 일본국의 위력으로 강한 자는 격렬히 싸우다 죽고, 약한 자는 도주하여 이제는 이 당인(黨人)들이 모이는 경우는 없다. 어쩌다 있어도 세 명, 다섯 명 정도이고 역시 보이는 대로 총살해 버린다. 원래 동학당 같은 것은 우리 일본인 한 명이 200~300명을 당해낼 수 있다. 이로써 저놈들이 약한 적이라는 증거가 충분하다.

동학농민군에 대해서는 '모두 죽이고', '보이기만 하면 총살'하고 있음을 보여준다. 동학농민군에 대해 '야만의 극한', '동학당 놈', '저놈들은 약한 적'이라고 멸시하고 야만시하고 있는 것도 뚜렷이 볼 수 있다.

다음으로 에히메 현립 도서관에서 열람한 『우와지마신문』, 1895년 1월 18일 자 기사를 보자. 『우와지마신문』은 청일전쟁기에 간행된 지방 신문이다. 마치다 모리시로(町田盛四郎) 군조가 향리 우와지마 다이쿠마치(大工町, 현재 우와지마시)의 형 앞으로 보낸 12월 25일 자 편지다. 후비 제19대대 제2중대의 홍주성 전투를 알려준다.

> 적정을 정찰하니 날로 창궐하여 홍주성을 함파(陷破)할 계획이다. 따라서 우리 부대는 날로 수비를 삼엄히 하고 적의 공격을 기다리고 있다. 그러나 적은 총세 8만 명으로 25일 오후 4시 파죽지세로 공격해 왔다. 우리 부대는 탄약을 절감하고 적의 근접을 기다렸다. 적은 앞다투어 난진하고 500미터 내에 들어왔다(동서북 3방면). 우리 부대는 비로소 저격을 하고 백발백중, 실로 유쾌함을 느꼈다. 적은 오합지졸의 토민(土民)이어서 공포로 인해 전진해 오는 자가 없었다(이날 3,100여 발을 소비).

홍주성 전투에서는 화승총의 사정거리를 훨씬 넘는 400미터 거리에서 라이플 총으로 3,100여 발을 쏘았다. 농민군이 전사자를 후송했기 때문에 전사자는 「홍주전투상보」가 기록하는 200여 명보다 더 많았을 것이다. 고향에 보낸 편지에서 "백발백중, 실로 유쾌함을 느꼈다"는 말은 잔인무도하지만 정면으로 대면할 필요가 있는 말일 것이다.

동학농민군이 약한 병사라고 보기 때문에 멸시가 생긴다. "동학당 같은 것은 일본인 한 명이 200~300명을 당해낼 수 있다." '약한 적', '오합지졸의 토민', 이와 같이 '야만의 극한'으로 내리깔고 본 것이다. 그밖에도 지방 신문에 이런 편지가 여러 차례 실렸다.

나는 동학농민군이 야만스럽고 약한 적이라는 기사가 당시 일본인의 심성을 보여준다고 보고, 시민 공부 모임에서 소개하거나 글로 쓰기도 했다. 그러나 점차 어떤 사실을 의식하고 볼 필요가 있다는 것을 깨달았다.

『도쿠시마니치니치신문』에 실린 편지의 필자는 시마다 군조,『우와지마신문』에 실린 편지의 필자는 마치다 일등군조이다. 모두 지휘관인 군인, 혹은 표현이 적당한지 모르겠으나 '소지휘관'인 군인이다. 계급으로 보아 아마 젊은 직업군인이거나 산전수전 겪은 고참병일 것이다. 군인은 징병된 병사들을 지휘한다. 조선의 동학농민군이 도저히 저항할 수 없는 무기인 라이플 총을 병사들에게 쥐여 주고, 징병이라는 국가 시스템으로 병사들을 수하에 두어 자신의 명령대로 쓸 수 있었다.

소위 군인들은 그때까지 주로 국내의 내전에서 전공을 올렸다. 청일전쟁에서는 비로소 동아시아 대륙으로 진출하고, 바로 기회를 잡았다. 그런 고양감이 여기서 보이는 멸시와 함께 존재했다.

한편 징병된 병사의 편지는 어땠을까. 먼저 소개한『우와지마신문』에 실린 후비 제19대대 제3중대 병사의 편지는 '조선 사신'으로 3회 연재되었다. 이 장문(長文)의 편지에는 '유쾌', '야만의 극한', '오합지졸의 토민', '약한 적'이라는 표현이 전혀 없지는 않지만 아주 드물다. 각 전투를 보고하는 방식도 '동학당'의 사자(死者) 수를 실제보다 한 자릿수 적게 보고한 것을 알 수 있다. 모두 숫자가 너무 적다. 종곡(鍾谷, 별칭 북실)의 야전(夜戰)에서는 일본군의 전투 상보에도 동학농민군의 전사자가 300명이다. 조선 측 기록으로는 다음 날 아침의 소토전(掃討戰)에서 네 자릿수의 전사자를 냈다. 이 병사는 전공(戰功)을 과장하는 경우가 적었다.

그러나 군인은 최신 무기와 징병이라는 수단과 조직을 손에 넣어 동아시아로 나갔다. 직업군인으로서는 권력과 명예를 잡는 전례 없는 절호의 기회이고, 게다가 용이해 보였다. 이 기회를 잡는 것이 중요했다. 한편 징병으로 온 병사들의 모습을 전하는 신문기사에 대해서는 본서의 제4장에서 소개하기로 한다.

신훈령 ━━━━

후비 제19대대가 용산을 떠나며 토멸 작전을 완료하고 동남부에 있는 경상도 낙동으로 다시 집합하려고 계획한 예정일은 앞에서 보았듯이 1894년 12월 9일이었다. 그러나 이 대대는 예정일에 아직 충청도를 벗어나지 못하고, 예정지 낙동보다 훨씬 서쪽의 연산, 노성, 논산 부근에서 전투를 하고 있었다. 더욱이 미나미 대대장은 집합지와는 정반대인 서쪽으로 나아가고 있었다.

12월 11일, 일본군의 실지 작전은 이노우에 공사와 인천 병참감의 협의로 변경되었다. 이노우에 공사는 정부 요원이면서도 군 작전에 깊이 관여했다.

서로(西路) 쪽을 나아가고 있던 제2중대는 그대로 남하했지만, 한편으로 제1중대와 제3중대도 당초의 훈령이었던 동남쪽이 아니라 반대로 서남으로 향하여 전 군이 서남부의 나주부로 모이게 되었다. 원군(援軍)도 가세했다. 후비 제19대대 3중대 전 군이 나주평야로 물밀 듯이 몰려들었다.

새 훈련이 나온 지 이틀 뒤인 12월 13일, 인천 병참감부는 전(全) 7조의 새로운 훈련을 냈다. 제3조는 일본군 토멸대대의 이제까지의 고전에 관해 다음과 같이 분석했다(「진중일지」 신임(新任) 후쿠하라 도요노리(福原豊功) 소장의 훈련).

동학당 토벌에 관해서는 우리 군대로 하여금 분명(奔命)으로 인해 피로하게 하면 안 된다. 목하의 정황으로 보건대, (동학농민군은) 좀 유력한 군대(일본군)와 조우할 때는 잠복하여 소재를 감추고, 군대가 그 땅을 떠나면 다시 발흥한다. 그러나 발흥해도 이름뿐이고 실제는 없다. 토벌에 관해 아무쪼록 그 실을 찾아 실질적으로 대응해야 한다. 이를 깊이 명심해야 할 것이다.

동학농민군은 유력한 일본군과 만나면 잠복하고, 일본군이 떠나면 일어난다. 그래서 진군하면 농민군은 없다. 그들은 제한이 없고 일본병은 분주한 명령으로 피로한 상태였다. 이처럼 토멸 작전이 시작된 지 1개월이 지나고, 가장 큰 공주 전투가 끝났지만 실은 상황이 바뀌지 않은 것이다.

동학농민군은 1명 대 200명이라는 압도적인 화력의 차로 인해 괴멸적인 손실을 보았다. 이는 엄연한 사실이었다. 그러나 토멸 일본군이 "분주한 명령으로 피로한" 것 역시 분명한 사실이었다. 동학농민군이 유격전으로 지리적 이점과 사람의 이점을 살리고 있었기 때문이다. 괴멸하면서도 근거지로 흩어지고 전략적으로 도주하고 있었다. 동학농민군에 대한 이러한 평가는 쉽게 지나칠 수 없다.

미나미 대대장도 동학농민군은 "난민(亂民)으로 많은 양민과 혼합하고 그 판별에 정토군(征討軍)이 매우 곤란(이노우에 공사에 대한 보고)"했다면서 유격전에 고전했음을 알렸다. 그리고 실은 나중에 서술하듯이 항일전쟁의 국면 이후 동학농민군 진영에는 참가자가 광범위하게 늘었다.

12월 21일의 원평(院坪) 전투, 12월 23일의 태인(泰仁) 전투가 전봉준이 이끄는 마지막 전투가 되었다. 태인 전투에서는 동학농민군 5천 명이 참가하고 일본군은 60명, 조선정부군은 230명이었다. 동학농민군은 40명이 전사, 50명이 체포되었다고 한다. 전봉준은 순창에서 일본군이 접근하는 강압적 상황에서 동학농민군에 참가하고 있던 지방관의 배신으로 12월 28일 체포되었다. 그는 일본공사관에 이송되어 4월 24일 처형되었다. 미나미 대대장이 보고에서 말했듯이 일본군은 '지방 인민을 장려'하여 동학농민군 지도자들을 잡으려 했다. 일본군이 '장려'하고자 한 지방 인민의 중심은 조선의 지방관이었다.

9. 섬멸 명령의 남발

일본군과 조선 지방관 ━━━

12월 10일, 일본군 토멸대대는 동학농민군이 자치를 편 본거지인 전라도 일대에 들어갔다. 전라도 북부에서는 농민군의 역량이 특히 강하고 자치도 강고했다.

앞서 연산 전투에서 보았듯이 토멸대대는 우선 지역의 정청(政廳)을 점거했다. 대대에는 조선 정부에서 온 진무사(鎭撫使)와 내무관리가 동행했다. 진무사가 지방관을 독려하고, 내무관리는 일본군의 양식과 인마

(人馬) 주선을 담당했으며, 통역도 데리고 갔다. 이렇게 토멸대대는 각 지방관의 지원을 받게 되었다.

미나미 대대장은 12월 28일 전라도 중부에 있는 임실(任實)에서 다음과 같이 이노우에 공사에게 보고했다(『주한 일본공사관 기록 6』). 어느 부현이든 들어가면 우선 부현의 부사나 현감, 즉 지방관을 취조하고, 동학농민군 간부가 있는지 문책했다. '항상 이 순서'에 따라 진군했는데 지방관은 '혹은 도당(徒黨)의 의심이 있고 혹은 언어가 애매'했다. 전라도 북부의 부사(府使)나 현감들은 실제로 동학농민군에 참가하거나 혹은 일본군에게 비협조적인 태도를 보였다.

얘기가 거슬러 올라가지만 5월 이후 전라도는 조선 정부와 동학농민군이 맺은 전주 화약으로 철수한 동학농민군이 부, 현마다 자치를 펴고 있었다. 동학농민군의 자치는 집강소(執綱所)라고 불리는 곳에서 조선 정부의 지방관 밑에서 동학농민군 접주들이 집강을 선출하여 자치행정을 했다. 이에 관해 최근, 농민군 자치의 실태가 다음과 같이 밝혀졌다.

신영우 씨와 김양식 씨가 밝혔듯이 집강소는 조선왕조 시대에 전통적으로 설치한 적이 있는 하나의 행정기관이었다. 조선 정부 지방관의 힘이 강한 곳에서는 그 집강소에 동학농민군을 포함시켜 행정에 협조하게 한 사례도 있었다. 한편, 동학농민군은 농민군 독자적인 조직으로 도소(都所)라는 기구를 두었고, 전라도 북부 농민군의 힘이 강한 곳에서는 집강소가 아니라 농민군 고유의 도소가 농민 자치를 시행했다. 이와 같이 부나 현을 단위로 하는 동학농민군의 자치는 지방관과 농민군의 힘 관계에 따라 김양식 씨가 만든 그림 D와 같이 다양한 형태가 있었다. 지방관과 농민군 자치의 관계도 다양했다. 지방관은 스스로 동학농민군에 참가하거나 혹은 농민군과 정치적 타협을 하기도 하고, 혹은 도망쳤다. 일본군이 접근하는 지방관의 동향은 이처럼 격동했다. 미나미 대대장의 강화 및 보고서, 미나미 쇼시로 문서의 「각지 동학도 상황」 등에 기록된 사실이다.

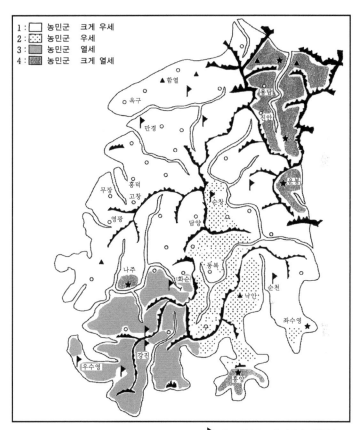

1 : 농민군 크게 우세
2 : 농민군 우세
3 : 농민군 열세
4 : 농민군 크게 열세

함열 옥구 만경 흥덕 무장 고창 영광 순창 담양 나주 화순 동복 낙안 순천 좌수영 용담 진안 운봉 우수영 강진 흥양

▶도소 ▲집강소 ★농민군에 대항하는 곳

D 전라도 농민군의 세력 분포와 도소·집강소 설치

▶ 김양식 『근대 한국의 사회 변동과 농민전쟁』 제2부 그림 1. 7, 8월, 「전라도 농민군의 세력 분포와 도소·집강소 설치」 전재

12월 17일, 토멸대대는 전라도 북단의 고산(高山)에 들어간다. 고산 현령은 동학농민군에 참가했으며 동학농민군을 도피시켰다. 용담(龍潭)의 현령은 동학농민군이라는 이유로 붙잡히고, 광산(礦山)의 현령 유제관(柳濟寬)은 나서서 일본군을 맞이했지만 실은 동학농민군의 참모격으로 '양식운수장(糧食運輸長)'이 된 인물이었다. 이 현령은 서울로 압송되었다.

한편 금구의 현감 정해원(鄭海遠)은 동학농민군에 자금을 제공한 인물이다. 미나미 대대장의 관찰에 따르면 금구 이하의 서남 지역에서 지방관들은 전원 동학농민군에 스스로 협력하고 있었다.

미나미 대대장이 임실에 들어가는 것은 12월 27일이다. 임실 현감 민충식(閔忠植)은 동학에 가입하여 활동하다가 일본군에 붙잡혀 서울로 호송되는 도중 도주한다. 순창현(淳昌縣)의 초모관(招募官, 지방관 중 하나)은 미나미 대대장을 '조선국 악대(樂隊)'로 호화롭게 맞이했으나 실은 동학농민군에 가담하고 있었고, 그 '민병'은 미나미 대대장의 표현에 따르면 '동도(東徒)로 급변(急變)한 민병', 위장한 민병들이었다. 옥과(玉果)의 현감은 동학농민군 간부이자 농민군의 자금 조달을 한 인물이었다. 함평(咸平)과 보성(寶城)의 현령은 일본군에 비협력적이라는 이유로 체포당해 조선 정부에 인도되었다. 반면, 나주의 목사(지방관) 민종렬(閔種烈)은 동학농민군의 자치를 거부하고 농민군의 공격에 대응하고 반격했다.

이와 같이 전라도 북부의 지방관을 보면, 거의 동학농민군에 스스로 참가하든가 혹은 협력적이었다. 주목되는 인물도 있다. 가령 임실의 현감 민충식이다. 임실현 관청의 무기를 모두 동학농민군에게 주고, 공주 전투에 참전하기 위해 전봉준과 함께 노성까지 동행했다. 전주 공격에도 참가했다고 한다. 미나미 대대장은 그에게 '사죄(死罪)' 명령을 내릴 것을 조선 정부에 요청했다. 호송병이 서울로 연행하던 도중 천안(天安)에서 아침 일찍 변소에서 틈을 타 도주했다.

본래 동학농민전쟁에서 동학농민군과 입장을 달리했던 지방관이 일본군에 협력하지 않는 경우도 있었다. 그뿐만 아니라 항일전쟁이 되자 그때까지 농민군에 협력하거나 농민군을 탄압하는 등 다양한 태도를 보인 지방관도 동학농민군에 참가하거나 동학농민군을 원조했다. 지방관이 동학농민군에 참가하고 원조했다는 것은 일본군이 접근하는 가운데 해당 지역이 모두 동학농민군에 참가했다는 의미가 된다. 충청도 남부에서도 옥천이나 진산, 연산이 그러했고 전라도에서는 가령 임실이 그랬다. 미나미 대대장은 "(임실) 인민도 모조리 동학당에 가담했다"고 증언한다. 무력에서 압도적으로 우세한 일본군은 전라도 북부에 침입한 후에도 각 지방관이나 지역 농민이 일본군에 협력하는 상황을 전혀 만들어내지 못했다. 지리적 이점, 사람의 이점은 역시 동학농민군이 쥐고 있었다.

시체의 산, 많이 죽이는 방침 ━━━━

후비 제19대대 3중대 전군(全軍)은 그 해가 끝나갈 무렵인 12월 29일, 전라도 중앙부를 동서로 횡단하는 무장, 장성, 순창, 남원 네 곳에 동시에 진군하고 남으로 도주한 전라도 동학농민군에 대해 포위망을 펼쳤다.

나아가 부산 병참부에서 파견된 후비 제10연대 제4중대가 이듬해인 1895년 1월 7일 농민군 거점이었던 남쪽 해안부의 순천을 제압하고 그 후 동쪽 해안에서 농민군을 차례로 섬멸하며 진격했다. 또한 바다에서는 이노우에 공사의 지시로 두 척의 군함이 순항했고 육전대(陸戰隊)를 좌수영(左水營) 등으로 상륙시켜 토벌대를 원조했다.

이와 같이 후비 제19대대는 1월 5일 전라도 남부의 중심, 나주부로 남하했다. 나주는 전통이 있는 도시이고 보수적 양반 세력이 강하며 전라도 중에서 동학농민군이 자치를 실시하지 않은 세 개의 부현 중 하나였다. 이 나주에 이후 정확히 한 달 동안 후비 제19대대의 토멸 작전을 지휘하는 본부가 설치되었다.

전라도 서남 끝에서 직경 약 50km의 좁은 범위에 몰린 동학농민군은 장흥과 강진에서 1월 7일부터 3일간 일본군과 조선정부군에 대해 최후의 대규모 조직적 항전을 펼쳤다. 농민군 수는 약 3만 명, 희생자는 수백 명이라고 한다. 후비 제10연대 제4중대장이 대본영 가와카미 병참총감 앞으로 보낸 「제3회 보고」는 일본군이 장흥에서 농민군을 격파하고 "시체가 산을 이루었다"고 보고했다.

또한 미나미 대대장은 강화 기록 「동학당정토약기(東学党征討略記)」에서 다음과 같이 말했다.

> 장흥·강진 부근의 전투 이후는 많은 비도(동학농민)를 죽이는 방침을 취하고, 다만 이는 소관(小官, 미나미 대대장)의 고안(考案)일 뿐 아니라, 나중에 재기의 위험을 없애기 위해 다소 살벌한 책을 취해야 함은 공사(이노우에 가오루 공사) 및 지휘관(인천 병참사령관)의 명령이었다. …… 잔도(殘徒)는 모두 잔학 흉포한 무뢰한이므로 많이 죽이는 방책이 필요했다. 장흥 주변에서는 인민을 협박하여 모조리 동도로 만들어 그 수가 실로 수백 명이다. 따라서 진짜 동학당은 잡는 대로 바로 죽였다.

미나미 대대장은 장흥·강진 전투 이후에는 "많은 비도를 죽이는 방침"을 취했다고 말했다. 이는 미나미 대대장의 고안일 뿐 아니라 이노우에 가오루 공사와 인천 병참사령관의 명령이었다고 한다.

이 대살육에 관해 미나미 대대장은 다음과 같이 변명한다. 위에 인용한 강화에서 중략한 부분은 다음과 같다.

전봉준이 아직 있을 때는 동학당 중 다소의 양민·의사(義士)를 볼 수 있었으나 봉준이 일단 사라지자, 이들 무리는 모조리 흩어지고 잔도는 모두 잔학 흉포한 무뢰한뿐이다.

미나미 대대장은 지도자가 부재하게 된 동학농민군은 '양민·의사'가 없고, '무뢰한'만 남는 상태로 변질되었다는 견해를 보인다.

전봉준이 포박된 것은 12월 28일이다. 한편, 이노우에 공사와 인천 병참사령관이 "서남으로 몰아넣어 섬멸"하라는 명령을 내린 것은 12월 11일, 전봉준 체포보다 반달이나 앞선다. 전봉준이라는 지도자가 없어져서 동학농민군의 성격이 난폭하게 변하고 일본군의 토벌 방침이 살벌해진 것이 아니다. 미나미 대대장의 변명은 순서가 거꾸로 되어 있다. 토벌 작전의 진행이 자꾸 지연된 일본군이 동학농민군을 서남쪽 구석으로 몰아넣어 붙잡아 죽인다는 토벌 방침은 "토벌에 관해 아무쪼록 그 실(實)을 찾아 그 실에 합당하도록 한다"는 당초의 가혹한 훈령을 그대로 실행하는 것이었다. 이에 동학농민군 역시 온 힘을 다해 반격할 수밖에 없었다.

섬멸 명령의 남발 ━━━

야마구치 현 문서관에 기증된 미나미 쇼시로 문서의 「동학당정토경력서」에 관해서는 앞서 대본영으로부터 도한 명령이 나온 부분에서 일부를 소개한 바 있다. 1895년 8월 작성하여 한국 정부에 제출한 간결한 일지체(日誌體) 보고서를 위한 메모였다. 간결하다고 하지만 일지체로 된 점이 중요하다. 미나미 대대장이 현재 소재 불명인 후비 제19대대의 진중일지 등을 참조하여 작성했다고 생각된다. 미나미 대대장이 문제의 나주에 들어간 이후의 토벌 관계 기사에서 대대장이 낸 명령 일부를 발췌하면 다음과 같다. 장흥 이후의 토벌 작전 상황을 알 수 있다.

(1월 5일) 5일에 나주성 도착, 사영(舍營), 이날 영암, 강진, 장흥, 보성, 능주(綾州) 각 지방으로부터 적도 발호, 인민을 살해할 뿐 아니라 특히 장흥 부사를 총살했다는 요지의 비보(飛報)가 연이어 오다. 이에 **토멸**에 관한 부서를 구성하다.

(1월 6일) 6일, 이시구로(石黑) 대위에게 교도 중대의 2소대를 붙이고 장흥 방면에 내보내 적도 **초멸**(剿滅)에 종사시키다.

(동일) 동 지대(스즈키 특무지대)에 해안에 있는 적도 **초멸**에 착수, 및 그 지대를 유진(留陣)시킬 건, 명령을 내리다.

(1월 9일) 인천 이토 사령관에게, …… 장흥·해남의 잔적 **초멸**을 위해 지대 파견, 거괴(巨魁) 등의 포박, 기타 적정 등에 관해 전보를 보내다.

(1월 11일) 이시구로 지대에 해남의 적도(賊徒), 도주, 시로기 지대를 지휘하고 적도를 **초멸**하는 명령을 내리다.

(1월 13일) 마쓰모토 지대에 해남 지방의 잔적을 **초멸**하기 위해 이시구로 지대, 시로기 지대, 구스노 지대는 장흥 남면(南面)의 잔적을 계속 **초멸**하는 것, 및 급양(給養) 건에 관한 명령을 내리다.

(동일) 통위영병(統衛營兵) 대대장에게 용당(龍堂)을 거쳐, 해남에 이르러, 각지에서 도착하는 여러 지대와 합류하여 적도를 **초멸**하라는 명령을 내리다.

(1월 14일) 인천의 이토 사령관에게 부산에서 순천에 보낸 1중대와 협력하여 적도 **토멸**을 계속해야 한다는 전보를 보내다.

(1월 15일) 시로기 지대에 해남에 이르러 마쓰모토 지대와 합류하고, 잔적 **초멸** 명령을 내리다. 마쓰모토 지대에 해남에서 시로기 지대와 합하여 잔적을 **초멸**하라는 명령을 내리다.

(1월 19일) 쓰쿠바(筑波) 함장 해군 대좌 구로사키 다이토(黑崎帶刀)에게 연해, 진도·제주도 등의 적도 **초멸** 방법에 관한 통보를 작성, 마쓰모토 지대에 우수영 부근의 적도 **초멸**의 명령을 내리다.

(1월 22일) 마쓰모토 지대에 진도 부근의 잔적을 신속히 **초멸**해야 한다는 명령을 내리다.

앞에서도 보았지만 1월 5일 후비 제19대대의 3중대 전군이 나주에 들어갔다. 그날, 나주평야 남부에 도주해 있던 동학농민군이 영암, 강진, 장흥, 보성, 능주 각지에서 일제히 봉기했다. 농민군에게 반격하던 장흥 부사는 농민군에 의해 살해되었다.

1월 5일, 후비 제9대대가 모두 모여 일본군의 최후 섬멸 작전, 체포 섬멸하는 작전이 시작된다. 일본군의 작전에서 큰 구획을 긋는 날이었다. 군사력이 압도적으로 열세라도 지리적 이점을 갖고 일본군의 동정도 파악하여 전국(戰局)의 전개를 보고 있던 동학농민군이 여기서 최후의 대반격을 시도한 것은 당연하다.

그렇게 농민군의 전력을 기울인 공세, 장흥 전투는 7일부터 9일까지 3일간 계속되었다.

소멸과 토멸 명령이 남발되었다. 위의 사료 인용에서는 토멸, 초멸이라는 두 개의 단어를 굵은 활자로 표시했다. 6일 적도 초멸 명령이 나오고 장흥 전투 후인 9일 이후에는 '잔적' 초멸 명령이 나온다.

미나미 대대장은 13일 조선정부군의 통위영병에게 명령을 내렸다. 미나미 대대장의 강화에 따르면 통위영병 대대장 이규태(李圭泰)는 미나미 쇼시로의 명령에 "난 일본 군대의 지휘를 받기를 원치 않는다"고 반항한 지휘관이다.

미나미 대대장은 「동학당 정토전 실시 보고」에서 이 최종 국면에 관해 '토벌의 결과'로 다음과 같이 이노우에 공사에게 보고했다.

훈령과 같이 적도(동학농민군)는 전라도 서남부로 쫓겨갔으나, 장흥 부근 전투 후 산란하였으므로 소재를 알 수 없다. 그래서 지방 인민을 장려하여 그 수색에 진력하도록 했다. 그러나 지방 인민(민병이라고 칭하는 자들)은 군대 (일본군)의 위력을 빌리지 않으면 수색하여 포박할 수 없다. 따라서 어쩔 수 없이 군대를 서남 각지에 분둔(分屯)시켜 비도(匪徒, 동학농민군)를 붙잡도록 했다. 그렇게 하여 민병이 포박하고 지방관이 처형한 자는 다음과 같다.

해남 부근 250명 강진 부근 320명

장흥 부근 300명, 나주 부근 230명

기타 함평현, 무안현, 영암현, 광주부, 능주부, 담양현, 순창현, 운봉현 (雲峰縣), 장성현, 영광, 무장 각지에서도 모두 30명에서 50명 정도의 잔적을 처형했다. 이를 볼 때 이미 재흥의 우려는 없는 듯하다.

'훈령'에 따라 그들을 쫓아갔다고, 미나미 대대장은 말한다. 장흥 전투 이후 동학농민군은 농민 속으로 모습을 감췄다. 유격전의 철칙이다. 일본군은 지방 인민을 사용하여 수색하고 포박하고 지방관으로 하여금 처형하게 했다. 이는 중요한 부분이며 토박이 지방 인민이 아니면 숨어 있는 동학농민군을 찾아낼 수 없는 것이다.

지리적 이점을 가지지 못하는 일본 병사는 수색이 불가능했다. 지방 인민은 "(일본) 군대의 위력을 빌리지 않으면 수색하여 포박할 수 없"기 때문에 어쩔 수 없이 일본군이 체재했다고 설명한다. 일본군은 지방 민병에게 동학농민군을 포박하게 했다. 자세한 것은 제4장에서 보겠지만, 일본군 스스로 대량 처형을 하면서 지방관에게도 처형하게 했다.

일본군이 '진력'하도록 한 조선 '지방 인민'의 수색은 어떤 결과를 지역에 가져왔을까. '지방 인민'은 섬멸이라는 살육에 참가하고 가담했다. 일본군이 떠나면 수색한 '지방 인민'은 지극히 어려운 상황에 놓였을 것이다. 일본군은 지역사회에 균열과 유혈을 초래했다. '지방 인민'의 가담은 섬멸의 문제와는 별개로 조선 사회에 지울 수 없는 심각한 상처를 남겼다.

10. 동학농민군 희생자

희생자 ━━━━

조선 근대사 연구자 조경달 씨는 미나미 대대장이 이노우에 공사에게 제출한 「동학당 정토책전 실시 보고」 등의 자료를 바탕으로 동학농민군 희생자(전사자)를 '극히 거칠게 추산'했다. 조선의 민보군(民堡軍, 반[反]농민군 민병)이나 지방관의 동학농민군 '잔당' 처형을 2만 명 전후로 개략적으로 산출하고, 일본군과 조선 정부의 '연합군(훈령으로 일본군은 조선 정부군의 지휘권을 얻었다)'의 공격으로 인한 전사자를 개산했다.

대대장의 「동학당 정토책전 실시 보고」에는 후비 제19대대의 전투가 21회라고 한다. 전투 한 번에 평균 백 명의 농민군 전사자가 나왔다고 가정하면 모두 2,100명이 된다. 토벌에 참가한 일본군은 후비 제19대대의 3배(약 2천 명)이므로, 즉 전쟁에서의 전사자는 거의 6천 명으로 산출된다. 또 행군 중 체포, 처형된 비전투원인 동학농민 사망자를 합하면 약 1만 명, 합계는 적어도 3만 명, 그리고 부상 후의 사망자를 포함하면 5만 명에 육박하는 숫자라고 추정한다. 부상자를 약 10배로 보면, 종래 얘기되어 왔던 사상자 수 약 30~40만 명이라는 엄청난 수의 동학농민군이 희생되었다는 것은 근거가 있다고 조경달 씨는 말했다.

조경달 씨가 말하는 조선인 사망자는 청일전쟁에서 최대 희생자였다. 청일전쟁에서의 전사자는 전병사를 포함하여 일본인 약 2만 명, 청국인 약 3만 명이다(하라다 게이이치〔原田敬一〕, 2008).

조경달 씨는 일본군과 일본군의 지휘를 받은 조선정부군이나 민병에 의한 희생자(사망자)는 직접적으로는 1만 명이라 추산하고 희생자는 5만 명에 육박한다고 추정한다.

한국 연구자들은 희생자 수를 얘기할 정도로 아직 연구가 진전되지 않았다며, 미나미 대대장의 보고 자체가 조선인 사망자 수를 과소하게 기록했다고 지적한다. 가령 신영우 씨가 참가한 충북대학교 호서문화연구소는 섬멸전쟁 말기의 보은군 종곡(鍾谷) 전투에 관해, 문헌뿐만 아니라 발굴 조사, 고로(古老)들의 증언을 바탕으로 1993년『보은 종곡 동학 유적』(동 연구소와 보은군)을 공표했다. 일본군 구와바라 에이지로(桑原榮次郎) 소위의「종곡 부근 전투 상보」에서는 눈보라가 치는 중에 열린 야전에서 농민군 전사자가 300여 명이라고 보고했는데, 조선정부군의「토비대략(討匪大略)」에서는 야전 전사자 390명, 다음 날 아침의 소토전에서 2,600여 명이 전사했다고 했다. 고로들의 증언 청취와 발굴 조사는 조선

정부군의 기록을 뒷받침했다. 이 점에 관해 문헌 조사, 청취 조사의 베테랑인 박맹수 씨도 지금은 희생자 수를 말할 수 있는 단계가 아니지만, 그 수가 더 막대하며 앞으로의 중요한 연구 과제라고 했다.

일본군과 조선정부군 '연합군'에 의해 전사한 동학농민군 수를 위에서는 약 6천 명이라고 추정했는데, 나도 실제로는 더 많았다고 생각한다. 가령 「진중일지」 11월 23일조, 인천의 병참사령관 이토 유기(伊藤祐義) 중좌는 시모노세키 수포창(首砲廠)에 "스나이더 총 탄환, 5만 발"의 추가 청구를 기록했는데, 이 추가 5만 발은 오로지 동학농민군 토벌전을 위한 탄환이다. 마찬가지로 「진중일지」 12월 26일조에서 인천 병참사령관은 탄약 1만 발을 청구에 따라 황해도 해주의 동학농민군 토벌 지휘관에게 추가로 보냈다고 기록했다. 한편, '색출 섬멸' 명령이 나온 직후, 토멸전이 더 격렬했던 1895년 1월분 인천 병참사령부의 「진중일지」와 후비 제19대대의 「진중일지」가 아직 발견되지 않았다.

토벌에 참가한 일본군 수도 조경달 씨가 추정했을 때는 총 2천 명 정도였지만, 그 후 강효숙 씨의 조사를 통해 그 2배인 4천 명에 가깝다는 것이 밝혀졌다. 희생자 수는 일본에서 대체로 상정하는 것보다 훨씬 더 방대할 것이다.

또한 지금까지 계속 언급해 왔지만 토박이 인민을 동학농민군에 대한 수색과 처형에 동원하여 조선 사회에 균열을 가져오기도 했다.

신영우 씨가 『보은 종곡 동학 유적』에서 서술했듯이 농민군의 전법은 고지를 차지하고 대군으로 산 위에서 함성을 올리며 또 총을 쏘면서 달려 내려오는 것이다. 이 전법은 정부군이나 민병에게는 효과가 있었지만 일본군에게는 통하지 않았다. 일본군의 완강한 반격을 받았다고 여겨진다. 동학농민군의 대담성에 정부군이나 민병은 퇴각하는 것이 보통이었다.

이러한 지적은 다음 점에서 중요하다. 동학농민군과 정부군, 민병의 전투에서 조선 사회는 쌍방 모두 일정한 정도 이상의 피를 흘리지 않았다고 얘기할 수 있다. 전투에서 유혈은 물론 있었지만 그것을 어느 정도 억제한 것이 원래의 전통사회였다. 무의미한 유혈을 피하는 엄격한 규율이 동학농민군에 있었다는 것도 알려져 있다. 이러한 암묵적인 사회적 룰을 파괴한 것은 침입자이자 엄청난 살육을 동반한 일본군의 존재가 극히 컸다.

본서에서는 그다지 많이 언급할 수 없었지만 미나미 대대장은 조선 정부군과 조선 민병의 지휘권을 갖고 있었다. 이노우에 공사가 이 권한을 조선 정부로부터 강제로 빼앗은 것이다. 조선군 교도중대(教導中隊)에서만 25,273발의 스나이더 총 탄환을 사용했다. 이 탄환도 일본군이 공급했다.

일본군의 지휘 하에 들어간 조선정부군 가운데 어느 지휘관은 반항하고, 어느 지휘관은 '종순하게' 지휘에 따랐다. 그러나 일본군의 가담이 점점 심화된 것은 사실이다. 이렇게 하여 점차적으로 혹은 급격히 일본군의 혹독한 '모조리 살육' 토벌 방식이 조선 내부에 도입되었다. 이처럼 피해자 측의 민족에게 살육을 초래함으로써 조선 사회가 어느 정도 심각한 타격을 받았는지 물을 필요가 있다.

그러나 그런 문제에 접근하기 이전에 일본군이 희생자를 낸 살육 현장의 모습에 관해 그 기본적인 사실조차 알려지지 않은 것이 문제다. 귀중한 사료가 최근 발견되었으므로 제4장에서 그것을 소개하고자 한다.

일본군의 진도 추격 ━━━

진도의 동학농민군 '평정'은 어떻게 이루어졌을까.

조사해보니, 진도 방면으로 동학농민군이 도주한 것에 관해 방위성 방위연구소 도서관의 「동학당폭민」에 대대장의 보고가 포함되어 있었다. "제19대대장으로부터, 동학당 2, 3천, 해남 지방, 진도, 제주도에 있다"는 보고이다.

해남과 진도, 제주도로 도주한 동학농민군 수가 '2, 3천' 명이다. 지리적으로 볼 때 '2, 3천' 명 가운데 다수는 제주도보다 해남 바로 맞은편에 있는 진도로 도주했을 것이다.

또한 일본군 토멸부대가 진도에 침입한 일정과 진로는 『주한 일본공사관 기록 6』에 게재된 미나미 대대장이 작성한 '숙박표'에 상세히 기록되었다. '숙박표'에서 그 부분은 다음과 같다.

> 1월 20일, 해남 (제1중대 지대〔支隊, 체진〕)
>
> 1월 21일, 진도 벽파정 (지대)
>
> 1월 22일, 진도 부중(府中) (지대)
>
> 1월 23일, 진도 부중 (지대)
>
> 1월 24일, 진도 부중 (지대. 체진)
>
> 1월 25일, 우수영 (지대, 제1중대와 합류)
>
> 1월 26일, (25일과 동일)

토멸부대는 해남에서 진도 벽파정으로 건너왔다. 당시는 우수영이 진도로 건너는 항구이고 해협의 남부에 있는 벽파정을 통해 진도 성내리로 들어간다.

숙박표의 기록을 보면, 1지대는 제1중대에 속한 부대였다. 제1중대 1지대는 1월 21일, 해남에서 우수영을 거쳐 벽파정에 상륙하여 숙박했다. 22일에는 벽파정에서 육지를 통해 부중에 들어가 거기서 3박을 하고 25일 우수영으로 되돌아갔다.

또한 미나미 대대장의 「동학당 정토 경력서」에 다음과 같은 서술이 있다. "(1월 22일) 마쓰키 쇼호(〔松木正保〕 대위, 중대장) 지대에게 진도 부근의 잔적(殘賊)을 신속히 초멸할 것을 명령하다." 진도의 '잔적'에 대한 섬멸 명령이 나왔다. 마쓰키 지대는 바로 제1중대였다. 동로대가 진도에 침입한 것이다. 진도로 도주한 인원은 '2, 3천 명' 중 태반이고 진도에서의 토멸은 3일 정도 계속되었다. 이렇게 '해골' 메모에 기록된 '수백 명'의 전사자가 나오는 상황은 틀림없이 존재했다고 할 수 있다. 메모에 기록되었듯이 여러 명의 지도자가 효수되었다. 홋카이도대학 문학부에 방치된 유골은 이렇게 일본군의 침입에 대해 봉기하고 효수된 지도자들의 유골 중 하나였다.

제3장 홋카이도와 조선, 아이누 민족
— 식민학의 신천지(新天地)

▶ 호시노 준이치(星野純逸)의 상경(上京) 송별회 기념사진. 앞에서 둘째 줄, 오른쪽에서 네 번째가 호시노 준이치. 그 오른쪽 아래가 아리시마 다케로, 호시노의 오른쪽 위가 사토 마사지로, 둘째줄 오른쪽에서 두 번째가 한자와 준, 세 번째가 호시노 유조(星野勇三), 마지막 줄 두 명의 오른쪽이 가키자키 지지로(蠣崎知二郎)(홋카이도대학 대학문서관 소장)

삿포로농학교 졸업생이 통감부 농업 기사로 조선에 건너갔다. 그 배경에는 삿포로농학교의 식민 정책 및 아이누 정책이 깊이 관련되어 있다. 농학교에서 강의한 식민학, 대학사(大學史)에서 터부시되어 온 제4대 교장의 사직 사건, 사쓰마벌(薩摩閥)의 도청 고관들이 초래한 아이누 민족의 고난, 그에 대해 아이누 민족의 끈질긴 민족자치 운동이 전개되었다. 또한 삿포로농학교 졸업생인 아리시마 다케로가 만년에 쓴 미완의 작품 『성좌』를 새롭게 읽어 본다.

1. 사토 쇼스케와 사토 마사지로

졸업생의 도한 ————

삿포로농학교 제19기생, 사토 마사지로의 행적은 다음과 같다.

그는 1878년 이와테 현(岩手県) 하나마키(花巻)에서 태어났다. 1892년 7월 삿포로농학교 예과에 입학하고 1901년 7월 본과를 졸업했다. 곧바로 1년 지원병으로 삿포로군 쓰키삿푸(月寒) 병영 제25연대에 입영했다. 제대 후 이시카리 군 도베쓰무라(當別村)에서 목축업을 했다. 1904년 7월, 러일전쟁에 소집되고 쓰키삿푸 연대와 구시로(釧路) 연대구 부관에 취임한다. 이듬해인 1906년 3월, 중위로 소집 해제되고, 구시로 항에서 요코하마로 향한다.

1906년 5월 4일 도쿄에서 조선에 신설되는 통감부 권업모범장 기수로 임명되었다. 6월 5일 도쿄를 떠나 통감부 권업모범장 목포 출장소 기수가 되었다. 조선은 1905년 11월 강제로 일본의 보호국이 된 상태였다.

사토 마사지로는 경기도 수원에 신설된 권업모범장 장장이 된 도쿄 제국대학 농과대학 교수 혼다 고스케(本田幸介)와 면회하고 기수 채용을 의뢰했다(「사토 마사지로 노트」).

그 후 사토 마사지로는 1907년 1월 15일 권업모범장의 본부(본장)인 수원 권업모범장 기수를 겸무했으며 5월에는 통감부 기사로 승진했다. 이듬해인 1908년 12월 한국 정부 직속의 임시면화재배소 초대 소장에 취임했다. 이어 1910년 경상남도 기사 겸 진주실업학교 교장으로 전임하여 진주로 갔다. 그리고 1912년 평안북도 기사가 되어 의주로 향했다. 경상남도 진주, 평안북도 의주 모두 조선 면화의 명산지였다. 사토 마사지로는 이와 같이 1919년까지 14년간, 조선의 면화 재배 사업에 종사한 후, 41세로 퇴관했다(이상의 연보는 「삿포로농학교 동창회 보고」, 「삿포로농학교 학적부」, 『조선총독부 농사시험장 25주년 기념지』, 『통감부 공보』 제7호, 『직원록』, 「사토 마사지로 노트」 등에 기초했다).

시토 마사지로는 조선에 온 이듬해(1907년) 5월 통감부 기사직으로 승진했는데, 이 기사직은 주임관이자 정부 고등관에 해당하고 매우 월급이 높은 현직이었다. 당시 마사지로는 29세의 청년이었다.

퇴관 후에는 서울에서 농장을 경영했다. 벼 4천 석과 조선식산은행 등에서 관리를 위임받아 수확한 벼를 합쳐 벼 1만 석 이상을 추수하여 모두 일본에 보냈다고 한다.

삿포로농학교는 북국(北國)의 신개척지, 혹은 교사나 학생의 기독교 신앙 등의 이미지 때문에 '리버럴한 교풍'으로 소개되는 것이 보통이다. 그러나 한편으로 농학교는 식민지 지배에 가담했다는 무겁고 어두운 역사를 갖고 있다. 삿포로농학교는 1907년 대학으로 승격되어 도호쿠(東北)제국대학 농과대학이 되고, 이어 1918년부터 홋카이도제국대학이 된다. 각 시기의 교관, 졸업생들은 정부 고등관에 해당하는 현직이 되어 대만, 이어 조선, 사할린, 중국 동북부 '만주' 등지에서 일본의 식민지 경영에 가담했다.

삿포로농학교 교장, 사토 쇼스케 ━━━━

삿포로농학교 교장 사토 쇼스케는 1891년부터 일본 최초의 '식민학' 강의를 했다. 사토 마사지로는 그의 강의를 들은 학생 중 한 명이었다.

사토 쇼스케 교장은 이와테 현 하나마키 출신으로 1856년(안세이〔安政〕3년)에 태어났다. 사토 마사지로와 같은 고향이다.

1867년 7월 삿포로농학교 제1기생으로 입학하고 1880년 7월에 졸업했다. 1882년 7월 미국으로 건너가 이듬해 10월에 존스홉킨스대학에 입학했다. 1886년 6월에 대학을 졸업하고 8월에는 미국으로 건너간 지 4년 만에 귀국했다. 같은 해 12월 삿포로농학교 교수, 이듬해 3월에는 삿포로농학교 간사를 겸임하게 되었다. 1891년 8월 나중에 서술하는 제4대 교장 사직 사건 후, 교장 대리를 거쳐 1894년 4월에는 교장으로 승임했다.

1907년 9월 농학교의 대학 승격으로 도호쿠제국대학 농과대학 학장이 되고, 1918년 4월 개편 후에는 홋카이도제국대학 총장에 취임했다. 그후 1930년 12월 총장직에서 물러났다. 사토 쇼스케는 1891년부터 1930년까지 교장 대리를 포함하여 40년간 교장, 학장, 총장직을 맡았다. 그 때문에 '홋카이도대학의 아버지'라고도 불린다.

홋카이도대학 대학문서관에는 사토 쇼스케의「일지」13권이 보존되어 있다.「일지」에 따르면 사토 교장은 사토 마사지로의 졸업 후에도 서로 서간을 주고받았다. 1904년 4월 7일, 삿포로농학교 문무회(文武会)에서 3년 전에 졸업한 사토 마사지로의 러일전쟁 '응소송별회'가 열리고, 사토 교장도 출석했다. 일지에 따르면, 이후 1905년과 1906년에 두 사람은 다음과 같이 연락했다. 사토 마사지로의 연보와 맞춰 보자.

1905년 2월 쓰키삿푸 연대에 있던 사토 마사지로가 사토 교장을 방문하고, 3월에는 사토 교장이 편지를 받았다. 7월에는 구시로 연대구 사령부로 옮긴 사토 마사지로에게 교장이 편지를 보내고 9월과 12월에도 교장이 편지를 보냈다(「사토 쇼스케 일지」).

이듬해 1906년 3월 10일, 소집이 해제된 사토 마사지로는 곧장 도쿄로 향했다. 같은 달 21일, 사토 교장이 사토 마사지로의 여행지 주소 '아라카와 구(荒川区) 스이도초(水道町) 4초(町) 1'로 편지를 보냈다(「동 일지」).

사토 마사지로는 앞에서 보았듯이 도쿄에서 5월 4일 조선의 통감부 권업모범장 기수로 임명되고 6월 5일 조선으로 향했다. 서울 도착일은 9일이었다. 이때도 사토 교장은 6월 27일 삿포로에서 조선에 막 도착한 사토 마사지로에게 편지를 보냈다(「동일지」).

이처럼 사토 쇼스케 교장과 졸업생 사도 마사지로가 긴밀히 연락한 데에는 다음과 같은 삿포로농학교 규약에서 유래한 배경이 있었다.

당시 삿포로농학교에 교비생(校費生)과 특대생(特待生) 제도가 있었다. 사토 마사지로는 졸업 연도인 4학년 때 교비생으로 선발되었다. 교비생은 수업료가 면제되고 매월 학비 7엔이 지급되었다. 참고로 동기생 가운데 아리시마 다케로는 특대생으로 수업료만 면제되었다. 교비생은 기숙사에 들어가고 "졸업 후 만 5년간, 신분 진퇴에 관해서 교장의 허가를 받는다"는 규정이 있었고, 교장과 계약서도 작성했다. 사토 마사지로는 1901년 7월 졸업하고 4년 11개월 뒤에 조선에 건너갔다. 교비생이 교장의 '허가를 받아야' 하는 5년 이내에 도한(渡韓)한 것이다. 마사지로의 도한에는 사토 교장의 의향이 작용했다고 볼 수 있다.

삿포로농학교의 대학 승격 ───

또한 사토 마사지로의 도한에는 다음과 같은 더 큰 배경이 있었다.

사토 마사지로가 도한한 1906년은 서울에 통감부가 설치되고, 조선이 강제로 보호국이 된 이듬해다. 「일지」에 따르면, 사토 교장은 이 해 4월, 10월, 12월, 세 차례 도쿄에 출장했다. 삿포로농학교의 숙원 사업인 대학 승격이 일정에 올랐기 때문이었다.

삿포로농학교가 대학으로 승격하는 시기에 사토 쇼스케 교장과 하라 다카시의 동향에 관해서는 홋카이도대학에서 교육사를 연구하는 헤미

마사아키(逸見勝亮) 씨가 「삿포로농학교의 재편·승격과 사토 쇼스케」라는 논문을 발표했다. 이 논문을 참고하여 사토 마사지로의 도한 배경을 살펴보자.

삿포로농학교의 농과대학 승격은 사토 마사지로의 도한 연도인 1906년 12월에 내정되고 이듬해인 6월 그에 관한 칙령을 공포했다. 센다이에 도호쿠제국대학이 신설됨과 동시에 삿포로농학교도 삿포로대학 농과대학으로 승격했다. 그 후 1910년 후쿠오카에는 규슈제국대학을 설치했다. 이에 소요된 106만 엔이라는 거액은 도치기 현(栃木県)에 있는 후루카와 광업회사의 기부금이었다.

삿포로농학교가 대학으로 승격된 데에는 나중에 '평민 재상'으로 알려진 정치가이자 당시 내무대신이던 하라 다카시의 힘이 컸다. 사토 쇼스케와 하라 다카시는 구 남부 번(南部藩)의 번교(藩校)·작인관(作人舘)의 동창생이었다. 하라 다카시는 상경한 후 무쓰 무네미쓰의 농상무상 시대에 무쓰의 측근으로 정계에 나왔다. 청일전쟁기에는 즉시개전파(卽時開戰派)의 선두에 서고, 제2장에서 보았듯이 동학농민군 토멸 작전 입안에 참가한 무쓰 외상 밑에서 외무성 통상국장을 역임하고, 병에 걸린 무쓰 외상을 보좌했다.

이 무렵 후루카와 가(古河家)는 일본 최대의 동(銅) 광산이었던 아시오(足尾. 현재 닛코 시〔日光市〕 아시오마치〔足尾町〕) 동산(銅山)에서 근대사상 이름을 남긴 아시오 동산 광독(鑛毒)사건이 일어났다. 1891년 12월 제국 의회 제2의회 본회의에서 민권운동가 다나카 쇼조(田中正造)가 아시오 광산의 광독에 관해 질문한 것이 발단이었다. 이에 대해 답변서를 내며 후루카와 광업을 옹호한 사람이 당시의 농상무상 무쓰 무네미쓰다. 무쓰의 차남 준키치(潤吉)는 후루카와 광업의 창업자 후루카와 이치베(古河市兵

衛)의 사위였다. 청일전쟁이 끝난 이듬해인 1896년, 아시오 동산으로 인한 산림 황폐가 원인이 되어 대홍수가 일어났다. 이 홍수로 인해 광독이 간토평야 일대에 퍼지는 대재해가 발생했다. 1897년 3월, 수천 명의 피해 농민은 '몰려가기(押し出し)'라는 대규모 상경청원운동을 일으켰다. 이 운동은 네 차례에 걸쳐 진행되었다.

1901년 다나카 쇼조가 아시오 광독 사건을 천황에게 직소했다. 광독 사건을 둘러싸고 여론이 다시 비등했다. 1905년 2대 후루카와 준키치가 후루카와 가의 경영을 개혁하고 후루카와 광업회사를 설립했다. 이때 앞에서도 서술했듯이 준키치의 부친 무쓰 무네미쓰의 신뢰를 받는 측근, 하라 다카시가 후루카와 광업회사 부사장에 취임했다. 하라는 이듬해인 1906년 내무대신 취임 후에도 이 회사의 고문직을 유지했다.

한편 삿포로농학교의 사정을 보면, 이 무렵 농과대학 설립은 정부의 현안이었지만 청일전쟁 이후 재정 궁핍으로 뒤로 미뤄지고 있었다. 그러한 가운데 일찍이 폐교론도 나온 삿포로농학교를 대학이 아니라 실업학교로 격하시키자는 안도 제출되었다. 1890년대부터 1900년대에 걸쳐 삿포로농학교는 존속과 격하를 둘러싼 위기의 시대를 맞이했다. 그러나 1906년 12월 후루카와 광업회사의 기부금 106만 엔으로 센다이와 후쿠오카에 제국대학 설립이 내정됐다. 삿포로농학교를 도호쿠제국대학 농과대학으로 승격시키는 비용도 포함된 액수였다.

제국대학 설립을 위한 후루카와 광업회사의 기부금에 관해서는 「하라 다카시 일기」에 "후루카와 가도 이대로 지연되면 세간의 비난을 면할 수 없다"고 했다. 하라 다카시는 후루카와 준키치 등과 '세간의 비난'을 피하기 위한 '비공식 대화'를 한 것이다. 또한 삿포로농학교의 대학 승격에 관해 하라 다카시는 1907년 8월의 「하라 다카시 일기」에서 "교장 사토 쇼스케 군은 내 친구이며 농과대학을 만들 때 내가 진력을 다해 후루카와 가에서 건물을 기부하고, 다년간의 희망을 달성하게 되었다"고 썼다. 삿포로농학교가 대학으로 승격될 수 있었던 것은 내무대신을 역임한 하라 다카시의 '진력'이 작용한 것이다.

삿포로농학교의 대학 승격은 1907년 6월 22일 공포되었다. 한편 내무대신이자 후루카와 광업회사 고문인 하라 다카시는 후루카와 광업회사의 입장에서는 '귀찮은 곳'인 와타라세가와(渡良瀬川) 야나카무라(谷中村)의 피해 농민을 홋카이도 등지로 이주시키기 위해 1907년 1월, 토지수용법을 적용했다. 공포 1주일 후인 6월 29일부터 7월 5일까지 경찰대를 동원하여 19세대를 강제 파괴함으로써 이 작업을 완료했다. 홋카이도대학의 산뜻한 목조 건축인 후루카와 강당은 아시오 광독 사건 및 제국대학 승격과 관련된, 알려지지 않은 기념비다.

이상은 주로 헤미의 논문이 지적한 바에 따른 것이다. 이제 삿포로농학교의 승격 문제를 더 큰 역사적 동향이라는 측면에서 보기로 하자.

이처럼 삿포로농학교의 대학 승격 분위기가 무르익고 있을 때, 1906년 6월, 일본면화재배협회가 입안·기획한 미국 육지면 재배 사업을 실시하기 위해, 삿포로농학교의 교비생 사토 마사지로가 교장의 '허가를 얻어', 즉 교장의 뜻에 따라 조선에 건너갔다. 제1장에서 보았듯이 1905년 당시 오사카마이니치신문사 사장이자 오사카 재계를 대표하는 하라 다카시가 면화재배협회의 필두평의원을 맡고 있었다. 오사카 재계는 일본 섬유 산업의 기둥이었다. 미국 육지면 재배 사업은 하라 다카시도 참여한 조선 식민지 경영을 위한 경제 정책의 요추로, 농상무성 권업모범장이 사업 위탁을 받았다. 사토 마사지로의 권업모범장 취직은 삿포로농학교가 학교로서 일본 정부와 재계의 식민지 정책에 참여하고 이를 지탱하며 추진해가기 위한 중요한 포석의 하나였다.

이듬해인 1907년 9월, 도호쿠제국대학 농과대학은 대학 승격과 동시에 '농정학 식민학 강좌'를 개설했다. 일본 최초의 식민학 강좌였다. 1907년, 그 무렵 조선에서는 5월에 권업모범장 기사로 승격한 졸업생 사토 마사지로가 전라남도 육지면 재배 사업에 종사하고 있었다.

사토 쇼스케 교장의 식민학 ———

사토 쇼스케 교장은 러일전쟁 때부터 국가주의적 언동을 보였다. 이는 사토 교장의 「일지」 1905년 1월과 6월의 기사에 나타난다.

1월 5일, 교장은 뤼순전쟁(旅順戰爭)을 다음과 같이 기록한다.

> 뤼순 함락 축첩(祝捷). 오전 9시, 학교 직원·학생은 끼리끼리 대열을 이루어 큰길에서 열린 축하회에 가다. …… 제등 행렬을 하고 밤 9시 넘어 집에 돌아오다. 만도사녀(滿都士女, 거리를 메우는 남녀)들이 열성 축하를 한 것은 삿포로 개벽 이래 처음 있는 일이다.

또한 6월 3일, 쓰시마(対馬)해전에 관해 "(자작 단가[短歌] 제38) 승군(勝軍), 신의 위업이고 공훈(功勳)이 빛나도다(일본해대첩을 듣고)."라고 읊었다. 「일지」를 읽으면 삿포로농학교 직원과 일반 학생은 '만도사녀, 열성 축하'로 학교 전체가 전쟁 열기로 충만한 듯하다. 그렇다면 실제로 어떠했는지는 나중에 소개하기로 하자.

사토 쇼스케가 미국 유학에서 귀국한 1886년까지 거슬러 올라가 보자. 이해에 하코다테 현, 삿포로 현, 네무로 현(根室県) 등 세 개로 나뉘어 있던 3현(県) 1국(局) 시대가 끝나고,[13] 홋카이도를 하나로 통합한 도청(道廳) 시대가 시작되었다. 이때 홋카이도 '개척' 방침이 크게 전환한다. 그때까지 소농 육성 중심의 식민(植民)이었다면 이제 자본가, 지주, 화족(華族) 등 대자본을 영입하여 대지주제 농장을 늘리는 정책으로 바뀐 것이다. 같은 해, 홋카이도 토지매각규칙이 나와 대토지 매각이 시작되었다.

미국 유학에서 귀국한 직후, 삿포로농학교 교수가 된 사토 쇼스케는 1891년부터 일본 최초의 식민학을 강의했다. 같은 해 독일 유학에서 귀국한 니토베 이나조도 가세했다. 니토베는 그 후 도쿄제국대학에서도 식민학을 강의했다(전술했듯이 도호쿠제국대학 농과대학에 식민학 강좌를 설치한 것은 최초의 식민학 강의보다 16년 뒤의 일이다).

니토베의 도쿄제국대학 강의는 전전에 『니토베 박사 식민 정책 강의 및 논문집』으로 간행되었다. 니토베의 강의에서 주안점은 식민지 진출이 미개(未開)에 대한 '문명의 전파'라는 주장이었다. 구미에서는 이를 '문명화의 사명'이라고 흔히 얘기했는데, 일본의 식민학에서도 이 주장이 주류가 되었다. 문명화의 사명을 일본에서 얘기하기 위해서는 이미 일본이 문명의 나라여야 한다. 니토베는 일본은 이미 문명국이다, 말하자면 모범국과 어깨를 나란히 하고 있다는 태도를 보였다.

이에 대해 사토 쇼스케의 식민학 강의 설정은 니토베와는 대조적이었다. 사토 교장은 일본 농업이 "소농 중의 소농이고, 즉 과소농(過小農)

---

13 1882년 홋카이도 개척사를 폐지하면서 하코다테 현, 삿포로 현, 네무로 현(根室県) 등 3현과 홋카이도사업관리국이 설치된 것을 3현 1국이라 하며, 1886년 1월 26일 홋카이도청이 설치되면서 3현 1국이 폐지되었다.

혹은 소위 서농(鋤農, 「대농론〔大農論〕」)"이며, "원예적 과소농업", "주유적(侏儒的)·난쟁이 경작법"이라고 했다(「아방〔我邦〕 농업의 전도에 관해」). 과소농 또는 원예적 농업은 '일본 농업의 병근(病根)'이며, 이 '병근'을 해결하는 것이야말로 일본 농민의 식민이었다. 그리고 1890년대의 사토 쇼스케 입장에서 농민이 식민할 곳은 홋카이도여야만 했다.

> 새로 농업을 영위할 장소는 우리 홋카이도를 빼고 어디에도 없으며, 무릇 홋카이도의 식민은, 즉 내국(內國) 식민이며 내국 식민은 이를 외국 식민에 비하면 그 난이(難易)가 과연 어떠한가(사토 1889).

홋카이도는 "농가의 장래의 낙토(樂土)(「일본농업의 개량과 홋카이도 식민과의 관계」)"이고 "하늘이 우리에게 부여한 일대 시험장(「홋카이도의 농업에 관해」)"이었다.

1888년 하시구치 분조(橋口文藏)가 삿포로농학교 제4대 교장으로 취임했다.

그는 막말기인 1862년의 데라다야(寺田屋) 사건[14]에서 참살된 사쓰마 번의 존왕양이파 하시구치 덴조(橋口傳藏)의 조카다. 하시구치 분조 자신도 보신(戊辰) 전쟁에 참전했다. 미국에 유학하여 농학을 배우고 귀국한 뒤, 홋카이도청에 들어가 몬베쓰(紋鼈, 현 다테 시〔伊達市〕)의 제당소 소장을 겸임하며 제당업에 종사했다. 20세기 중반까지 제당업은 자본주의의 핵심 제조업이었다. 그 후 이사관이자 도청 제2부장으로 '척식'을 담

---

14 데라다야는 교토의 여관 이름이며, 1862년의 데라다야 사건은 이 여관에 모인 사쓰마 번의 존왕양이파(과격파)들을 당시 번주(藩主)의 아버지인 시마즈 히사미쓰(島津久光)가 무력으로 진압한 사건을 말한다.

당하고 이 해에 삿포로농학교 교장을 겸임하게 되었다. 하시구치는 홋카이도 사쓰마벌(薩摩閥)의 영수 가운데 한 명이었다. 홋카이도 사쓰마벌의 선두에 선 사람은 원래 사쓰마 번사(蕃士)로서 보신 전쟁에 참전한 바있고, 나중에 도청 이사관에 취임하고 홋카이도 탄광기선주식회사(北炭) 등을 설립한 호리 모토이(堀基)였다.

이 무렵 호리 모토이 등 이사관들이 중심이 되어 식산흥업책으로 홋카이도청의 보호를 받는 어용회사가 설립되었다. 1887년 홋카이도제마회사(製麻會社), 이듬해인 1888년 삿포로제당회사가 그것이다. 그러나 어용회사의 통례대로 양사 모두 부실 경영 사건을 일으켰다. 이사관 호리모토이의 조카이자 삿포로농학교 제3기생 호리 무네카즈(堀宗一)가 초대사장으로 취임한 삿포로제당회사는 나중에 소개하듯이 특히 심했다. 한편 호리, 하시구치 등 사쓰마벌 도청 고관들은 비슷한 무렵, 도청의 대토지를 매입하여 거대 지주로서 농장을 시작했다.

같은 시기에 사토 쇼스케는 "노력자(勞力者)에게 소작을 시키고, 수확물(물납소작료), 현금(금납소작료) 등 소작료로 얻는 이득보다 더 나은 게 없다"면서 소작료를 목적으로 한 대지주 경영을 장려했다(「北海道農業之進步」). 사토 쇼스케 자신도 1890년 삿포로 중심부의 동쪽 교외인 나에보(苗穗)에 대토지를 매입하여 26호(戶)의 소작인을 수용하는 205.9정보의 '사토농장'을 열었다. 일찍이 조정(朝廷)의 적이었던 남부 번(蕃) 출신의 학교 간사, 사토 쇼스케 역시 사쓰마벌의 호리 모토이, 하시구치 분조 교장과 매한가지로 대지주 농장 경영자의 길을 걷기 시작했다.

제4대 교장의 사직 ————

샷포로농학교에 대해 정부에서는 폐교론과 격하론이 도마 위에 올랐다. 그 배경에는 홋카이도 '개척'이 대지주·소작제 농장 중심의 정책으로 바뀜으로써, 지금까지 미국식 대규모 농장을 도입한 샷포로농학교는 역할을 끝냈다는 것과 위에서 설명했듯이 교장이 사쓰마벌 출신이라는 사실이 있었다.

가령 샷포로제당회사는 독일에서 직수입한 최신식 제당기기가 궁내성이 대여한 덴사이(甜菜, 사탕무) 어료 농장(御料農場)의 공급 능력을 넘어 지나치게 고가라는 점, 건물의 벽면 석재를 유럽에서 수입한 것이 말해주듯이 당초부터 계획이 과대하고 경영이 난잡했다. 원료인 샷포로산 덴사이의 품질 불량에 대해서는 이미 정부·관청에 고용된 외국인들이 경고한 대로였다. 부진에 빠진 회사 사내에서는 항쟁이 일어나고, 차기 사장과 간부가 주권(株券) 위조 혐의로 수감되어 신문 지면을 장식하는 사태가 되었다.

한편 이 무렵 도쿄에서는 제국 의회가 시작되자마자 의원 수가 우세한 민당(民黨)이 번벌(藩閥) 정부를 격렬하게 추궁하고 있었다. 이듬해인 1891년 제국 의회 제2의회의 예산위원회에서 민당이 이전부터 이권(利權) 획득과 부실 경영으로 비난받던 홋카이도 사쓰마벌 고관들을 거론하며 '제당회사의 난맥상'을 추궁했다. 스캔들은 번벌을 동요시켰고 사쓰마벌 고관들이 홋카이도청에서 일소되었다. '최후의 사쓰마벌'로 불린 하시구치 분조도 같은 해 홋카이도청 제2부장과 샷포로농학교 교장을 모두 사직하고 샷포로제당회사는 1901년 도산한다. 이에 따라 남부 번 출신으로 삿초(薩長, 사쓰마와 조슈의 통칭)벌이 아닌 사토 쇼스케가 그 뒤를 이어 삿포로농학교 교장 대리에 취임했다. 삿포로제당회사 건물은 그 후 매각되고 현재 삿포로 맥주원(麥酒園)과 맥주 박물관으로 당시 모습 그대로 개수·보존되어 그 호장함을 엿볼 수 있다.

이 제4대 교장의 사직 사건은 현재도 『홋카이도대백년사(北大百年史)』, 『홋카이도대백이십오년사(北大百二十五年史)』 등의 대학사에 전혀 기록이 없다. 하시구치 교장의 재임 기간은 1888년 12월부터 1891년 8월까지 3년 미만이지만, 식산흥업 노선을 추진하고 삿포로와 유바리(夕張)에서 삿포로농학교의 지주제 농장을 설정하는 등 학교의 방향 전환을 시도한, 대학사에서 중요한 위치를 차지하는 교장이었다.

이때 나에보에서 지주 경영을 하던 사토 쇼스케 교장 대리는 1891년의 논설 「홋카이도농업지진보」에 "지금 홋카이도에서 대농을 진작시키기 위해서는 농학교 졸업생이 관리하는 것이 적합하다"고 써서 학생에게 대농 경영을 장려한다. 이는 하시구치 교장 등 사쓰마벌 고관이 추진한 대자본, 대지주 경영 노선을 계승할 뿐 아니라 그보다 한발 더 나아간 논리라고 할 수 있다.

사쓰마벌 정부 고관이었던 아리시마 다케시(有島武)의 아들, 아리시마 다케로(有島武郎)가 니세코무라의 대토지(아리시마 농장) 약 288정보를 매입한 것은 1899년이고, 다케로 명의로 변경한 것이 1908년이다. 아리시마 농장은 사쓰마벌의 특권에서 유래하는데, 이 무렵부터 사토 마사지로 등 많은 삿포로농학교 졸업생이 대토지를 매입했으며, 사토 교장도 마찬가지로 대지주 경영의 길을 걸었다.

사토 마사지로는 도한 2년 전인 1904년, 1년 지원병을 마친 직후, 삿포로에 인접한 이시카리 군 도베쓰무라에 100만 평, 320정보라는 광대한 목장지를 매입했다. 사토 마사지로가 조선에 건너간 후에는 부친 쇼고로 (庄五郎)가 경영했다.

2. 아이누 민족에 대한 차별

아이누 민족의 공유재산 ━━━━━

샷포로제당회사와 홋카이도제마회사의 부실 경영 사건에서 언급할 필요가 있는 것은 아이누 민족 입장에서 중요한 의미를 가졌던 공유재산 분쟁이다. 또 샷포로농학교가 이 분쟁과 어떤 관계가 있는가 하는 점이다. 30년 이상 정부와 아이누 민족의 분쟁이 계속된 '아이누 민족 공유재산 분쟁'의 개요를 필요한 범위 내에서 설명해 보자.

메이지유신 이후, 개척사 시대 초기에 아이누 민족은 공동어업과 하사금 등으로 민족 공유재산을 축적했다. 화인(和人, 일본인)의 입식(入植)이 늦었던 도카치(十勝) 지방에서 아이누 민족은 메이지기 초기에 공유어장과 공동어업으로 모은 현금 등 총액 5만 엔, 오늘날로 보면 억 단위의 공유재산을 축적했다. 이 정도의 큰 재산을 축적할 수 있었던 것은 근세부터 근대 초기에 걸쳐 '아이누모시리(조용한 대지)'를 완전히 빼앗기기까지 아이누 민족이 막부나 마쓰마에 번(松前藩)의 압제를 받으면서도 아이누 민족 자신의 표현을 빌리면 화인의 손이 미치지 않은 내륙을 중심으로 '민족의 주체성을 유지'했기 때문이다(홋카이도 아이누 협회[홋카이도 우타리 협회의 2009년 개칭]의 아이누 신법(新法) 원안, 1984). 도카치 아이누 민족은 그림 E와 같이 오쓰가와(大津川, 현 도카치가와[十勝川])의 가장 좋은 어장을 민족 공동으로 소유했다.

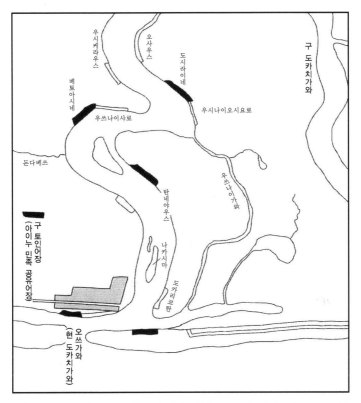

E 「도카치 외 4군(十勝外四郡) 토인 관계 서류(土人関係書類)」에 기록된 1900년
현재의 아이누 민족 공유어장(漁場)

그러나 아이누 민족 공유재산은 관리 위탁을 맡은 개척사나 삿포로
현 등 관리의 부정과 난잡한 운용, 도난 사건 등으로 계속 감액되었다. 그
중에서도 특히 문제가 있었던 것은 홋카이도청이 발족한 이후(도청 시대)
도청의 관리였다.

사쓰마벌의 이사관들이 홋카이도제마회사와 삿포로제당회사라는
어용회사를 설립했을 때 도청 이사관들이 위탁 관리하던 많은 아이누 민
족 공유재산이 두 어용회사의 주권으로 바뀌었다. 앞에서 보았듯이 어

용회사는 곧 경영 부진에 빠졌다. 제국 의회 제2의회에서 민당이 '제당회사의 부실 경영'을 추궁한 것은 앞에서 언급한 대로다. 또한 신문에서는 "은사금을 갖고 거래하려고 시도한 이사관이 있다"고 지탄하기도 했다. 아이누 민족 공유재산에 궁내성이 하사한 은사금이 포함되었기 때문에 이와 같이 비판한 것이다. 홋카이도 각지의 아이누 민족이 큰 피해를 입었다. 가령 히다카(日高) 아이누 민족의 예를 보자. 그들은 우라카와(浦河), 사마니(樣似)에서 원래 강력했고 어업조합으로 공영조합(共榮組合)을 구성했다. 그러나 이 공영조합은 제당회사 주권이 완전히 가치를 상실함에 따라 큰 경제적 피해를 입고 조합을 해산하게 되었다.

아이누 민족 공동재산을 어용회사의 주권으로 바꾸면서 주권 명의인이 된 이사관은 바로 도청 제2부장으로 1888년부터 삿포로농학교 교장을 겸임하던 하시구치 분조였다. 다른 사쓰마벌 고관들이 모두 일소된 것처럼 하시구치도 1891년 제2부장과 삿포로농학교 교장을 사임했다. 그때 학교 간사로 교장을 보좌하던 사토 쇼스케가 삿포로농학교 교장 대리로 취임했다.

이듬해 1892년 도카치 아이누 민족은 아이누 정책의 악폐에 관해 관을 대상으로 여러 차례 청원했다. 이해에 여론은 사쓰마벌을 거세게 지탄했다. 히다카의 비라토리(平取)에 살던 영국 선교사이자 아이누 연구가인 버첼러가 개최한 '아이누 연설회'에 아이누 민족이 등장했고, 이 연설회는 삿포로에서 400명, 도쿄와 오사카에서 약 1000명의 청중을 모았다.

이 아이누 민족 공동재산 분쟁을 연구한 사람 중 홋카이도제국대학의 다카쿠라 신이치로(高倉新一郎)가 있다. 다카쿠라는 아이누 민족사 전문가이며 홋카이도제국대학에서 식민학을 계승한 사람이다. 다카쿠라는 1942년에 간행한 『아이누 정책사』에서 한 페이지에 걸쳐 이 분쟁을 서술하고 도청 고관들이 아이누 민족 공동재산을 도청 어용회사 주식에 투자한 데 관해, "나중에 다시 이(아이누 민족 공동재산)를 다른 어용회사의 주식으로 전환한 것 등은 분명히 자금 유용이라고 할 수 있다(485쪽)"고 관측을 비판했다. 전시하에 간행된 다카쿠라 신이치로의 아이누 민족사 서술이 오늘날에도 일정한 평가를 받는 것은 이유가 있다.

그러나 전시하에서 전후로 시대가 바뀌었는데도 『아이누 정책사』와 그 이후의 저작에서 다카쿠라 신이치로가 결코 말하지 않은 사실이 두 가지 있다.

다카쿠라는 「홋카이도 토인(土人) 진술서」라는 관 측 자료에 수록된 홋카이도청 장관의 변명에 의거하여 공동재산 분쟁에 관해 서술했다. 「홋카이도 토인 진술서」의 중심 내용은 1895년 히다카 사루(沙流) 아이누 민족 상롯테가 상경하여 제국 의회에 공동재산 문제를 포함한 관의 아이누 정책의 악폐를 진정한 것에 대해 홋카이도청 장관이 제국 의회에 보낸 변명서다. 특히 문제가 되는 것은 다음 인용에서 보듯이 홋카이도청 장관이 아이누 민족 공동재산의 관리에 관해 변명한 부분이다. "메이지 19년(1886년), 폐현치청(廢県置廳, 홋카이도청 설치) 이후에는 본청이 직접적인 관리를 그만두고, 본청 관리라는 개인 자격으로 전(前) 이사관 하시구치 분조가 관리를 맡았다."며 장관이 고관의 직책과 이름을 명시한 것이다.

그러나 다카쿠라 신이치로는 『아이누 정책사』에서 아이누 민족 공동재산 분쟁의 경과를 설명하는 부분에서 홋카이도청 장관이 스스로 지적하는 "전 이사관 하시구치 분조가 관리를 맡았다"는 내용을 기술하지 않았다.

덧붙여 지적하면, 장관의 변명에서 "전 이사관 하시구치 분조"는 하시구치가 현직 이사관이 아니라고 해석될 수 있지만, 이것은 장관이 사실을 모호하게 말한 것이다. 하시구치 분조가 공동재산을 관리하던 당시는 사직하기 이전이고, 현직 이사관이자 공동재산을 관리한 홋카이도청 제2부장 겸 삿포로농학교 교장이라는 공직자였다. 그 의미에서 하시구치 분조와 아이누 민족 공동재산의 관련성은 분쟁의 책임 소재를 묻는 요체가 된다. 하시구치 분조는 다카쿠라가 근무한 홋카이도제국대학의 전신인 삿포로농학교의 제4대 교장이기도 했다. 전후, 아이누사의 권위자로 아이누 민족에 관한 공적 활동에 항상 관계했던 다카쿠라는 하시구치 분조를 개척공로자로 현창하는 글을 여러 차례 썼다. 그는 아이누 민족 공동재산 분쟁에서 당연히 책임자로 거론해야 할 삿포로농학교의 사쓰마벌 제4대 교장 하시구치에 관해 전후에도 한 마디도 얘기하지 않았다.

거기에 그치지 않는다. 다카쿠라가 말하지 않은 아이누 민족사의 중요한 역사적 사실이 있다.

아이누 민족의 자치자영운동 ———

제국 의회에서 '제당회사의 부실 경영'을 추궁하고 하시구치 분조가 사직한 이듬해인 1892년, 도카치 아이누 312호(戶)는 아이누 민족 총회를 종종 개최했다. 『홋카이도마이니치신문』 2월 6일 자에 따르면, 도카치 아이누는 전호(全戶)가 '구(舊) 토인총회'에 모여 오쓰초(大津町)의 오쓰 구라노스케(大津藏之助, 화인)를 대리인으로 뽑아 구시로 군장에게 악폐를 호소하는 청원서를 냈다.

다수의 청원서는 「도카치 외 4군 토인 관계 서류」라는 부책에 포함되어 홋카이도대학 부속 도서관 북방자료실에 보존되어 있다. 청원서의 요점은 "우리 아이누는 상당한 재산(아이누 민족 공동재산)이 있는데도 압제를 받고, (관청의) 속박 하에 신음하며 자영생활의 길(아이누 민족의 공동어업)이 저해되어, 중죄인에 대해 치산(治産)을 금하는 것이나 마찬가지다", "금년 복어(鮭) 잡이 시기를 놓치면 (도카치 아이누 민족) 312호는 실업으로 고통받고 설중(雪中)에 아사(餓死)를 면할 수 없다"는 내용이다. 아이누 민족의 민족운동은 끈질기게 계속되어 이듬해인 1893년 도카치 외 4군의 '고민재산관리법(古民財産管理法)'으로 결실을 맺었다. 군장(郡長)이 공동재산을 관리한다는 기본 방침에는 변화가 없었지만 장부 규칙의 제정, 아이누 민족에게 의무적으로 보고(報告)할 것 등 관의 관리 방식이 개선될 여지가 생겼다.

획기적인 것은 이듬해인 1894년 도카치 아이누 민족 가운데 나카가와 군의 아이누 민족 135호가 관에서 공동재산을 돌려받아 '재산보관조합'을 만든 것이다. 그야말로 아이누 민족 자신의 자치자영조합이었다. '1894년'이라는 연도 역시 주목하고 싶다.

7월 13일, 나카가와 군 아이누 총대(總代) 22명이 지롯토무라(白人村) 코탄[15]에 모여 조합 결성을 결의하고 8월 22일, 동군 아이누 민족 135호 전체가 결의서에 날인했다.

조합 규약에 따르면 공동재산 대장(臺帳)을 "언제라도 열람할 수 있"고, 역원으로는 총대인(總代人), 취체역, 조두(組頭, 전통적 호칭으로 오테나라고도 불렸다), 화인 '고원(雇員)'을 두고 조합 사무를 담당하게 했다. 화인

---

15 코탄은 아이누어로 마을이라는 뜻.

우쓰미 유타로(內海勇太郞)가 고원으로 취임하고 우쓰미는 지롯토무라 아이누 코탄에 평생 살았다. 아이누 역원은 무급이고 화인 고원에게는 규정 내의 급료를 지급했다. 공용출장비도 결정되었다(「토인관계요서철입〔土人関係要書綴込〕」). 병원 치료비나 약대, 호수 할당 등의 지방세는 각 호분(戶分)을 조합이 전액 일괄 지급했다. 이에 관한 영수증과 지불 전표가 「관서 관계 서류(官署関係書類)」로 단정하게 철해져서 보존되었다. 이들 원본은 화인 고원 우쓰미 유타로와 에카시(장로)인 요시다 기쿠타로(吉田菊太郞)의 유지에 따라 마쿠베쓰초(幕別町)에서 소중히 전래되다가 최근 아이누 민족 근대사 연구자, 고스케가와 가쓰요시(小助川勝義) 씨, 오가와 마사히토(小川正人) 씨, 야마다 신이치(山田伸一) 씨 등에 의해 정리되었다. 『요시다 기쿠타로 자료 목록』도 간행되어 덕분에 나도 열람할 수 있었다(마쿠베쓰초 교육위원회, 1998).

가령 조합이 호수 할당 지방세를 일괄적으로 지불하는 것이 얼마나 중요했을까. 나카무라 가즈에(中村一枝) 씨가 『나가쿠보 히데지로(永久保秀二郞) 연구』에서 구시로의 사례를 소개했듯이 호수할당세는 소액이지만 홋카이도에서는 세금 체납으로 신문에 파산 공고를 게재한 아이누 민족이 많았다. '재산보관조합'은 아이누 민족이 관의 '속박'에서 벗어나 자치와 상호부조 활동을 하는 아이누 민족 조합의 성격을 띠었다. 1895년 1월 '재산대예도장(財産貸預渡帳)'을 만들면서 조합이 실질적으로 운용되기 시작했다.

아이누 민족의 자치자영운동은 지금까지 알려지지 않았다. 나로서는 그것이 놀라웠고 도카치 아이누 민족의 조합이 만들어지는 시기에도 주목했다.

위에서 설명했듯이 나카가와 군 아이누 민족 22명의 총대가 지롯토 무라에서 조합 결성을 결의한 것이 1894년 7월 13일, 전체 135호가 결의서에 날인한 것이 8월 22일이었다. 이 사이에 해당하는 7월 23일 일본군의 조선왕궁 무력점령사건이 일어나고 청일전쟁이 시작되었다.

1895년 1월 나카가와 군 아이누 민족 조합의 운용이 시작되었는데, 바로 그 시기에 히다카 사루 아이누 민족 상롯테가 상경하여 제국 의회에서 홋카이도 전역에서 벌어지는 아이누 정책의 악폐를 열거하며 진정했다. 그 중심 내용 중 하나는 도카치 아이누 민족의 공동재산 문제였다. 홋카이도청 장관은 방대한 자료가 첨부된 변명서를 제국 의회에 내야 했다. 또한 아이누 연설회가 열려 홋카이도뿐만 아니라 도쿄나 게이한신 (京阪神) 지구에서도 많은 청중을 모으고 있었다.

제국 의회에 히다카 아이누 민족이 진정한 것은 도카치 아이누 민족의 자치자영운동에 대한, 말하자면 '원호 사격'이기도 했다. 히다카 아이누 민족이 웅대한 히다카산맥 저쪽(동쪽)의 도카치 아이누 민족의 운동을 원조하는 모습을 보면, 나카가와 군 아이누 민족의 자치자영운동은 민족운동으로서 도카치 뿐만 아니라 전 홋카이도로 발전하는 확실한 맹아를 잉태하고 있었다고 나는 생각한다.

이 시기 눈을 동아시아로 돌리면 일본의 혼슈를 중심으로 중국 동북부까지 일본군이 침입한 청일전쟁, 이어 한반도 전역에 불길이 번진 동학농민전쟁, 그리고 일본 열도 북쪽 끝, 홋카이도의 작지만 기세를 보이기 시작한 아이누 민족의 민족운동이 똑같이 1894, 1895년에 겹쳐 일어났다. 한반도에서는 1895년 1월 동학농민군이 구석으로 몰리면서도 장흥이나 보은군 종곡 북실촌에서 싸우고 있었다.

아이누 민족 운동의 전개 ━━━━

도카치 나카가와 군 아이누 민족의 민족운동은 이후 어떻게 전개되었을까.

이듬해인 1896년 나카가와 군 아이누 재산보관조합의 아이누 민족은 전호가 '개간(開墾) 예성시'의 가(假)불하를 청원하여 아이누 민족의 '영구 소유'를 요청했다. 나쁜 땅이 부여되는 경우 희망지의 그림 도면을 첨부하여 땅을 교체하도록 청원하기도 했다. 실무는 화인 고원 우쓰미 유타로가 담당했다. 이는 아이누 민족이 주체가 된 아이누 민족의 자치 자영운동이고 또한 스스로 농업민이 될 것을 목표로 한 운동이었다.

2년 뒤인 1898년 간행된 『홋카이도식민상황보문(北海道殖民状況報文) 도카치구니(十勝国)』는 관의 조사라는 점에서 한계가 있지만 도카치 나카가와 군 아이누 민족의 상황에 관해 주목할 만한 사실을 보고했다. 프라오(서양식 쟁기), 하로(쇄토기〔碎土機〕)를 가진 아이누가 다수 있고, 이미 4정보 내외의 땅을 개간하고 2, 3정보를 개간하는 자도 적지 않은 상황이었다. 또한 1정 5반보나 2정보 정도의 영세농으로 "개간과 경종(耕種)에 열심"인 아이누 민족도 많이 있다고 보도되었다. 부유한 아이누 민족 소브토이에게 프라오나 하로를 빌려 쓰는 영세농 아이누 민족들도 있었다.

프라오, 하로는 미국에서 가져온 대규모 농업용 마경(馬耕) 농기구다. 2011년 재야 시민단체 '오쓰·도카치학회'에 초대받아 오비히로 시(帯広市)에서 강연을 했을 때, 도카치의 향토사가들이 당시 도카치에 이주한 화인농장에서도 프라오나 하로는 쉽게 도입할 수 없는 농기구였다고 말씀해 주었다. 또한 지금도 현지에서는 소브토이, 우쓰미 유타로 등을 기억한다고 했다.

아이누 민족은 화인 고원까지 합세하여 관에 대한 결속된 투쟁을 계속하며 근대 농업이라는 문명에도 유연한 대응을 시작하고 있었다.

굴욕적인 민족차별법 ━━━

일본 정부는 『홋카이도식민상황보문(北海道殖民狀況報文, 1901 간행)』의 조사가 진행된 것과 같은 해인 1898년, 홋카이도국유미개지처분법을 발포하고 매각 면적 상한을 1인당 150만 평(500정보) 및 그 이상으로 면적을 크게 넓혔다. 홋카이도에는 거대한 부재 지주 소작 농장이 확립되었다.

이듬해인 1899년 홋카이도 구 토인보호법이 제정되었다. 아이누 민족이 1만 5천 평(5정보) 이내의 토지를 신청하면 무상으로 매입할 수 있게 되었다. 국유미개지처분법의 100분의 1이다. 더욱이 아이누 민족에 대해서는 동법 2조에서 전부터 소유하던 토지까지 포함하여 토지 양도나 저당권 설정을 장관의 허가제로 한다고 규정되었다. 보호법 공포 후 장관이 양도 신청 심사를 실제로 일일이 실행한 데 관해서는 야마다 신이치 씨가 연구 논문 「'홋카이도 구 토인보호법'에 따른 기소유지의 소유권 제한─제2조 제3항의 적용 사례」에서 밝혔다. 이는 아이누 민족이 전부터 갖고 있던 토지소유권에 대한 제한이고 중대한 인권 침해였다.

이 소유권 침해가 얼마나 중대한지, 당시 아이누 민족 측에 있던 화인이 언론을 통해 호소했다.

1899년 2월 3일 자 『홋카이도마이니치신문』은 쓰이시카리(对雁, 현 에베쓰시〔江別市〕) 아이누 민족 조합장이던 화인 우에노 쇼(上野正)가 제국 의회에서 심의 중인 보호 법안을 비판한 장문의 담화를 게재했다. 그는 관을 사직하고 조합장에 취임한 인물로, 비판의 요점은 다음과 같았다.

첫째, 현재 개간할 때나 사업(어업)할 때 영세한 아이누 민족이라도 금융을 사용한다. 화인이라도 보호 법안처럼 금융이 장관의 허가제가 된다면 금주(金主)의 경계로 인해 금융이 막히고 '도산자'가 줄지어 속출할 것이라고 지적했다. 둘째, 보호 법안에서 홋카이도청 장관과 내무대신은 아이누 민족 공동재산을 장관 관리로 '지정'하여 장관이 '관리', '처분'할 수 있다고 하는데, 이는 보호를 명목으로 공동재산 관리의 전권을 아이누 민족으로부터 박탈하는 것이라고 지적했다. 우에노는 보호 법안 전체가 아이누 민족을 "금치산자처럼 취급하여 자기 의지의 자유를 속박"하고 "발달을 막는" 것이며 아이누 민족 "전멸법"이라고 비판했다. 그러나 이 보호법은 제국 의회를 통과하여 성립했다.

3년 후인 1902년, 홋카이도청 장관은 도카치 아이누 민족의 공유재산을 관리재산으로 지정했다. 보호법 제정 후 3년이 지난 때이며, 이미 경영이 악화된 삿포로제당회사가 도산하고 주식이 휴지 조각이 되어 주권(株券) 문제가 청산된 이듬해에 이루어진 일이다. 이로 인해 도카치 아이누 민족의 자치자영조합은 해산되었다.

국가의 법안 제안 이유 설명에서는 "아이누는 무지몽매한 인종이며 지식이 유치하고 이익이 내지인에게 점유, 박탈되어, 보호가 필요하다. 황화(皇化)를 입게 된 것이 일천(日淺)하고 지식 계발의 정도도 매우 낮다. 날로 생활 방도를 잃고 허무하게 동사(凍死)를 기다릴 수밖에 없다고 보인다"고 서술한다. 아이누 민족이 '무지몽매', '지식이 유치', '동사를 기다릴 수밖에 없는' 민족이라면서, 그 실태에 대해서는 간과하는 멸시관을 보인다.

더욱이 제안 설명을 한 정부위원 시라니 다케시(白仁武)는 1892년 도카치 아이누 민족 청원운동 때 군장의 요청으로 도청 참사관으로서 대책을 강구하기 위해 분쟁 현지를 시찰한 바 있었다. 시라니는 아이누 민족이 '무지몽매'하지도 않고 '지식이 유치'하지도 않으며, 분투하는 민족이라는 것을 알고 있었다. 시라니는 아이누 민족의 분투를 무시하고 '무지몽매'하고 '죽음을 기다릴 뿐'인 무능한 민족이라고 거짓말하고 그들의 모든 권리와 자치자영권을 빼앗은 것이다.

다카쿠라 신이치로는 『이이누정책사』의 공동재산 문제를 서술하며 그 가운데 '고민(古民)재산관리법'이나 '재산보호법'의 명칭을 언급하고, 내용에 대해서는 한마디도 언급하지 않았다. 또한 "우리 아이누(청원서 원문에는 "오등[吾等] 구 토인[舊土人]")"라고 거듭 호소하는 아이누 민족 자신의 민족운동 사료에 관해서는 다카쿠라 자신이 대학부속 도서관에 넣은 사료임에도 불구하고 눈을 돌리지 않았다. 그러고는 아이누 민족을 소멸해 가는 민족이라고 서술하여 보호법이 당시로서는 타당한 법이었다고 정당화했다.

1931년 청년 시대의 가이자와 다다시(貝沢正, 1912~1992)[16]는 다음과 같이 서술했다. "현행 보호법은 우리의 향상을 저해하고 경제생활의 진보를 저해하는 것이라 생각되며, 하루속히 철폐하도록 희망하는 바입니다(「토인보호시설 개정에 관해」, 『아이누 우리 인생』)." 이 글은 보호법이 아이누 민족을 속박하고 그들의 진보를 가로막고 있다고 호소했다.

---

16 홋카이도에서 아이누인 부친과 화인 모친 사이에서 출생. 비라토리초(平取町) 정회의원과 홋카이도 우타리 협회 부이사장을 지냈다.

1892년의 도카치 아이누 민족의 청원, 1894, 1895년의 나카가와 군 아이누 민족 조합의 결성, 1899년 우에노 다다시(화인)의 보호 법안 비판, 1931년 가이자와 다다시의 보호법 비판, 국가와 홋카이도청의 아이누 정책에 대항하는 아이누 민족의 호소는 메이지 초기부터 일관되게 전개되었다. 그들은 금치산자로 간주되었고 자유를 속박당했으며 자치자영이 가로막혔다. 아이누 민족은 프라오, 하로를 손에 넣고 말을 사육하며 공동재산이라는 자금이 있고 더욱이 재산보관조합이라는 자치와 상호부조의 민족 조직도 만들었다. 도카치나 히다카에서 이 운동을 원호하는 움직임도 있었다. 이 점에서는 화인에게 손색이 없었다. 아이누 민족은 종전의 소유지에서도 소유권의 중대한 제한을 받았고, 기본적 권리를 침해당했다. '보호민' 취급까지 포함하여 아이누 민족은 '모든 것을 수탈당하는' 상태였다.

그렇다면 전후 1972년, 아이누 민족의 장로(長老)가 된 가이자와 다다시가 다음과 같이 격렬하게 표현한 분노를 잘 이해할 수 있다. "가장 무지몽매하고 비문명적인 민족에게 지배를 당한 지 300년…… 아마 세계 식민 역사상 유례없는 악학비도(惡虐非道)가 아닐까 생각한다. 아이누는 '구 토인보호법'이라는 악법의 그늘 속에서 모든 것을 수탈당했다(「노〔老〕아이누가 걸은 작은 길」, 『아이누 나의 인생』)." 아이누는 모든 것을 빼앗기고 무지몽매한 보호민으로 취급을 받았다. 보호민이 되어 민족의 존엄을 빼앗겼다. "가장 무지몽매하고 비문명적 민족"이라는 가이자와 다다시의 말은 화인 당국자와 학자를 향한 것이라고 생각한다.

1891년에 사직한 하시구치 분조 등 사쓰마벌 고관들 다수는 홋카이도의 거대한 부재 기생 지주였다. 하시구치 분조는 1895년 청일전쟁 중대만에 육군성 고원으로 종군하고 대만총독부의 초대 식산부장으로 취임하여 재기했다. 대만 선주민의 땅에서 장뇌(樟腦) 전매제(專賣制)에 손을 뻗치고 삿포로농학교 졸업생이며 홋카이도청 기사인 야나기모토 미치요시(柳本通義, 제1기생) 등을 대만에 불러들였다.

니토베 이나조는 몇 년 뒤인 1901년 대만총독부에 들어가 대만당업(臺灣糖業)을 경영하여 성공함으로써 명성을 얻었다. 니토베를 뒷받침한 것은 삿포로농학교 졸업생인 기사들이었다. 중심이 된 것은 임시대만당무국(糖務局) 대남(臺南)지국 국장으로 일한 삿포로농학교 제3기생 호리 무네카즈였다. 호리 무네카즈는 앞에서 언급한 사쓰마벌 고관 호리 모토이의 조카이며, 난맥 경영으로 도산한 도청 어용회사 삿포로제당회사의 사장과 기사장(技師長)을 역임했다. 대만 이후에도 조선이나 '만주'의 식민지 당업(糖業)에 관계하고 만년에 『최신실용첨채재배법(最新實用甛菜栽培法)』 등을 간행했다. 이 책의 서문을 쓴 고토 신페이에 따르면, 대만당업의 '입안·계획'은 니토베가 하고, '실행'은 '저자 자신'인 호리 무네카즈가 했으며, "왕년에 홋카이도에서 일어난 실패의 역사는 이제 세인의 기억에 없다"고 했다. 이때 호리 무네카즈는 이미 만년이었다. '홋카이도에서의 실패'는 고토가 일부러 추상적으로 썼다고 생각되지만, 니토베 이나조는 솔직하게 같은 책의 서문에 "삿포로제당회사 경영이 실패"했다고 적었다. '홋카이도에서의 실패'는 호리에게 평생 들러붙어 있었다. 하시구치 분조나 호리 무네카즈의 '홋카이도에서의 실패'가 대만 식민지 경영과 접속되었다. 홋카이도는 일본 제국이 동북아시아로 비약하는 '일대 시험장'이기도 했다.

3. 사토 쇼스케·니토베 이나조·사코 쓰네아키의 식민론

사토 쇼스케 식민학 강의 노트 ────

1891년 제4대 교장이 사직한 참담한 사건을 볼 때, 삿포로농학교를 실업학교로 격하시키자는 의견이 나온 것도 당연한 일이다.

제4대 교장의 사직 사건은 사토 쇼스케 교장의 식민학 강의에도 확실히 그림자를 드리우고 있었다.

현재 홋카이도대학 대학문서관에는 사토 쇼스케 교장의 식민학 강의 노트 두 권이 보존되어 있다. 하나는 1891년 사토 교장의 자필 강의 노트 「식민사 강의(殖民史講義)」고, 또 하나는 학생이었던 한자와 준의 1900년 수강 노트, 「식민론(殖民論)」이다. 한자와는 제19기생으로 사토 마사지로, 아리시마 다케로와 동기생이며, 나중에 농학교 식물병리학·응용균학(應用菌學) 교수가 되었다.

먼저 전자, 가장 초기에 속하는 식민학 강의 노트부터 보자. 표지에는 「식민사 강의」라고 쓰여 있고, 사토 쇼스케 자신이 묵서(墨書)한 강의 노트다.

나는 이 쾌지 85매의 노트를 해독하고 「사토 쇼스케 '식민론' 초기 강의 노트」를 통해 『문학연구과 기요』에 4회 연재하며 전문을 게재했다. 그런데 달필의 초서체로 쓰인 영문 어구를 해독하는 데 어려움을 겪었다. '본국에서 식민지의 상업상 관계' 부분의 묵서 영문에 대해서는 문자를 해독할 수 없었다.

그러나 해독은 가능했다. 사토 쇼스케는 H. 메리벨의 저서, 『식민지화와 식민지에 관한 강의』 문장을 그대로 인용했다. 영국 근대사를 연구하는 대학 동료 하세가와 다카히코(長谷川貴彦) 씨와 함께 대학 부속 도서관 귀중서고의 사토 쇼스케 문고에 들어가 메리벨의 두 권짜리 책에서 제7강 '식민지와의 무역과 식민지 시스템에 관해'의 해당 원문을 금세 찾았다. 손에 잡으니 사토 쇼스케 장서에 포함된 두 권짜리 책은 뒤표지가 닳을 정도로 낡아 있었다. 최대의 난관이었던 묵서 영문은 이 원서를 통해 "이 건에 관해서는 M´Culloch의 주석이 있으며, 'On the Rate of Profit & C´Trade'에 관해 보아야 한다"고 해독할 수 있었다.

강의 내용은 식민지 노동력 문제, 토지매각 문제 등 식민지 현지의 정책론이다. 강의 노트 전 23장의 구성은 앞으로 비교 검토할 필요가 있지만, 메리벨의 두 권짜리 책, 전 22강(講)의 장 구성과 지극히 유사하다. 메리벨은 대영제국 인도 식민성 관료로 전형적인 제국주의 식민학자였다.

초기 강의 노트에서 알 수 있는 것은 사토 쇼스케가 뉴질랜드 선주민족의 토지 10분의 1 보류법이나 미국 인디안 보호법 등을 상세히 강의한 사실이다. 이는 사토 쇼스케의 초기 강의 노트의 제16장 「식민지 정부의 토번(土蕃)에 대한 정략(政略)」에 기록되었다. 또한 거듭 주목해야 할 것은 강의 노트의 장(章) 제목이 메리벨의 제18강 「식민지 정부의 선주민에 대한 정책 – 보호와 문명화의 관점에서」와 완전히 똑같다는 점이다. 사토 쇼스케는 구미의 선주민족에 대한 절멸 정책·융합 정책·혼합 정책(동화 정책)의 차이도 강의했다. 당시의 선주민족 정책에 관한 최신 지식이었다.

이를 강의한 1891년은 마침 홋카이도 사쓰마벌 고관들의 '제당회사의 부실 경영'이 제국 의회에서 추궁을 당하고 제4대 교장 하시구치 분조가 교장을 사직했으며 사토가 농학교 교장 대리로 취임한 해다.

또 다른 노트인 1900년도의 제19기생 한자와 준의 수강 노트를 보면, 위와 같은 선주민족 문제에 관한 장이 소멸되었음을 알 수 있다. 이 1900년은 문제의 홋카이도 구 토인보호법이 제정된 이듬해다. 당시 이처럼 선주민족 문제가 빠진 식민학 강의를 사토 마사지로나 아리시마 다케로 등 한자와의 동기생도 들었다. 사토 교장은 식민 정책과 농업 문제에 관한 논설과 논문을 다수 썼는데 내가 읽은 범위에서 사토 교장은 그 후 아이누 민족 문제를 한 번도 언급한 적이 없다.

사토 쇼스케의 다음 세대에 속하는 식민학자 다카쿠라 신이치로가 『아이누 정책사』에서 하시구치 분조 교장과 삿포로제당회사 부실 경영 사건에 대한 언급을 의식적으로 피한 것은 앞에서 소개했다. 이와 같이 사쓰마벌 제4대 교장 하시구치 분조의 아이누 민족사와 깊이 관련된 사직 사건은 삿포로농학교에서 두꺼운 베일에 싸여 금기시되고 숨겨졌다. 현재까지도 그렇다. 홋카이도대학의 대학사는 하시구치 교장 사직 사건을 정면으로 마주할 필요가 있다.

니토베 이나조의 식민학 ━━━━

다음으로 삿포로농학교 제2기생 출신의 삿포로농학교 교관으로 사토 쇼스케와 함께 식민학 강의를 담당한 니토베 이나조를 보자. 그는 나중에 고토 신페이의 초청을 받아 대만총독부에 들어갔고 도쿄제국대학에서도 식민학을 강의했다. 또한 그는 조선 민족에 관해 잘 알려진 명문을 썼으며, 아이누 민족에 관해서도 짧고 명쾌한 문장으로 언급했다.

구미의 식민학은 문명국인 구미가 미개한 아시아의 식민지에 대해 '문명을 전파한다'는 입장에서 식민을 '문명화의 사명'이라고 했다. 앞에서 소개했듯이 니토베도 "식민은 문명의 전파다."라는 문장으로 강의록을 끝맺는다. 이것이 당시 일본 식민학의 주류적 입장으로 구미의 예를 충실히 따르고 있었다.

니토베 이나조처럼 '문명의 전파'라는 입장을 취하려면 스스로 문명이어야 한다. 그에 대해 사토 쇼스케의 식민학은 '일본 농업의 병근'론이었으므로 이러한 '문명의 전파'라는 입장을 취할 수 없었다. 사토 쇼스케 교장은 홋코쿠(北国)의 대지주였다. 현실의 일본 농촌이 과소농에다가 청일·러일전 이후, 과중한 전비 부담으로 지주층조차 만성적인 피폐가 심화되고 있다는 인식이었다. 이와 비교하면 당시 니토베 식민학의 입각점을 잘 알 수 있다. 니토베는 도쿄라는 대도시에 살았고 만성적으로 심각한 피폐를 겪는 농촌과는 거리를 두고 각처에서 다음과 같이 주장했다. "구미 열강과 마찬가지로 식민지를 보유함으로써 일본은 문명국이 되었다. 그리고 지금 식민지에 문명을 전파하고 있다."

제1장에서도 소개했듯이 진도에서 동학농민군 유골 '채집' 사건이 일어난 1906년 9월 20일을 기점으로 한 달도 채 안 된 10월 중순, 니토베 이나조는 조선 서남부를 시찰하러 나섰다. 용무는 '면작·사탕 등 식부(植付)에 관한 조사'였다. 니토베 이나조는 임시대만당무국에서 당업 경영을 통해 대만 경영을 경제적으로 확립시킨 식민정책학자로 신망을 얻었다. 수원 권업모범장의 농업 기사와 함께 군산이나 전주의 일본인 지주들의 농황을 시찰하고 11월 6일, 문제의 목포로 향했다.

이때 니토베 이나조는 수원에서 영문 수상(隨想) 「망국(亡國)」, 군산 다음으로 시찰한 전주에서 다시 영문으로 「고사국(枯死國) 조선」을 썼다. 이듬해에는 이 두 편의 수상이 번역 출판되었다(사쿠라이 오손〔櫻井鴎村〕

역).「망국」,「고사국 조선」모두 같은 논지인데 여기에서는 전주에서 쓴
「고사국 조선」을 보자.

……(조선 농민은) 생활이 아카디아 풍으로 간박(簡朴)하다. 나는 천 년
의 옛적으로 신대(神代)의 옛날로 돌아가 사는 것 같은 느낌을 받는다. 흘긋
보는 많은 얼굴은 신(神)의 모습인가 하고 착각이 들 만큼 담백, 장엄, 단정하
다. 그러나 전혀 표상(表相)이 없다. 이 국민의 모습이라고 할지, 생활 상태라
고 할지 매우 온화, 박야(樸野), 원시적이고 그들은 제20세기, 과연 10세기의
백성이며, 아니 제1세기의 백성조차도 아니라 그들은 유사(有史) 전기(前紀)
에 속하는 자들이라.

한인 생활의 풍습은 죽음의 풍속이다. 그들의 민족적 생활의 기한은 끝
나가고 있다. 저들의 국민적 생활의 진로는 거의 지나가 버렸다. 죽음은 곧
이 반도를 지배한다.

니토베의 박식을 버무려 넣은 미문(美文)이다. 조선인은 "유사(有史)
전기(前紀)"의 백성이고 "그들의 민족적 생활의 기한은 끝나가고 있다",
"죽음의 풍습"이라고 단언한다. 생략한 부분에서는 "원시적 인민"이면
서도 "야성적 기백(氣魄)"이 없다고도 썼다. 또 하나의 논설「망국」은 역
사라는 여신(女神)이 조선을 '망국'시킨다는 논리다. 얼핏 온정에 찬 논설
로 보이지만, '고사국'으로 묘사된 민족 편에 서는 상상력이 필요하다고
나는 생각한다.

군산은 일본인 지주의 토지 취득이 가장 격심했던 지역이고 조선 농
민의 저항도 거셌다. 현지 시찰에 동행한 일본인 지주, 나카니시(中西) 농

장에서는 니토베가 방문하기 전인 2월, 농장에서 일하는 조선인 소작인 수십 명이 전부 참여한 폭동이 일어났다(『군산농사월보』 5호).

"나는 차를 타고 전주의 들을 지난다"고 「고사국 조선」에 썼듯이, 니토베는 인력거로 군산에서 전주로 직행했다. 도중에 익산이나 삼례를 통과한 것이 틀림없다. 익산, 삼례, 전주는 12년 전, 동학농민군 봉기의 거점이 된 곳이다. 전주는 동학농민군이 최초로 점령한 수부(首府)이고 동학농민전쟁의 첫째가는 기념지다. 전주가도에서는 수 세기도 아닌 불과 12년 전, 동학농민군과 일본군의 부대가 맞부딪쳐 죽창과 화승총, 무수한 깃발, 피리, 북과 함성, 그리고 라이플 총의 전투가 있었다. 동학농민군의 자치도 여러 형태로 전라도를 뒤덮었다. 유신 전후의 일본에는 등장하지 않은 본격적인 농민전쟁이었다. '유사(有史) 전기(前紀)'의 백성이라는 인식은 수상 「망국」에서 이렇게 표현되었다. "단지 배가 고프면, 결핍된 식량을 얻고자 준동(蠢動)할 뿐", "완전히 피로에 절어 아무런 위해를 가할 수 없는 인민을 책할 수 없다. 역사가 그 죄를 판정할 것이다." 나는 '유사 전기', 즉 '역사를 갖지 않은 백성'이란 니토베가 만들어낸, 죄악에 가까운 허상이라고 본다. 그 후 의병운동 등에서도 조선인 수만 명이 일본군이나 헌병과 싸웠다.

「고사국 조선」에서 니토베는 인력거 양옆으로 펼쳐지는 전주평야지대의 농촌을 묘사한다.

> 농부는 백의를 입고 만도(晚稻)를 베고, 낫을 들고 노래한다. 그들 중 다수는 흥겨운 박자로 농가 마당 위, 나무판에서 타작하고 낱알을 훑는다. …… 흰 잠방이를 입은 어린애는 일본인 여행객을 쳐다보고 눈을 크게 뜨며 놀란다.

이러한 묘사는 사실 당시의 일본 농촌과 다르지 않았다. 노래도 타작도 어린애도 그렇다. 어디가 '원시적'인가, 니토베는 '유사 전기'를 어디서 발견했을까. 제1장에서 소개한 전라도의 '초분'을 니토베는 끄집어낸다. 사체를 볕에 말리고 나중에 세골하는 동아시아에 널리 퍼져 있던 문화다(세골은 사자에 대한 최고의 외경〔畏敬〕이다). "길섶에서 행인의 발에 치이는", "(사체가) 일상적으로 눈에 익는다."라고 니토베는 말한다. "이와 같이 죽음과 밀접한 국민은 스스로 이미 반이상 죽은 것이다." 그리고 앞서 보았던 인용 부분의 첫머리로 이어진다. 이것이 「고사국 조선」의 구성이다. 인용문을 보면 전자의 죽음은 초분이라는 장법이고, 후자의 죽음은 민족의 망국이다. 양자는 '죽음'이라는 문자 이외에 아무런 공통점도 없다. 이러한 박식과 미문으로 멋을 부린, 비약된 억지 미사여구는 본래 니토베 이나조의 문장, 그리고 논설 「고사국 조선」의 비밀이다.

조선경제사 연구자인 다나카 신이치(田中愼一) 씨는 논문 「니토베 이나조와 조선」에서 1906년 니토베 이나조의 조선 시찰 경위를 소개했다. 조선을 보호국으로 만든 일본 통감부에는 이토 히로부미 통감의 방식보다 더 급진적으로 조선 병합과 지배로 돌진해야 한다고 보는 급진파가 있었다. 통감부 농상공부 총장 기우치 주시로(木内重四郎)가 그 중심인물로, 그가 니토베 이나조에게 도한을 의뢰했다. 다나카 씨에 따르면, 니토베 이나조는 이토 통감과 만나 일본 농민이 더 많이 이민해야 한다고 얘기했다. 이에 이토 통감은 조선 민족은 스스로 발전할 수 있는 민족이라면서 신중한 식민지화를 주장하고, 니토베 이나조의 급진식민론을 거부했다고 한다. 니토베 이나조는 비스마르크의 식민론까지 끌어와서 이토에게 설득을 시도했다. 1919년 니토베 이나조의 회고담에 따르면 기우치부장은 니토베 이나조에게 감사의 말을 했다고 한다(「이토공[伊藤公]」『新渡戶踏造全集 제5권』).

『조선신보』1906년 12월 13일 1면, 「니토베 이나조 박사의 한국담」은 니토베 이나조의 귀국 직후 담화로 니토베가 훗날 회고한 내용을 자세하게 뒷받침한다. 통감부의 기우치 주시로는 미쓰비시 창업자인 재벌의 친족(사위)으로 미래의 수상으로 촉망받기도 했으나 독직 사건으로 실각한 뒤 병사했다(바바 쓰네고[馬場恒吾]『기우치 주시로전』). 1906년 식민 정책학 학자 니토베 이나조가 통감부의 급진파 신진관료 세력의 의향에 따라 도한한 것은 이처럼 역사적 사실이다. 또한 이때 니토베 이나조가 「망국」이나 「고사국 조선」과 같은 수상을 쓴 배경도 볼 수 있다. 자력으로 발전할 수 없을 뿐 아니라 '망국', '민족적 생활의 기한이 끝나가고 있다', '반 이상 죽었다'는 극단적인 조선 민족상은 급진파의 즉시병합론을 지원하는 의미에서도 필요했던 것이다.

니토베 이나조가 아이누 민족에 대해 언급한 문장은 많지 않다. 그러나 언급한 경우 다음에서 보듯이 니토베 이나조의 주장은 명확했다. 1931년 만년의 논설을 보자(사토 마사히로[佐藤全弘] 역 「일본의 식민」『新渡戶踏造全集 제2권』).

　　……홋카이도의 식민이 큰 곤란을 수반하지 않았던 것은 원주민인 아이누 민족이 겁쟁이이고 소멸 직전의 민족이었기 때문이다.

니토베 이나조는 하시구치 교장이 사직한, 즉 사토 쇼스케가 교장 대리로 취임한 1891년 독일 유학에서 삿포로로 돌아와 1898년 보호법이 공포되기 바로 전해까지 삿포로농학교에서 교수를 역임했다. 아이누 민족이 민족운동을 했을 때도 삿포로에 있었고 사토 쇼스케와 함께 식민학 강의를 담당했다. '겁쟁이이고 소멸 직전의 민족'이라는 아이누 민족에 대한 시선은 「망국」이나 「고사국 조선」의 조선에 대한 주장과 일맥상통했다.

또한 니토베 이나조는 동학농민군에 관해서도 다음과 같이 말한다 (사토 마사히로 역 「일본」 『新渡戸蹈造全集 제18권』).

1893년 그리고 다시 이듬해에 '동학당'의 난이 일어났다. 이는 반동적 광신자 무리로 일체의 진보와 변화에 반대했다.

니토베 이나조는 만년의 논설에서도 아이누 민족의 자치자영의 운동이나 조합운동에 대해 정반대편에 섰다. '겁쟁이고 소멸 직전의 민족'이라는 아이누 민족에 대한 평가도 '반동적 광신자 무리'라는 동학농민군에 대한 평가도 학식자의 비평으로는 지나치게 혹독한 기술이었다고 할 수 있다.

사코 쓰네아키(酒匂常明)의 식민론 ————

다음으로 당시 제국대학과 농상무성 양자를 대표하는 고명한 관료가 조선 농업에 관한 의견을 어떻게 전개했는지 살펴보자.

1906년 당시 농상무성 농무과장이고, 또한 하라 다카시를 필두로 하는 면화재배협회 설립에도 참가했으며, 유력 평의원이기도 했던 사코 쓰네아키는 그 전에 조선 농업을 시찰했다. 사코 쓰네아키는 요코이 도키요시(橫井時敬)나 고자이 요시나오(古在由直) 등과 어깨를 나란히 할 만큼 학리에 밝은 메이지 농학의 개척자로, 도쿄농림학교(제국대학 농과대) 교수를 거쳐 농상무성 농무국장에 취임했다. 그는 사토 쇼스케와 매년 연하장을 주고받았다. 농무국장이라는 요직에 오르기 직전, 사코는 1902년 5월부터 10월까지 반년간 중국 동북부와 조선을 시찰했다. 조선의 농업에 관해서는 1개월 남짓 시찰했다. 그 보고서인 『청한실업관(淸韓實業觀)』 제4장이 한국 관련 내용이다. 정리 부분의 요점만 보기로 하자.

농사 개량. 한국의 농사는 철두철미 개량이 필요하나 저들 농민에게 그것을 기대할 수 없다. 정치가 위미(萎靡)하다. 소득을 얻음은 오히려 몸의 위험을 초래함과 같고, 농민은 무지, 나태하고 적빈(赤貧)하여 저축심이 없고, 정신면, 물체면으로 규모가 극소하다…….

조선 농업은 모조리 결함투성이이고 한국 농민에게는 개량을 기대할 수 없다고 한다. 사코는 농민의 경제, 지식, 생활 수준, 정신, 경영이 '극소한 규모'이고, 일본의 '농사모범농장'을 '신속히 설치할' 필요가 있다고 서술한다. 조선은 미개지가 많고, 인구가 희박하며 그 농법은 '유치법(幼稚法)'이라고 평했다.

또한 조선인에 관한 시찰은 다음과 같다.

나는 한인에 관해서는 말하고 기록할 때 견딜 수 없는 경우가 많다. 법학사 미야노하라(宮之原) 모 씨의 한국에 관한 대세적 논문은 이를 직언한 것이며 한인은 직립하여 보행하는 원숭이라고까지 했다. 그 토옥(土屋)에 살고 더위와 쐐기를 두려워하여 지상에 누워 날을 보내는 게으른 백성을 보면 과연 의관을 입은 '아이누'라고도 할 수 있다.

한인을 "직립하여 보행하는 원숭이"에 비유한 학자의 논문에 공감한 사코는 조선인을 "의관을 입은 아이누"라고 평한다. 사코는 도쿄제국대학 농과대학 출신으로 홋카이도청에 근무한 적이 있다. "우리 농민이 각처에 이주하여 한민(韓民)을 이끌 때를 기다릴 수밖에 없다"면서 일본인이 조선 각지에 이주하여 조선인을 지도해야 한다고 주장했다.

이는 메이지 농학을 대표하는 농학자로서 한 달간 현지를 시찰한 지도적인 농상무성 관료가 간행한 시찰 보고였다. 확실히 이러한 조선관에 바탕을 두었으므로 타민족의 땅에 '모범'장(권업모범장)을 설치할 수 있었을 것이다.

'소멸 직전의' 조선이라는 인식은 니토베 이나조의 특별한 인식이 아니었음을 알 수 있다. 학자 니토베 이나조는 정부의 주류적 견해에 따른 것이다.

제1장에서 지적했듯이 당시의 조선은 농업 경영 면적이 넓고, 초원이나 호소(湖沼)도 많았다. 초목의 재나 거름 등 자연 비료를 써서 다양한 작물의 혼작, 간작을 했다. 물샐 틈 없이 노동을 투하하고 한 작물에 다비료, 다노동을 투입하는 일본의 농법과는 달랐다. 각각 그 조건에 적당한 농법이었다.

그 점에서 사토 쇼스케가 일본의 정농 농법을 '과소농', '원예적 과소농업', '서농(鋤農, 호미 농업)', 나아가 '주유적 경작법'이라고 평가한 것을 염두에 둘 필요가 있다. 사토 쇼스케는 일본에서 현실적으로 이루어지는 농법을 아시아의 모범 농법이라고는 생각하지 않았던 것이다.

병근(病根)과 식민 ─────

앞에서 서술했듯이 사토 쇼스케는 일본의 과소농 문제를 해결하기 위해 홋카이도 식민을 주장했다. 만한(滿韓)이나 브라질이 아니라 홋카이도야말로 식민해야 하는 '낙토'이고 '일대 실험장'이라고 서술했다.

그러나 사토 교장의 주장은 1900년경을 고비로 변했다. 러일전쟁기와 러일전쟁 이후의 논설에서 그 변화가 나타난다. 1906년 3월 도한(渡韓)한 졸업생 사토 마사지로가 구시로를 출발하여 도쿄에 갈 무렵에 쓴 논설 「무엇으로 우리나라 농업계의 적폐를 구제할 것인가」에서 사토 교장은 다음과 같이 말한다.

> 저 박리(薄利)에 고통받는 지주, 생계난을 호소하는 소작인은 아무쪼록 안으로는 홋카이도·사할린, 혹시 대만에 가서 점차 농업 식민을 일으키고, 밖으로는 만한 혹은 남북 미국에 가서 대대적으로 농업의 신천지를 개발해야 하며 …… 오늘날 농업계의 병근을 고치는 일을 결코 미룰 수 없다.

사토 교장의 주장은 홋카이도 식민과 아울러 해외, 즉 사할린, 대만, '만주', 한국으로 '신천지'를 구하는 방향으로 바뀌었다. 1906년 당시 스스로 삿포로 군 나에보에서 지주 농장을 경영하면서 조선으로 향하는 졸업생 사토 마사지로와 수시로 연락하고 아마 격려도 했을 사토 교장의 모습과 겹쳐지는 논설이다.

해외 '신천지'에 진출을 권할 때도 농업 이민을 촉진하는 동인(動因)을 설명하는 것이 사토 교장답다. 그 동인은 위에서 보았듯이 '박리에 고통받는 지주, 생계난을 호소하는 소작인'이라는 일본 '농업계의 병근'이다. 사토 쇼스케는 1900년 이전의 일본 농업에 관해 '과소농의 폐'를 서술하고 그러한 결점을 해결하기 위해 홋카이도 식민을 주장했다. 이제 해외 식민을 주장하면서도 사토 교장의 일본 농업이 가진 결함에 대한 기조적인 견해는 변하지 않았다. 그뿐만 아니라 사토 교장이 일본 농업에 대해 갖고 있던 냉엄한 현상 인식은 1900년 이후의 논설에서는 더 강도가 높아졌다. 같은 논설에서 다음과 같이 말한다.

> 우리나라의 농업계는 최근 매우 비참한 지경에 빠져 지주는 박리에 괴로워하고 소작인은 생계난을 호소하는 경우가 빈번하다. 그러나 러일전쟁 이후 증세에 증세를 더하여 결국 전시세(戰時稅)는 평시세가 되고 지방의 농민은 이중 혹은 삼중으로 과세를 부담하지 않을 수 없게 되었다. …… 지방의 농업 관계자는 대부분 그 과반을 부담하는 모습이다. 물론 군사비 또는 전후 국운의 발전에 따른 각종의 경비 등은 국민 일반이 이를 감수해야 하는 바이고……

사토 쇼스케는 지방의 지주와 소작인의 피폐를 논한다. 이 경우 '지방'이란 주로 홋카이도를 가리킨다. 러일전쟁에서 지방 농민에게는 '증세에 증세를 더하여', '전시세'가 '평시세'로 되고 농민은 이중삼중의 중세(重稅)로 고통을 받고 있다. 일본의 막대해진 군사비에 대한 부담이 농민의 어깨에 지워져 소작인뿐만 아니라 지주도 '박리로 고통' 받고, '비참한 경우'에 빠졌다는 것이다. 그 자신이 지방의 지주 경영자인 사토 교장의 일본 농업론은 니토베의 문명국론과는 상당히 다른 현실감이 있었다.

홋카이도는 사토 교장이 일찍이 썼듯이 '낙토'로 바뀌지 않았다. 일본 농민은 일본 제국을 떠받치는 군사비의 중세로 피폐했고 이후 점점 피폐가 심화되었다. 그리고 사토 교장은 부과된 군사비나 각종 경비를 '감수'해야 한다고 주장했다.

과소농은 전시세라는 중세가 지속되면서 '비참한 경우'에 빠졌다. 따라서 전쟁으로 획득한 영토에서 식민을 함으로써 이를 극복해야 한다는 주장이다. 피폐가 심화될수록 더더욱 전쟁을 통한 영토 획득으로 나아가게 된다. 악순환을 시작한 사토 쇼스케 교장의 식민론이었다.

1905년의 논설 「전후의 경제 정책」에서는 "다수의 지방 사람들이 이를 타개"해야 하고, "어쨌든 지구상 도처에 우리 야마토 민족의 식민지를 개척하는 것은 우리 국권 확장의 근저"라고 했다. 이제 사토 쇼스케는 그야말로 국가주의자였다.

러일전쟁 중 사토 쇼스케 교장이 전쟁 열기에 취한 것은 앞에서도 소개했다.

한편, 지금까지 러일전쟁 중 삿포로농학교 내에서는 사토 교장과 마찬가지로 전쟁 열기가 확산되고 삿포로농학교 출신 우치무라 간조(內村鑑三)와 같은 비전론은 학교 내에 존재하지 않았다고 여겨졌다. 그러나 미약하나마 일반 학생들 사이에 비전론의 흐름이 있었다는 것이 최근 밝혀졌다.

마쓰자와 히로아키(松沢弘陽) 씨의 논문 「삿포로농학교·톨스토이·러일전쟁」, 야마모토 미호코(山本美穂子) 씨의 논문 「삿포로농학교 제23기생 가와시마 이치로(川嶋一郎)의 학생 생활」에서는 농학교 교내에서 이러한 동향을 찾아냈다.

농업과 23기생 가와시마 이치로는 사토 교장이 강의한 '경제원론'을 수강하고 "(사토) 씨는 극심한 국가주의자"라고 일기에 썼다. 그의 일기에 따르면 가와시마는 러일전쟁 중에도 톨스토이의 영역본 『전쟁과 평화』 등을 읽고 동기생과 비전론을 논의했다. 이처럼 가와시마의 일기에는 '국가주의자'라는 용어뿐만 아니라 '러일전쟁의 가부론', '평화론', '평화주의', '비전론', '전쟁 열기' 등이 등장한다. 가와시마의 졸업 논문 「빙유(氷乳)의 상태에 관해」를 보면, 그는 덴마크에서 발명된 우유의 저온 살균과 냉동 보존 기술에 관한 실험을 바탕으로 논문을 제출한 성실한 학생이었다. 졸업 후 농상무성 쓰키삿푸 종우목장(種牛牧場) 기수가 되었다. 지금도 이와테 현 니노헤 시(二戸市, 구 후쿠오카정〔福岡町〕)의 가와시마 가(川鴨家)에 보관된 장서에는 톨스토이의 『전쟁과 평화』 영역본이 전해진다고 한다(아들의 담화). 한편 예수과(豫修科) 토목공학과 화학(畵學) 강사 촉탁인 이이다 유타로(飯田雄太郎) 역시 모종의 행동을 했다는 이유로 삿포로농학교에서 해직됐다. 가와시마의 동기이자 친구인 삼림과의 아스케 소이치(足助素一)는 이이다 강사의 줏대 있는 행동을 높이 평가하고 '기개 없는 당국(當局)'을 비판했다. 물론 러일전쟁기에 삿포로농학교가 전쟁 열기에 휩싸인 것은 부정할 수 없으나 이러한 지하 수맥과 같은 비판적인 움직임이 있다는 것은 귀중한 발견이다.

4. 아리시마 다케로 『성좌(星座)』의 코스모스

우에노 다다시·가키자키 지지로(蠣崎知二郞)·호시노 세이이치(星野清逸) ━━━━

아이누 정책과 관련하여, 보호법에 대한 비판이 미약했다는 것이 종래의 평가였다. 그러나 앞에서 보았듯이 관을 사직하고 쓰이시카리 아이누민족 조합장을 지낸 우에노 다다시가 신문 담화에서 보호법은 아이누민족 '전멸법(구토인전멸법)'이라며 정면으로 매섭게 비판했다. 우에노의 보호법 비판은 실은 삿포로농학교에서 일정한 반향을 불러일으켰다.

사토 마사지로와 같은 19기생인 가키자키 지지로가 보호법이 발포된 이듬해인 1900년 우에노의 보호법 비판의 취지에 찬성한다는 글을 썼다. 이해의 19기생은 사토 교장의 식민학을 수강했다. 마쓰자와 히로아키 씨가 삿포로농학교의 『학예회잡지』 32호에서 찾아낸 펜네임 '모쿠바(木馬)'가 쓴 「이인(夷人) 보호」(마쓰자와, 1982)는 다음 구절에서 볼 수 있듯이 실은 보호법에 대한 비판적인 여론을 보여준다. 그러한 여론이 소수이지만 분명히 존재했다.

> 논자가 말하기를 "구 토인보호 법안은 오히려 이인(夷人)의 독립심을 속박하고 그들의 기능 재략을 위미(萎靡)하게 할 뿐이다."라고 한다. 당연히 그렇다.

보호법이 아이누 민족을 '속박하여' '위미(쇠퇴 약화)'시킨다는 '논자'에 찬동한 가키자키의 글은 앞에서 본 우에노 다다시의 비판과 실로 유사하다. 다시 우에노의 글을 보면, "금치산자와 마찬가지로 자기 의지의 자유가 속박되어 있다면 결코 발달을 꾀할 수 없고, 아니 발달이 저해되는 것이다."라고 한다. '속박'이 공통된 키워드다. 가키자키가 쓰는 '논자'란 신문에 보호법 비판을 실은 우에노 다다시 혹은 그와 같은 비판자를 지칭하는 것이리라.

이 가키자키 지지로는 아리시마 다케로의 친우였다. 아리시마의 만년의 대작『성좌』는 제1부에서 미완으로 끝났는데 이것은 삿포로농학교 제19기생들을 모델로 한 장편으로 구상되었다. 아리시마의 작품에서 가키자키는 '가키에(柿江)'로 등장한다.

『성좌』의 또 다른 주인공의 모델은 삿포로농학교 학생 호시노 준이치(星野純逸)다. 아리시마는 요양을 위해 집으로 돌아간 호시노에게 경애심을 품었다. 작품 속 '호시노 세이이치'는 1899년 10월에 집으로 돌아갔다고 설정되었다. 실제 호시노 준이치는 그 1년 전인 1898년에 이미 사망했다. 아리시마는 소설의 시간적 배경을 보호법이 제정된 해로 설정했다.

또 아리시마의 소설에서는 호시노의 집 바로 뒤에 지토세가와(千歲川)가 흐르고 아이누인들과 빈곤한 화인 노동자가 관영 부화장(孵化場)에서 일한다고 설정되어 있다. 지토세무라(千歲村) 아이누 민족, 늙은 아이누 '시무키'도 관영 연어포획장, 인디언 수군(水軍) ― 현재 지토 시(千歲市)의 관광명소다 ― 에서 일한다고 되어 있다.

이『성좌』제1부는 1921년부터 이듬해까지 쓰였다. 아리시마는 1923년『성좌』를 완성하지 못하고 사망했는데 자살이었다.

우치무라 간조·아리시마 다케로가 본 아이누 ————

지토세무라는 당시 아이누 민족이 중심이 된 마을이었다. 지토세가와는 본래 이시카리가와의 지류 가운데 가장 연어가 많이 잡혔던, 아이누 민족의 '풍부한 강'이다.

지토세가와 아이누 민족의 연어잡이에 관해 아이누 민족근대사 연구자인 야마다 신이치 씨가 「지토세가와의 연어잡이와 아이누 민족」이라는 연구 논문에서 흥미로운 사실을 조사했다.

아이누 민족은 자원 보호와 문명화라는 명목으로 지토세가와의 연어잡이에서 점차 배제되었다. 관(官)에서는 '데시(テシ)' 그물이나 작살(마레크)을 사용하는 미개한 연어잡이로는 야만 상태에서 탈피할 수 없다는 논리를 전개했다. 연어잡이가 금지된 후 개척사로 취직한 삿포로농학교 제2기생 우치무라 간조는 1882년 이 관영 부화장을 시찰했다. 이때 우치무라는 지토세가와 아이누 민족이 9만 마리나 되는 연어를 마을 전체 사람을 동원하여 밀어(密漁)하는 것을 목격했다. 우치무라는 「시찰·복명서(視察·復命書)」에서 아이누의 대규모 연어잡이도 아이누 민족 입장에서는 어쩔 수 없고, 전통적인 '데시' 그물 어업은 자원을 고갈시키지 않는 성숙한 어법(漁法)이라면서, 아이누 민족과 화인의 공동 어업을 인정하도록 상신했다.

우치무라는 '기아의 백성'이 된 아이누 민족은 아사(餓死)하거나 밀어에 종사하는 길밖에 없다고 호소했다. 그러나 삿포로 현은 우치무라의 상신을 인정하지 않고 아이누 민족의 연어잡이를 일체 불허했다. 그들은 아이누 민족의 아사를 문제 삼지 않았다. 이 과정에서 우치무라 간조는 사직했다. 후에 비전론을 주창하고 아시오 광독 사건 때 당국을 비판했다.

앞에서 『성좌』의 무대 설정이 1900년의 삿포로농학교였다고 했는데, 1900년은 홋카이도 구 토인보호법이 제정된 이듬해였다. 실제로 이 1900년 3월 5일, 아리시마 다케로 등 4학년생은 지토세가와로 여행을 떠났다.

이것은 매년 전 학년이 참가하는 수학여행이자 시찰여행이었다. 아리시마는 동급생 세 명과 말썰매(馬橇)를 타고 설원을 지나 지토세무라로 향했다. 말썰매가 뒤집힐 때마다 자신은 '큰 과자 상자'를 끌어안고 눈 속을 굴렀다고 부모에게 편지를 보냈다. 아리시마는 생생하고 감동적으로 묘사한다. 종종 인가가 보였다. '이것이 아이누가 사는 모습'이었다. 아이누 개가 그들을 향해 짖어댔다. 부모에게 보낸 편지 한 구절은 다음과 같다.

> 정직하게 말해 소박, 경건하며 용맹하고 다정한 아이누의 유민(遺民)이 긴 수염을 휘날리며 산중의 '자연'과 씩씩하게 싸우기 위해 각박하기 그지없는 샤모(그들이 일본인을 지칭하는 말)의 뱀 같은 독수(毒手)를 피하고 있는 모습은 수통(愁痛)하면서도 청신(淸新)한 한편의 시입니다.

1900년 보호법이 나온 이듬해에 쓴 편지다. 아리시마는 "각박하기 그지없는 샤모의 뱀 같은 독수를 피하고 있다"는 현재형 문장으로 보호법 제정 이후의 상황 기술했다. 친우인 가키자키 지지로와 같은 사고방식이다.

편지에 따르면, 아리시마는 '예의 자연벽(自然癖)'으로 홀로 뒤처져 '신음을 계속 내며 마음속 무한한 위자(慰藉)를 얻어' 부화장을 찾아갔다. 사는 사람은 '모두 아이누'이며, 용한(勇悍)한 아이누 개가 사람들을 향해 짖어댔다고 기록했다. 지토세가와 아이누 민족과의 대면이다.

　야마다 신이치 씨는『성좌』에 등장하는 전술한 부화장에서 일하는 노(老) '시무키(シムキ)'를 찾아주었다. 홋카이도 도립 문서관의「삿포로현 공문록 조수렵(鳥狩獵) 제3호」에 보면, '시무시카토쿠(シムシカトク)'가 곰 세 마리, 이리 한 마리를 잡았다고 보고한 내용이 있다(당시 해수(害獸) 구제(驅除) 정책이 시행되었다). 1883년 5월 당시 주소는 부화장 근처로 되어 있었다. 연령 불명이지만 사냥감인 곰과 이리를 잡았다면 늙은 아이누였을 것이다. 앞으로 검토가 필요하지만 아리시마는 시무시카토쿠와 만났을 수도 있다. 지토세 부화장에 갔던 이 수학여행의 기념사진이 홋카이도대학 대학문서관에 남아 있다.

▶ 수학여행 기념사진. 맨 앞줄 오른쪽부터 아리시마 다케로, 쇼지 리키조(東海林力藏), 한자와 준, 스즈키 신키치(鈴木眞吉), 앞에서 둘째 줄 왼쪽부터 호시노 유조, 모리모토 고키치, 다섯 번째가 와다 리조(和田理三) 강사, 가운뎃줄 오른쪽부터 세 번째가 사토 마사지로, 마지막 줄 왼쪽부터 이마치(井街), 가키자키(홋카이도대학 대학문서관 소장)

또한 『성좌』의 또 다른 주인공, 호시노 세이이치는 실제로 호시노 준이치가 모델이었다. 호시노 준이치는 제19기생 가운데 발군의 준재로 아리시마 다케로 등의 존경을 받았지만 본과로 이행한 1898년 세상을 떠났다.

작중의 호시노는 병 요양차 원래 집이 있는 지토세무라로 돌아간다. 실제로 호시노 준이치는 1897년 후반, 요양 때문에 집에 돌아갔는데, 앞에서 보았듯이 아리시마는 이를 2년 뒤인 1899년 10월로 시간을 바꾸어 설정했다.

「삿포로농학교 동창회 보고」의 명부를 찾아보면, 호시노 준이치의 본적은 '아오모리'로 기록되어 있다. 그러나 호시노가 재학 중일 때의 집 주소는 알 수 없었다. 나는 작중의 호시노 세이이치가 돌아간 집이 있는 '지토세무라'도 아리시마가 의도적으로 허구의 장소를 설정했을 것으로 추측했다. 그리고 요코하마에서 열린 아리시마 다케로 연구회 전국대회에서 「삿포로농학교 식민학과 아리시마 다케로 ― 『성좌』와 지토세가와 아이누의 코스모스」라는 제목으로 강연했다. 아리시마가 무대를 지토세무라로 설정한 의도를 짐작한다는 취지도 얘기했다. 그 후 홋카이도대학 대학문서관의 요청으로 이 강연 기록을 『홋카이도대학 문서관 연보』에 수록했다.

이 재록 후, 호시노 준이치의 조카 분과 연락을 했다. 호시노 준이치가 요양을 위해 돌아간 집은 이치키시리무라(市來知村, 현재 미카사시〔三笠市〕), 지토세와는 반대쪽에 있는 삿포로 북동부의 탄광 마을이라고 한다.

호시노 다쓰오(星野達男) 씨는 『아이즈(会津) 백호대(白虎隊) 사(士)의 눈물 ― 홋카이도를 개척한 호시노 헤사부로 기신(義信)』이라는 전기를 자비(自費)로 출판했다. 이것은 호시노 준이치의 부친, 아이즈 백호대 출신의 호시노 기신과 가족을 직접 조사하여 내용을 생생하게 담은 책이다. 준이치의 아버지는 보신 전쟁 참패 후, 홋카이도에서 형무관, 교원, 성실한 관리로 살았다. 그 장남 호시노 준이치는 그 무렵 삿포로농학교 출신의 사회주의자 니시카와 고지로(西川光二郎)를 경모했다고 한다. 준이치는 1898년 1월 15일, 요양하고 있던 도쿄 고지마치(麴町)에서 사망했다. 이 장 맨 앞에 수록된 사진을 찍은 이듬해다. 이에 대해서는 전기를 통해 알게 되었다.

사쓰마벌의 유력한 고관을 아버지로 둔 아리시마는 사쓰마 벌과 싸운 아이즈 번사의 아들이자 그가 경애한 호시노 준이치를 주인공으로 삼아 그 집안을 아이누 민족의 마을, 지토세무라로 허구화하여 설정한 것이다.

아리시마 다케로의 사토 쇼스케 식민학 비판 ———

아리시마 다케로는 삿포로농학교의 사토 쇼스케 교장 같은 사람에 대해 비판적이었다. 가키자키 지지로는 앞에서 소개한 『학예회잡지』에 기고한 글에서 '시베차리노가와(染退の川, 현재 시즈나이가와(静内川))', 사루노야마(沙流の山)를 "배회하고 구르며 감개를 금치 못했다"고 썼다. 가키자키는 히다카의 시브차리가와(시베차리노가와와 동일)와 사루가와, 즉 아이누 민족의 2대 중심지를 실제로 현지에서 순회한 것이다.

한편, 1900년의 아리시마 등 제19기생이 4학년일 때 강의한 '식민사'에서 사토 쇼스케 교장이 초기 강의노트에 포함되어 있던 선주민족 문제 관련 내용을 없앤 것은 앞에서 소개했다. 『성좌』에서 아리시마 다케로는 작중의 호시노 세이이치에게 다음과 같이 말한다.

그가 전문적으로 연구하는 농정 강의는 온종일 방안에 틀어박혀 독서를
하면 반 달 정도 분량의 강의 재료가 나올 정도로 빈약했지…….

여기서 '그'는 사토 쇼스케 교장이다. 사토 교장의 '농정학' 강의도
4년 차, 바로 1900년 7월부터 이루어졌고 사실과 허구가 여기서는 합치
한다. 아리시마와 가키자키 등이 교장의 학문에 비판적이었다는 것은 이
죽은 호시노 세이이치에게 가탁한 글을 통해 표현된다. 대학문서관에 남
아 있는 제19기생 성적표를 보면, 1901년 7월 통년(通年) 강의 '식민사'의
성적은 아리시마 90점, 가키자키 80점이다. 아리시마는 최고점을 받은
6명 중 하나였다. 아리시마는 제대로 강의를 들으면서 생각하는 바가 있
었을 것이다.

아이누 민족과 화인의 공동어업을 상신(上申)한 우치무라 간조, 쓰이
시카리 아이누 민족 조합장이 된 우에노 다다시, 보호법 비판에 공감한
가키자키 지지로, 그리고 미완의 대작 『성좌』에서 지토세무라와 아이누
민족을 소설에 등장시킨 아리시마 다케로……. 아리시마는 '백관사(白
官舍, 대학 기숙사)'에서 『성좌』를 집필하고, 1922년 소분카쿠(叢文閣)에서
제1부를 간행했다. 소분카쿠의 사주는 앞서 언급한 23기생 가와시마 이
치로[17]의 친구인 삼림과 졸업생 아스케 소이치였다. 아리시마는 바로 그
커다란 성좌(星座) 속의 한 명이었던 것이다.

그밖에 아이누 민족의 민족운동에 관계한 화인은 도카치 아이누 민
족 총대로 구시로 군장에게 청원한 오쓰 구라노스케, 도카치나카가와 군
아이누 민족 공유재산관리조합의 고원을 지낸 우쓰미 유타로 등이 있다.

---

17 톨스토이의 『전쟁과 평화』를 읽고 동기생과 비전론을 토론했던 학생이라고 앞에서 설명되었다.

전전 홋카이도청이 간행한 『홋카이도 구 토인 보호 연혁사』에서 홋카이도청 직원이며 아이누 학자인 기타 아키마사(喜多章明)는 '공유재산 분쟁'이라는 절(節)에서 도카치 아이누 민족의 총대, 대리인, 고원으로 활동한 화인을 거세게 지탄했다. "내실을 보면 본(本) 재산에 야심을 가진 일부 화인이 동족 유력자를 선동하여 실행시킨 듯하다." 현지 화인을 공유재산을 노린 선동자로 매도한 것이다.

오쓰 구라노스케와 우쓰미 유타로는 지금도 현지 도카치에서 잘 알려진 명사다. 오쓰는 아이누 총대 리쿤테키 등과 함께 군장에게 청원했고, 청원서는 아이누 민족의 요구를 분명히 제기하는 내용이었다. 우쓰미는 아이누 코탄에서 에카시 가(エカシ家)의 이웃으로 평생 살았다. 앞에서 서술한 오쓰·도카치학회에서 강연할 때 모임의 유지들과 참가자들은 이들 현지 화인들이 존경을 받았다는 여러 에피소드를 들려주었다. 가령 오쓰 구라노스케의 정치 활동이나 독농가(篤農家)로서의 활동 등이다. 지금이라도 상세히 검토할 필요가 있다.

식민학의 문제로 돌아가 보자. 사토 쇼스케는 홋카이도 '개척'에서 지주·소작제가 도입되면서 삿포로농학교 졸업생에게 지주 경영을 하도록 장려했다. 문제는 거기에서 일하는 소작인이다. 당시 사토 쇼스케는 식민학 강의에서 '노력자'의 이주와 지속적인 확보는 식민지 경영의 중요한 과제라고 했다. 식민학은 아리시마 다케로의 『카인의 후예』가 묘사한 신개척지 홋카이도의 가난한 소작인 군상을 온전히 시야에 넣고 있었다.

실은 이 가난한 일본의 민중들이 식민지에도 들어갔다. 식민지에도 가난한 일본인이 다수 필요했다. 단순히 말해 '개척'지에서 소작인이 자작농이나 지주로 상승하면 대지주 입장에서는 곤란하다. 따라서 토지 매각, 특히 토지 가격의 설정과 '노력자' 확보 등에 관해 식민학에서 다양한 연구가 있었다.

사토 쇼스케의 초기 식민학 강의노트에 나온 "노동력 공급을 받는 한 방법 및 토지 매각의 원칙 및 방법"에서는 소작인을 소작인으로 머물게 하는 방법을 설명했다. 즉 "노력자가 급속히 독립 농가가 되는 것을 방지하기 위해서는 지가를 충분히 고가로 매매할 필요가 있다"고 운운하며 구미의 정책을 다면적으로 해설한 부분이다.

가난한 이주자는 식민 정책의 술책으로 말미암아 '독립 농가'의 길이 가로막혔다. 여기에는 제국 정부가 이주하는 자국 빈민에게 시행한 식민 정책의 비밀이 숨어 있다. 즉 가난한 화인도 아이누 민족이 직면한 민족적인 굴욕과는 다르지만 어떤 점에서는 동일하게 가혹한 운명이 기다리고 있었다. '화인과 아이누 민족의 대치'라는 식의 도저히 한덩어리로 묶을 수 없는 역사가 전개되었다.

'낙토' 또는 '미개지'라는 말에 이끌려 동아시아 식민지에도 엄청난 수의 가난한 일본 농민이 우르르 몰려 갔다. 거기에 숨겨진 일본 정부의 정치적 비밀과 식민 정책이 완전히 파탄된 전후(戰後)에 이르러 충분히 밝혀졌다고 할 수 있을까.

제4장에서는 마지막으로 동학농민군 토벌전에 징병, 동원된 일본군 병사들의 사료를 보기로 하자.

제4장 동학농민전쟁과 일본인

▶ 난요(南予), 이끼가 무성한 전사자의 묘, 후루야 나오야스(古谷直康) 씨(촬영 오카야마 나오히로[岡山直大], 에히메신문사)

동학농민군 토멸 작전에 종군한 장병들의 흔
적을 찾아 그들의 출신지인 시코쿠 4현을 현장
조사했다. 종군 명령에 아이를 살해하고 응소(應
召)한 적빈(赤貧)한 후비병이 있었다. 의외로 전사
자가 전사자로 모셔지지 않고 있었다. 섬멸 사실
은 감춰지고 공식 전사 기록에서 말살되어 있었
다. 왜 그럴까……. 도쿠시마에서 발견한 후비병
의 「진중일지」, 거기에 나타난 지독히도 참혹한
전장의 모습에서 볼 수 있는 역사적 사실.

1. 동학농민군을 토멸한 일본군 병사를 찾아

적빈(赤貧)한 후비병과 가족 ━━━

동학농민군을 토멸한 후비 병사의 기록을 찾아 시코쿠 4현을 돌아다녔다. 첫 방문지로 마쓰야마 시를 정한 것은 후비 제19대대와 후비 제10연대 제1대대가 마쓰야마 시에서 편성되었기 때문이다.

후비 제19대대는 3로 포위 토멸 작전의 실행부대였고, 후비 제10연대 제1대대는 부산·서울 병참선의 수비부대로 수시로 동학농민군 토멸에 파견되었다. 후비 제19대대는 시코쿠 4현의 혼성부대이며, 후비 제10연대 제1대대는 시코쿠 4현과 히로시마·야마구치 현 등 6개 현의 혼성부대였다.

마쓰야마 시의 에히메 현립 도서관에서 『가이난신문』을 열람했다. 불현듯 예상치 못한 기사와 마주쳤다. 1894년 7월 29일 자 3면의 기사다.

이요 군(伊豫郡) 하부무라(垣生村, 현재 마쓰야마 시)는 마쓰야마 시의 서쪽 교외이며 세토나이카이(瀬戸内海)에 면해 있는 촌인데, 거기서 지난 7월 23일 후비병 10여 명이 소집되었다는 내용이다.

미하라(三原) 모, 나카야(中矢) 모, 두 명은 가장 적빈하여 이들이 소집에 응한 뒤에는 가업을 이을 사람이 없어 가족은 겨우 입에 풀칠하기도 힘든 비참한 경우에 빠질 것이 분명하다.

촌회(村會)의 결의로 하루 한 명씩, 10세 미만에 대해서는 백미 2홉, 10세 이상에 대해서는 2홉 반씩 병사의 집에 배급했다. 이것이 최초로 접한 '가장 적빈'한 후비 병사의 기사다. 후비병은 27~32세의 병사로, 가족이 있고 극도로 곤궁한 후비병사 가족에 관한 기사가 많았다.

이 책 제2장에서 홍주 전투에 관해 한 하사관의 전쟁열로 가득 찬 편지를 소개했다. 하사관이나 장교들의 "백발백중, 실로 유쾌"하다는 편지 기사와 비교하여, 징병된 후비병사, 이등병이나 상등병들에 관한 기사들은 꽤 다른 경향을 보인다.

『우와지마신문(宇和島新聞)』 1895년 1월 20일 자 '빈곤한 종군자의 가족'이라는 제목의 기사는 그 전형이다. 우와지마 시 사사마치(笹町)의 평민, 다니구치 분조(谷口文藏, 26세)는 "목하, 동학당 정토군"에 종군하여 "조선 각처에 전전(轉戰)하며", "그 일가는 극히 적빈하여 따로 저축하는 일 없이 겨우 곤약 제조를 업으로 하여 하루하루 약간의 수입으로 근근이" 살았다. 곤약 제조업은 감자를 썰어 껍질을 벗기고 쪄서 말리는 영세 가내공업이다. 이들은 노부모와 26세의 부인, 6세의 남아, 1세의 여아 등 6명 가족이었다. "남편 분조가 출군한 뒤 처의 고생은 이만저만이 아닌데", 처는 한 살짜리 딸을 업고 곤약을 만들었다. "씩씩하고 또 신묘(神妙)한 처는" 매일 새벽에 일어나 아이를 업고 제일 가까운 신불(神佛)에 가서 "이 전쟁에서 일본이 크게 이겨 남편 신상에 탈이 없도록" 기도하니 "슬프지만 역시 신묘하다."라고 보도했다.

지극히 적빈한 농민, 고통스러운 종군에 관한 기사는 다종다양했다. 『가가와신문(香川新聞)』 1894년 7월 26일 자 '소녀를 남기고 출발한다'는 제목의 기사는 고통스러운 이별의 한 전형이었다.

당시(當市) 내의 촌(村) 후비병 미쓰무라 고조(三村廣藏)는 이번 소집으로 4세 소녀를 집에 남기고 출발했는데, 원래 적빈하여 시청에서 양육비를 보내고 또 병으로 인해 가시와바라(柏原) 병원에서 특별히 치료해 주고 있다.

병든 소녀, 모친이 없는 적빈 가족. 다카마쓰 시에서 이루어진 출정이었다.

아이를 죽이고 종군 ————

『가이난신문』 8월 9일 자 3면, '아이를 죽이고 종군'한 후비병의 기사가 있었다.

"난요(南予, 지명)라는 것 빼고는 (신상에 관해) 전혀 들리는 바가 없다." 부인은 죽고, 어린 남자아이 하나를 "가난한 상황에서도 그럭저럭 기르며", "소작 등을 하여 하루하루 연명"한다. 후비병 소집 명령을 받고 출발일이 다가오는데, "마을에서 힘깨나 쓰는 어느 총대(總代)"로부터 "꾸물대다가 욕을 먹는 것은 신상에 좋지 않다"고 꾸지람을 듣는다. 그 사람은 "싫은 얼굴로 혼자 애를 키우느라 애썼는데 그대로 두고 살 수 없다"고 한다. 총대는 다음과 같이 말한다.

종군은 공적인 일이고 자식 양육은 사적인 일이다. 산보다 높고 바다보다 깊은 황은(皇恩)을 아는 것은 오늘의 국난에 처하여 일개 사인(私人)의 사정을 내던지고 의용(義勇)과 공(公)에 봉사하는 의기를 떨쳐야 한다. 생각해보면 천하태평, 국가안온의 행복을 누리고 일가가 그 천명을 온전히 할 수 있는 것도 모두 천은(天恩)이므로 오늘 같은 경우에 미적거리다니 너무 불민하다고 누이이 설득했다.

......

그 사람은 거의 감복한 듯 보였는데, 웬일인지 갑자기 일어나서 구석방으로 물러난다. '악' 하고 소리치는 어린아이의 절규, 무슨 일인가 하고 총대는 뛰어 들어가 모습을 보니 이미 숨이 끊어진 어린아이의 시체를 정리하고 나온다.

......

그 사람은 눈물을 흘리며 총대를 향해 지금은 마음이 편하다. 황은이 높으심을 들고는 아이 같은 건 돌아볼 여유가 없다, 이제 지금부터 출발해야겠다면서 시체를 뒤뜰에 묻고.

......

아연한 총대의 얼굴을 빤히 쳐다보며 유유히 마쓰야마 쪽으로 출발했다더라.

......

아무도 소문을 내지 않았으나 마쓰야마 근방에서 칭송하는 말이 들린다.

이 후비병은 '소작 등'을 하는 빈민이다. 전해지는 말에 따라 쓴 기사이며 사실을 어느 정도 반영했는지는 분명치 않다. 촌의 총대가 등장하여 "욕을 먹는다"고 협박하고, '황은'을 들먹거리며 설득했다. 이 '꾸짖음'과 관련하여, 같은 신문의 8월 31일 자 3면에 예비역 일등병이 '소집 불응의 죄'로 마쓰야마 구 재판소(松山区裁判所)에서 중금고(重禁錮) 한 달 반의 판결을 받았다는 기사가 있다. 남자가 "총대의 얼굴을 빤히 쳐다" 본 장면은 실로 인상적이다. 유포된 소문이라 하나, 『가이난신문』이 사회 저변의 분노나 절망감을 포착했다고 보인다.

『가이난신문』의 '아이를 죽이고 종군'에 이어 실린 '아이를 버리고 종군'이라는 기사는 예비역의 사례를 보여준다. 마쓰야마 시 오아자구 보마치(大字久保町) 39번호(番號), 가토 도요타로(加藤豊太郎)는 부인과 이별하고 '세 살 아이를 남자의 힘으로 기르는' 인력거꾼이다. 아이를 맡기고 종군하는데, 애를 맡은 사람 역시 '하루 벌어 먹고사는 일고(日雇) 노동자'이며 다섯 명의 아이를 데리고 있다. 제목처럼 사실상 '아이를 버리고' 종군했다. 기사는 "불쌍한 일이 아닌가?" 하고 끝맺는다.

연산의 전사자 ————

후비 제19대대의 미나미 쇼시로 대대장이 있던 제3중대가 싸운 연산 전투 상황에 관해서는 제2장에서 보았다. 미나미 대대장이 노성 쪽으로 출군하려 한 '그 순간', 백의를 입은 약 3만 명의 동학농민군이 출현하여 사방의 구릉이 새하얗게 변했다. 대대장의 '연산 전투상보'는 일본군 '사망자 1명'이라고 보고했다. 이 1명이 후비 제19대대의 섬멸 작전 전 기간에서 나온 단 한 명의 전사자였다.

도쿠시마 현립 도서관에서 이 전사자를 전하는 『도쿠시마니치니치신문』의 기사 두 개를 찾아냈다. 1월 17일 자 4면 '군인의 처', 1월 23일 자 2면 '명예 전사자'라는 기사다.

'군인의 처'는 '아와 군(阿波郡) 이치카무라(市香村, 현재 아와시[阿波市])'의 후비 제19대대 상등병 스기노 도라키치(杉野虎吉)가 작년 12월 10일 충청도 연산현에서 전사했다는 보도다. 그는 상인이었으며, 처(妻) 다네는 '비애 통곡'했다. '명예 전사자' 기사에는 스기노 도라키치의 상관인 소대장 미즈하라 구마조(水原熊三) 중위가 가족에게 보낸 편지가 게재되었다. 스기노는 턱 밑에 탄환이 명중하여 즉사했다고 한다.

이처럼 단 한 명의 전사자의 이름과 출신지가 판명되었다. 그러나 이 병사의 전사 기록에 관해 이해할 수 없는 점이 있었다. 육해군성과 야스쿠니신사가 편찬한 『야스쿠니신사 충혼사(靖国神社忠魂史) 1권』에는 전사자와 전병사자를 망라한 명부가 있는데, 이 명부에는 후비 제19대대의 전사자가 모두 전병사자이며 스기노 도라키치의 이름이 없다.

권말 색인을 찾으면 의외의 곳에서 스기노 도라키치의 이름이 나오는데, 그것은 바로 '성환(成歡) 전투' 부분이다. 성환 전투는 청국군과 벌어진 서전(緒戰)이고, 41명의 전사자가 나왔다. 41명 중 끝에서 두 번째에 스기노 도라키치가 실렸다.

오사후보독(五師後步獨) 19대 3중 메이지 27, 7, 29 성환 상병 스기노 도라키치 도쿠시마

이 기사는 앞의 도쿠시마 현 출신의 스기노 도라키치가 틀림없다. 성환 전투는 7월 29일부터 3일간 벌어졌다. 그러나 후비대 19대대는 7월 23일 소집 발령되었고, 성환 전투가 시작된 7월 29일은 후비병들이 시코쿠 각 현에서 마쓰야마에 집합하여 대를 편성하고 있던 시점이다. 1935년에 간행된 『야스쿠니신사 충혼사 1권』은 스기노 도라키치가 성환 전투 첫날 전사했다고 기재했지만, 이는 전사한 날짜와 장소를 함부로 뒤바꾼 것이다.

나는 스기노 도라키치의 묘에 유족이 어떤 내용을 새겼는지 내 눈으로 확인하고자 했다.

2008년 12월 부산의 국제심포지엄에서 보고할 때, 연구자 박맹수 씨의 안내로 충청북도 가흥, 괴산, 청주, 보은, 금산 등 산악지대의 제2차

동학농민전쟁 유적을 방문할 수 있었다. 택시로 산악지대 루트, 후비 제19대대 제3중대, 즉 미나미 쇼시로 대대장이 지휘하는 본부 중대가 진군한 중로를 연산까지 가보았다. 진산 고개를 넘을 때 해가 지고 있었다. 가로등이 밝혀지기 시작한 연산 거리를 내려다보며 스기노 도라키치가 전사한 연산이 논산평야의 동쪽 끝 분지에 있는 농촌이라는 것을 직접 확인했다.

이듬해(2009년) 3월, 도쿠시마 현립 문서관에서 도쿠노 류(德野隆) 씨가 청일전쟁 당시의 오자카미무라(大字香美村)의 범위 등에 관한 알려 주었다. 도쿠시마 선(德島線) 무인역(無人驛)인 가쿠에키(学駅)에서 내려 정(町)에서 경영하는 마이크로버스로 요시노가와의 아와오에(阿波麻植) 대교(大橋)를 북쪽으로 건너가 가미미나미(香美南)로 향했다. 가미(香美)는 하안대지(河岸臺地)에 있는 밭농사 마을이다. 가미의 묘지를 남쪽부터 순서대로 돌아보았다. 발견할 가능성이 전혀 없지는 않다고 생각했다.

난요, 이끼가 무성한 전사자의 묘 ━━━━

실은 동학농민군을 토벌한 일본군 병사의 묘를 탐색하는 작업은 에히메 현 난요에서 한 차례 이루어진 적이 있다.

조사를 시작했을 무렵, 일본코리아협회 에히메의 나카가와 에쓰료(中川悅良) 씨, 에히메 근대사 문고의 후루야 나오야스(古谷直康) 씨 등이 조사를 도와주었다. 마쓰야마 시의 고참 지역사 연구자들에게는 동학농민군 토멸대대와 조선병참수비대가 이 지역에서 편성되어 조선에 갔다는 사실이 알려지지 않았다. 그래서 2004년 일본코리아협회 에히메, 에히메 근대사 문고, 에히메 대학의 유지 분들이 모여 에히메 현 미술관에서 '갑오농민전쟁과 에히메'라는 시민 보고회를 가졌다. 그때 나는 『가이난신문』에서 동학농민군과 싸우고 전사한 에히메 현 출신 후비병에 관한 기사를 발견했다.

기타우와 군(北宇和郡) 다치마지리무라(立間尻村, 현재 우와지마 시)에서 가타야마 가이치로(片山嘉一郎, 29세) 상등병이 후비 제10연대 제3중대에 편입되어 낙동에서 수비에 임했다. 보은군의 '폭도 탐정'이 되어 '한복'을 입고 척후에 나갔으나 발각되어 죽임을 당했다. 1894년 10월 27일, 청안현(淸安縣) 미안(米安)에서 일어난 일이다. 청안은 보은군 북쪽, 걸어서 하루 걸리는 산촌이다.

후루야 나오야스 씨는 『에히메신문』의 오카야마 나오히로(岡山直大) 기자와 함께 다치마지리무라에 있는 그의 묘를 찾았다. 마침 최초로 방문한 절에서 비탈길 왼쪽에 사람 키를 넘는 대형 묘석을 발견했다. 묘에는 장문의 한문 묘비명이 있었다. 거기에는 "충청도회동학당봉기지일(忠淸道會東學黨蜂起之日) 지청안현미안(至淸安縣米安), 분투치명(奮鬪致命), 실세시월이십칠일야(實歲十月二十七日也)"라는 문구가 있었다. 제2장에서 보았듯이 북접 동학농민군 일제 봉기가 10월 25일에 일어났다. 가타야마는 봉기 이틀 뒤, 탐정으로서 농민군의 근거지인 보은군으로 향하던 중 전사한 것이다.

『에히메신문』은 강연회 '갑오농민전쟁과 에히메'의 개최에 맞춰 묘의 발견을 포함하여 '탄압의 기억 갑오농민전쟁과 에히메'라는 특집 기사를 2004년 9월, 2회에 걸쳐 연재했다. "에히메 현 사람을 비롯하여 주로 시코쿠 출신의 사람들로 구성된 부대가 중심이 되어 적어도 약 3만 명의 조선 민중을 학살했다"는 '일본 근대사의 어두운 부분'을 인정하는 내용이다. 1회 기사의 제목은 '토멸부대 현인(縣人)도 대량 학살 관여, 마주해야 할 냉엄한 사실', 2회는 '서민이 서민을 죽이다, 적빈(赤貧) 중에 종군, 비애(悲哀) 조선은 야만이라는 마음으로 정당화'였다. 후루야 나오야스 씨의 담화가 1회 기사의 마무리에 인용되었다.

막말부터 메이지기에 난요를 중심으로 빈발한 농민 일규(一揆)는 전국적으로 유명했습니다. 그만큼 삶이 힘들었지요. 그 마을에서 소집된 민중이 이번에는 역으로 갑오농민전쟁에서 봉기한 조선 농민을 탄압했습니다. 아이러니한 일이지요.

지방 신문의 저력이 충분히 발휘된 특집 기사였다.

전(前) 상등병의 묘는 마을 사람이 오르내리는 언덕길 옆에 이끼가 무성히 자란 상태로 있었다. 후루야 씨와 오카야마 씨는 오랜 망각을 전해 주는 이끼를 떼어 내고 묘비를 읽었다.

아와 군의 충혼비 ━━━━━

가미 일대의 북부, 구(舊) 무야(撫養) 가도와 국도의 분기점 바로 남쪽의 공영 화장장 동쪽에 있는 넓은 공동묘지 가운데에서 스기노 도라키치의 충혼비와 만났다. 충혼비는 높이 160센티의 소형 석비로 다른 훌륭한 묘비군 속에 묻혀 있었다. 윗부분에 가로로 '오호충혼비(嗚呼忠魂碑)'라고 새겨져 있고 그 아래에 한문 12행의 비문이 기록되었다. 사암(砂巖, 이 지역의 천사암〔泉砂巖〕)으로 만들어졌고 풍화가 진행되고 있었다.

상등병인 스기노 도라키치는 대대로 아와 군 가미에 살았다. 어릴 적부터 문자를 익혔고 온후한 성격이었으며 농상(農商)이 업이고 차남이었다. 아나부키무라(穴吹村, 현재 미마 시〔美馬市〕) 스미토모(住友) 가문의 딸을 부인으로 들였으나 아이는 없었다. 충청도 연산현에서 후비 제19대대에 있을 때 "폭적(暴敵)이 사방에서 왔다. 총환(銃丸)이 천둥 번개가 치듯 했고, 검은 연기가 땅을 덮어 지척(咫尺)을 분간할 수 없었다. 동년 12월 10일 탄환이 턱을 관통하여 끝내 운명했다." 그의 나이 38세 때였다. 다음 날 현지의 향토사가 사카모토 겐이치(坂本憲一) 씨와 함께 이곳을 다시 찾았다. 스기노 가문은 오래전 가미에서 모습을 감추고 가계가 끊어졌다고 한다. 비문에 따르면, 도라키치가 전사하고 4개월 뒤에 그의 형이 이 비를 세웠다.

앞에서 썼듯이 미나미 대대장은 연산 전투에 관해 강화 기록 「동학당 정토약기」 등에서 상세한 설명을 남겼다. 그에 따르면, 제3중대 이외의 소대가 농민군 후방으로 우회하여 치고 들어가고, 한편으로는 미즈하라 중위의 소대가 전위가 되어 '성산(城山)'에 본진을 둔 수만 명의 농민군에 정면으로 맞서 2리 정도 추격했다. 스기노는 이렇게 전진하는 도중에 총탄을 맞고 전사했다. 나는 사료를 통해 전황을 복원하여 박맹수 씨에게 팩스를 보내고 '성산'의 위치 등에 관해 한국 측에 문의했다.

박맹수 씨는 요청대로 연산을 방문하여, 마을 중앙에 온전히 남은 조선 시대의 2층 8주(柱) 건물, 연산아문(衙門)을 찾았다. 미나미 쇼시로와 일본군이 그곳을 통해 들어갔다. 정면에 연산천이 있고, 뒤쪽의 '성산'은 일찍이 백제와 신라가 싸운 유명한 황산성이다. 이 산성을 중심으로 백의의 동학농민군 약 3만 명이 한순간에 나타나 사방이 흰색으로 덮였다. 오랫동안 동학농민전쟁을 연구해 온 박맹수 씨는 미나미 대대장의 강화 등을 이전부터 꿰고 있었다. 하지만 연산아문을 목도한 현장에서 연산 전투가 눈앞에 생생하게 재현되는 듯한 충격을 받았다고 했다.

2011년 12월 10일, 연산 전투가 일어난 지 만 117년이 되는 바로 그 날, 나와 박맹수 씨는 연산에서 만났다. 신영우 씨, 연산의 향토사가 조중헌 씨, 독립운동사연구소의 조성진 씨도 함께 하루 동안 연산 전투 현장을 방문하고 미나미 대대장의 강화 등에 관해 이야기를 나누었다. 동학농민 군이 '한순간에' 출현하고 사방을 하얗게 만들었던 그 현장감이 지금 되살아났다.

연산 전투의 복원이 역사학에서 얼마나 귀중한 것인지는 제2장에서 설명했다. 도쿠시마 현이 1895년 12월 간행한 『아와전시기(阿波戰時記) 상권』에는 스기노 상등병이 충청도 연산현에서 '동학당'과의 전투에서 전사했다고 명기되었다. 예전에는 부농이었던 스기노가는 '근년 쇠빈' 하여 택지와 집만 소유한 소작농이었다. 스기노 도라키치는 스기노가의 차남으로 별가(別家)한 매우 가난한 농상(農商)이었고 고령(38세)의 후비 병사이자 고참병이었다.

2. 은폐된 동학농민군 섬멸 작전의 사실

뤼순 학살 사건과 대본영 게시 ━━━

시코쿠 4현의 지방 신문을 보면, 청일전쟁 당시 각 신문이 동학농민 군 섬멸 작전을 보도했음을 알 수 있다.

일례로 『도쿠시마니치니치신문』 12월 5일 자 2면에서는 황해도의 동 학농민군 수천 명을 쓰러뜨렸다는 중대 보고를 '동학도 오살(鏖殺)'이라 는 제목으로 보도했다.

『가이난신문』은 가장 빈번하게 동학농민군 섬멸 작전을 보도했다. 히로시마 대본영은 현지 부대의 보고를 게시한 '대본영 게시'를 통해 동학농민군 섬멸 작전의 전황을 '히로시마 특보'라는 이름으로 보도했다.

11월에는 후비 제19대대의 "3로 분진", 12월 6일에는 공주 전투, 1월 22일에 "서남쪽 끝으로 추격 중"이라는 미나미 대대장 보고 등을 속속 게재했다.

이듬해(1895) 1월 하순부터 날로 처참해지는 현지 부대의 토멸 보고가 빈번히 기사에 올랐다. 가령 2월 1일 '동도영격(東徒迎擊)' 기사를 보자. "지난 8일 본군 및 경성 한병(韓兵)의 일부는 장흥 부근에서 **동도를 격파하고 적의 시체가 산을 이루었다.**" 굵은 글씨는 특대 활자로 지면에 쓰여 있었다. 『가이난신문』은 이 출전을 '대본영 게시 호외'로 기록했다.

청일전쟁 최전선 정규군의 전황 보고는 '대본영 게시 제283호' 등 번호가 붙어 대본영에 게시(揭示)되고, 위의 조선병참부의 '동학농민군 섬멸 작전보고'는 '호외', 즉 번호 없이 대본영에 게시되었다.

대본영이 1895년 1월 이후 동학농민군 토멸전쟁의 참혹상을 현지 부대의 보고를 통해 게시한 것은 주목할 만하다. 역시 청일전쟁 중, 일본군은 뤼순(旅順)에서 일반 시민과 패잔병을 구별 없이 학살했다. 이는 영미 저널리즘의 호된 비판을 받았다.

일본군의 뤼순 학살 사건은 전쟁 중인 1894년 11월 21일부터 25일경까지 이어졌다. 11월 28일에는 학살 사건에 대한 영국과 미국의 비판이 시작되었다. 12월 12일 미국 신문 『월드』의 비판은 한층 신랄했고 일본 외무성도 대응책을 마련해야 했다. 이처럼 뤼순 학살이 영미의 비판을 받은 이후에도 대본영은 동학농민군 섬멸 작전의 처참한 전황을 '대본영 게시'로 발표했다.

영미는 뤼순 학살 사건을 거세게 비판하면서도 동학농민군 섬멸 작전에 대해서는 침묵했다. 왜 그랬을까. 뤼순 학살 사건에서는 현지 제1사단장이 "남기지 않고 죽이라"고 명령했다. 동학농민군 섬멸 작전은 다름 아닌 일본 최고 지도부인 대본영이 "모조리 살육하라"고 명령했다. 대본영은 한발 더 나아가 농민군 토멸전임대대를 파견하기까지 했다. 동학농민군 토멸 작전은 뤼순 학살 사건보다 결코 작은 문제가 아님에도 불구하고 영미의 비난을 받지 않았다.

중요한 점은 동학농민군이 내건 기치에 '척왜양'이 들어 있는 것이다. 동학농민운동 등 아시아의 민중운동은 군사력으로 침략해 온 열강 세력에 대해 민족적으로 단결하여 거세게 지속적으로 항전했다. 동학농민군은 우선 일본군의 군용 전신선을 절단하고 수비대 진지를 게릴라적으로 습격했다. 동학농민군이 내건 '척왜양'의 기치, 각지에서 일어난 수십만 명의 봉기와 농민군 자치 운동의 양상을 볼 때, 일본군에 대한 치열한 '척왜' 봉기는 언제든 '척양'으로 바뀔 수 있었다.

구미는 인도 대농민전쟁, 태평천국 농민전쟁 등 아시아 민중의 아래로부터의 거센 내셔널리즘운동을 경험했다. 아시아 민중의 역량을 아는 구미가 일본군의 동학농민군 섬멸 작전을 비난하지 않은 것은 당연하다. '대본영 게시'를 통해 섬멸 작전으로 '시체가 산을 이루었다'고 공식화되고 신문도 이를 보도했다. 도쿄나 서울에 주재하는 영미의 외교부나 군부, 저널리스트가 그것을 몰랐을 리 없다.

구미의 외교부와 군부는 동학농민군의 서울 진격을 경계했다. 그들은 일본군의 동학농민군 토멸 작전에 대해 비난은커녕 침묵함으로써 사실상 일본군의 작전을 암묵적으로 지지했다. 구미 열강의 군대가 아니라 탈아(脱亞)한 이웃 일본군이 조선 지역에 깊고 넓게 뿌리 내린 민중적인 내셔널리즘운동을 섬멸한 것이다. 청일전쟁을 통해 대본영과 일본군이 동아시아에서 한 역할은 명확히 드러났다. 이 상황에서 대본영은 공공연히 섬멸 작전을 게시했다.

『일청전사』에서 삭제된 작선 ━━━━

1904년부터 1907년까지 간행된 전 8권의 『메이지 이십칠팔년 일청전사』는 육군 참모본부가 청일전쟁사의 '정사'로 편찬한 대저(大著)다. 이하에서는 『일청전사』로 약칭하기로 한다. 동학농민군 토멸 작전은 『일청전사 제8권』의 제43장 '병참'의 4 '조선에서 중로 및 남부병참'에 나오는 병참부의 조직 변천에 대한 서술 가운데 아주 간단히 언급되었을 뿐이다.

서술 첫 부분은 "전라, 충청, 강원, 경상 각 도에 동학당 폭동이 다시 일어나다"로 시작된다. 병참선이 위협을 받고 통신선이 절단됨에 따라 일본군 병참수비병이 진압에 나섰다. 그러나 "적(동학농민군)의 이합집산이 끊임없이 널뛰듯 동분서주"하여, "일거에 적의 소굴을 덮치고, 그 근저를 삼제(芟除, 제거)"하기에는 수비대 병력이 부족했다. 그래서 후비 제19대대가 파견되어 서울 이남에서 동학농민군 섬멸의 임무를 띠고 "3도로 전진"했다. 또한 이노우에 가오루 공사가 후비 제18대대 제1중대를 충주 방면에 파견했다고 한다. 이하에서 참모본부는 대체로 이 정도로 간결하게 작전을 묘사한다. 등장하는 부대는 위의 후비 제19대대와 후비 제18대대, 후비 제6연대, 후비 제10연대, 2대대와 2연대다. 총 36줄, 약 3페이지 분량의 기술은 매우 개략적이며 전사(戰史)와는 거리가 멀다.

같은 제8권의 권말 부록, 「일청전력(日淸戰曆)」은 참모본부가 작성한 청일전쟁 연표다. 범례에 따르면 "참여 병력이 1중대 이상인 사실 내용"을 기재했다. 6월 5일 "대본영 개설(開設)", 7월 23일 "경성에서 한일 양국 병의 충돌"에서 시작하여 전투, 정찰, 소전투, 패잔병의 격양(擊壤), 양말(糧秣) 수송, 점령, 적병 습래 등 330개 사항을 열거했다. 그러나 그중에 동학농민군과의 전투는 한 항목도 없다. '적도'나 '폭도'의 토벌, 소토(掃討)에 관한 내용이 연표에 전혀 없는가 하면 그렇지도 않다. 대만에 관해서는 "초갱장(蕉坑庄) 부근의 적도 소탕", "화소장(火燒庄) 부근에서 잔적(殘賊)의 토벌" 등이 연표에 기록되었다.

동학농민군 섬멸 작전에서는 대대, 연대까지 총 약 5천 명의 병사가 동원되었고, 동학농민군 측에서 수만 명의 전사자가 나왔으나 연표에서는 완전히 삭제되었다.

이는 앞뒤가 맞지 않는다. 가령 후비 제19대대의 3중대 약 660명이 훈령을 받고 포위 섬멸 작전을 위해 용산에서 일제히 남하하기 시작했다는 사항은 당연히 「일청전력」에 잘 정리되어야 할 사항이다. 또한 『일청전사 제8권』의 '병참'에는 섬멸 작전의 개요가 간단히 서술되어 있고, 그중에 중대나 대대의 '폭도 격양', '폭도 소토'의 기록이 일곱 군데 있다. 그러나 연표에는 그런 내용이 전혀 없다.

여기서 알 수 있는 것은 '병참'에서는 동학농민군 섬멸 작전이 정말 간결하게, 거칠게나마 대략적인 그림이 그려졌으나 권말 연표의 「일청전력」에는 단 한 개의 항목도 들어가지 않고 삭제되었다는 점이다. 대만에서 이루어진 선주민 토벌 작전이 상세하게 연표에 들어간 것을 볼 때, 동학농민군 토멸 작전은 의도적인 삭제, 은폐라고 할 수 있다. 왜 삭제되고 은폐되었을까. 이는 앞으로 검토할 필요가 있지만 기본적으로 다음과 같은 큰 요인이 있는 것이 분명하다.

이 『일청전사 제8권』이 간행된 시기는 제2차 한일협약(=보호조약)이 조인되고 나서 2년 후인 1907년 10월이다. 일본은 조선을 강제로 보호국으로 만들었다. 1906년부터 고조된 반일의병전쟁은 특히 조선 남부에서 격렬했다. 통감부는 조선에 친일 정권을 조직하려 했다. 따라서 1894, 1895년 항일동학농민군에 대한 대탄압은 일본 입장에서는 불편한 역사였다.

'병참'에서 대략적 줄거리만 묘사된 토벌 작전의 기술을 주의 깊게 보면, 참모본부가 특히 삭제되어야 한다고 생각한 토벌 작전이 어떤 부분인지 드러난다.

앞에서도 일부를 소개했지만 『일청전사 제8권』은 토멸 작전에 동원된 대대와 중대의 행동을 대략적이지만 비교적 정확히 기술했다. 특히 주목할 것은 요즘 연구서에도 간과되는 경향이 있는 11월 하순부터 이듬해 4월까지 일어난 황해도 동학농민군의 봉기와 후비 제6연대 등의 토멸 작전에 대해서도 기술한 점이다. 여기서 볼 수 있듯이 작전 시행 당사자인 참모본부는 물론 일본군의 동학농민군 섬멸 작전을 전체적으로 파악하고 있었다. 전체상을 다 파악한 뒤 서술에서 일부 삭제한 것이다.

이것은 바로 섬멸 작전의 최종 단계 부분이다. 후비 제19대대가 "(12월) 31일부터 나주를 향해 움직여, 1895년 1월 상순 나주 지방을 완전히 평정하고, 이어서 2월 상순, 용산 귀환 명령에 따라 귀환했다"고 기술된 부분을 말한다.

"1월 상순 나주 지방을 완전히 평정"했다는 기술은 명백한 오류다. 일본군은 1895년 1월 상순(5일)에 나주에 들어갔다. 그로부터 2월 상순(5일)까지 무려 한 달 동안 나주에 후비 제19대대의 본부를 설치하고, 미나미 대대장이 지휘하는 3개 중대와 부산에서 온 후비 제10연대 제4중대, 이 4개의 중대를 주된 작전 시행 부대로 삼아 1천 명 이상의 병력으로 장흥, 강진, 해남 등 나주평야 남부와 진도에서 '많이 죽이는 방책', '잡히는 대로 죽이는' 처참하기 그지없는 소토 작전을 전개했다. 그러나 나주평야와 진도에서 1월 5일부터 2월 5일까지 정확히 한 달 동안 전개한 이 대규모 토멸 작전은 개요 설명에서 송두리째 빠져 있다.

이 토멸 작전의 희생자는 이후 식민지 시대의 의병투쟁이나 3·1독립운동의 희생자를 능가했다. 이를 은폐한 원인은 이 최후 1개월간 벌어진 소토 작전의 처참함 때문이다. 일본군은 이 작전에서 대량 살육에 직접 참여했다. 아무리 변호하려 해도 불법적이고 잔인무도한 작전이었다. 그 때문에 『일청전사』의 「일청전력」 작성 때, 3로(三路) 포위 토멸 작전의 최종 단계뿐만 아니라 동학농민군 토멸 작전 전체를 삭제한 것이다.

「일청전력」에서 토멸 작전 전체가 삭제되었을 뿐 아니라, 이후에도 섬멸 작전은 존재하지 않은 듯이 처리되었다. 그렇다면 동학농민군 토멸 작전도 연산 전투의 전사자도 존재해서는 안 된다. 이에 따라 동학농민군 토멸 작전의 전사자 스기노 도라키치는 이후 1935년 간행한 『야스쿠니신사 충혼사 1권』에서 연산 전투와는 관계가 없는 성환 전투의 전사자로 둔갑했다.

「일청전력」은 전 8권으로 된 『일청전사』의 부록이다. 연표의 330개 사항은 '연월일', '전투명 기타', '참여 병력' 순으로 기재되었고, 제일 밑에 '본서의 권 쪽수'는 가령 '1의 96'처럼 빠짐없이 기록되어 있었다.「일청전력」은『일청전사』의 부록이자 일본군 전력(戰曆)에 관한 총색인이기도 하다. 연표에서 모든 작전 기사를 삭제했다면, 참모본부는 '병참' 부분에서도 이 동학농민군 섬멸 작전의 개요를 모두 삭제해야 했다. 지금 우리는 참모본부가 2대대 2연대가 중심이 된 동학농민군 섬멸 작전을 '병참'에서 간결하게 개요를 제시하여 작전의 줄거리를 파악하면서도 총색인인「일청전력」에서 모두 삭제, 은폐했다는 것을 명확히 알 수 있다. 유족이 새긴 충혼비와 비교하면 육해군성과 야스쿠니신사는 일방적으로 역사적 사실을 개서한 것이다. 이는『야스쿠니신사 충혼사』가 전사자를 모독한 행위다.

청일전쟁에서 현역병이 싸우는 배후에 조선의 거의 전 지역에서 압도적으로 군사력이 열세인 동학농민군이 일본군에 대해 목숨을 걸고 봉기하고, 일본군의 토멸 작전으로 동학농민군 수만 명의 전사자와 수십만의 사상자가 나왔다. 목숨을 건 무력 봉기를 밑받침하는 지역 농민을 포함하면, 수백만 명의 일제 봉기. 청일전쟁 전사(戰史)를 편찬한다면 이것이야말로 육군 참모본부 자신이 정확히 객관적으로 기술하고 재검증해야 하는 사실이었을 것이다. 일본 정부와 군부는 그 기회를 놓쳤다. 그 '대가'는 헤아릴 수 없을 만큼 컸다. 지금도 일본군이 조선에서 활동한 것에 관해 전혀 서술하지 않는 청일전쟁의 개설서나 연구서를 보면 이에 관한 인식이 바뀌었다고는 도저히 말할 수 없다.

3. 당시 일본인의 동학농민군 섬멸 작전 비판

장교의 자살 ━━━━

후비 제10연대 제1대대는 서울과 부산 간 병참선의 수비대였다. 청일전쟁 후, 그 제1대대에서 후쿠토미 다카시 대위와 엔다 기요(遠田喜代) 대위, 두 장교의 자살 사건이 일어났다.

후비 제10연대 제1대대의 제1중대는 조령의 남북, 문경 이북, 안보, 충주, 가흥을 담당하고 있었다. 그 중심인 가흥 병참의 사령관이 후쿠토미 다카시 대위(당시)였다.

동학농민군 토멸 작전이 끝나면서 후쿠토미 대위는 2월 하순 부산 수비대로 전근하고, 엔다 중위는 대위로 승진하여 9월 하순부터 후비 제10연대에 배속했다.

후비 제10연대 「진중일지」 4월 28일 후쿠토미 대위 사건이 기술되었다.

> 오후 4시 5분, 중대장 후쿠토미 대위, 군도로 자살했으나 아직 죽음에 이르지는 않았다. 상처는 두 군데, 경동맥을 잘라 지금 치료 중이다.

후쿠토미 대위는 5월 13일 부산 병참병원에서 숨을 거뒀다. 별도의 '전역(戰役) 보고 갑(甲)'에 따르면, 그는 9일 오후에 사망했다고 한다. 그러나 서위(敍位) 수속을 진행하기 위해 자결은 당분간 비밀에 부쳐졌다.

한편 엔다 기요 중위의 사건은 후비 제10연대 제1대대 「진중일지」 10월 2일 부분에 기술되었다.

본일 오후 3시부터 제1중대장 엔다 대위, 지리(地理) 실사(實査)를 한다며 승마한 채로 출발, 행선지 불명, 백방으로 수색했으나 찾지 못함.

그리고 10월 6일.

오후 2시 반, 귀환하는 척후의 보고에 따르면, 엔다 대위는 울산 가도(街道), 서창군(西倉郡) 삼려촌(三呂村)에서 자해, 오후 5시 부산에 돌아와 입원 요양.

10월 13일.

제1중대장 엔다 대위, 부산 병참병원에서 병사.

엔다 중위는 9월 9일 육군 대위로 승임한 직후였다.

후쿠토미 대위의 서위나 엔다 대위의 승임을 볼 때 군 입장에서는 예상치 못한 자살이었다. 후쿠토미 다카시 대위는 고치 시(高知市) 출신이며 엔다 기요 대위는 마쓰야마 시 출신이다. 엔다 대위는 처와 두 명의 자식이 있었다.

두 사람 모두 서위나 승임의 처우에서 볼 수 있듯이 군대 내에서 문제를 일으키지 않았다. 후쿠토미 대위는 충청도 동학농민군 토벌 사령관으로 시종 농민군에 대한 수비, 정찰, 토벌이라는 격무를 수행했다. 한편 엔다 중위는 서쪽 동학농민군에 대한 토벌 명령을 받았다. 전라도에서 해안을 따라 진격해 오는 동학농민군에 대한 토벌은 증파된 후비 제19대대 등과 함께 순천과 보성, 장흥 등에서 처참하게 전개되었다. 두 장교는 정신적으로 깊은 타격을 받았을 것으로 생각된다. 동학농민군 섬멸전은 지옥도(地獄圖) 같은 전장이었음이 틀림없다. 최근 나는 다음 사료를 통해 한층 더 뼈아프게 그것을 알게 되었다.

병사의 「진중일지」 ━━━

작년(2012년) 3월 도쿠시마 현의 향토사가인 사카모토 겐이치 씨의 도움으로 후비 제19대대의 병사가 남긴 「진중일지」를 열람했다. 일지의 주인은 아와 군 가키시마무라(柿島村, 현재 아와 시) 출신으로 후비 제19대대의 상등병이었다. 개인의 「진중일지」를 청일전쟁 종전 6년 후인 1901년 1월 두루마리에 정서(精書)한 것이다. 폭 34센티, 길이 9미터의 장대한 두루마리에 썼고, 표제는 「메이지 27년, 일청교전 종군일지」이다.

1894년 7월 23일 오후 10시 30분 소집 영장이 자택에 도착하고, 다음 날 아침 6시에 출발했다. 편성지인 마쓰야마 시에 도착한 것은 27일, 배속지는 후비 제19대대 제1중대, 그 제2소대 제2분대였다. 전쟁, 행군, 사건 등이 장소와 날짜, 시각 모두 빠짐없이 기록되었다.

11월 6일, 조선 인천항 도착. 이후 12일 아침 7시 30분, 용산에서 동로, 중로, 서로 등 3도를 분진하여 남하, '일지'의 필자는 제1중대로 동로였다. 여기서 동학농민군 섬멸전쟁의 기술이 시작된다.

지금까지 알려진 「진중일지」는 방위성 방위연구소에 소장된 부대 사령부의 「진중일지」였다. 전시에 각 부대는 「진중일지」를 필기(筆記)하는 것이 의무였다. 사본은 육군성에 제출하고 따로 초록을 작성했다. 본서의 앞부분에 소개한 남부 병참감부의 「진중일지」도 그중 하나다. 이에 비해, 한 명의 병사가 전투 현장에서 기술한 「진중일지」는 질적으로 지금까지의 예상을 훨씬 뛰어넘는 수준이었다.

‘일지’의 필자가 시종 행동을 같이 한 분대는 20명이 약간 안 되는 소집단이었다. 나는 지금까지 방위연구소 소장, 인천 병참감부·사령부의 「진중일지」를 제1급 사료로 읽어 왔다. 하지만 현장에서 싸운 병사의 「진중일지」를 읽고, 부대 사령부나 대대장이 전투 현장에서 멀리 떨어져 있었다는 사실을 통감했다. 그것은 사실 당연한 것이다. 나주평야 남부에서 후비 제19대대의 처참한 섬멸전이 전개된 시기에도 미나미 대대장과 대대사령부는 나주에서 움직이지 않았다. 섬멸전의 실정은 나주에서 장흥, 강진, 해남, 진도에 파견된 현장부대 병사의 시각이 아니면 보이지 않는 부분이 많았다.

이하에서 ‘일지’의 일부를 소개한다.

11월 28일, ‘일지’를 기록한 병사가 소속된 제1중대 제2소대 제2분대는 전비(戰費) 3천 엔을 한전(韓錢)으로 바꾸고 이를 26개로 나누어 중로를 진군하는 대대본부에 전달하는 임무를 맡았다. 12월 2일까지 대대장의 제3중대를 따라 별도로 행동하고, 제1중대로 돌아왔다.

11월 14일에는 경기도 이천에서 “10여 호의 인가를 둘러싸고 집집이 심사(深査)했다. 뛰는 자가 있으면 총살”했다. 12월 3일 충청도 옥천에서 같은 아와 군 출신의 스기노 도라키치와 만나 밤에 “지금까지의 고생담을 몇 시간이나 나누었다”고 한다. 스기노 도라키치는 제3중대 상등병이며 대대에서 유일하게 전사자가 된 사람이다.

앞에서 설명했듯이 후비 제19대대는 12월 11일의 새로운 훈령에 따라 전군, 서남부인 전라남도로 몰려온다. ‘일지’ 병사가 속한 제1중대도 동쪽 충주에서 서남부를 겨냥했다.

12월 18일, 경상도 개녕(開寧)에서 “이곳의 관리 김광한(金光漢), 이준서(李俊瑞) 외 수십 명, 동학 조원(組員)이어서 모두 총살”했다. 동학이라는 이유로 수십 명을 총살한 것이다. 앞에서 보았듯이 이천에서도 개녕에서도 동학이라면 무조건 살육했다.

이 '일지'의 필자는 용산에서 주어진 '명령'이 '동도를 진멸(鎭滅)'하는 것이라 했다. '진멸'은 진압하고 멸하는 것이다. 작전은 처음부터 동학이면 살육한다는 방침하에 실시되었다.

12월 23일, 전라도에 들어가기 직전 안의(安義)에서 "촌락을 수색하고 동학 잔당 8명을 붙잡아 총살"했다.

12월 26일, 남원 산악부에서 동학농민군과 전투가 있었다.

가택을 수색했으나 적이 이미 도망하여 한 사람도 보이지 않아 인가에 불을 지르고 남원에 돌아오다. 밤이 깊었으나 불 연기가 아직 천공에 빛나고 이날 저녁에 들어갈 사숙(舍宿)은 동학당으로 인해 재가 되었다.

일본군은 집집이 불을 놓았고, 밤늦도록 화염이 불탔다. 한편 일본군이 돌아가니 먼저 들어온 농민군이 일본군 숙사에 불을 지른 상태였다. 엄한기에 일본 병사들은 잘 곳을 잃었다. 농민군의 지리적 이점을 활용한 항전이다. 일본군은 4일 후인 30일, "전날, 불타는 용성산(龍城山)에 이르러 타고 남은 사원과 기타 가옥을 불태웠다"고 한다.

12월 31일, 남원에서 나주평야로 들어가서 "동도의 집 수십 채를 불살랐"고, 곡성에 도착하여 그날 밤 "동학 10명을 나포(拿捕)하여 돌아와 한인에게 명령하여 불태워 죽였다"고 한다. 소대장은 병사 몇 명을 데리고 척후에 나가 "동도의 가택 수십 호를 불살랐다"고 기록되어 있다.

이듬해(1895년) 1월 2일 옥과에서 "한인, 동도 5명을 나포해 와서 고문, 총살하고 사체는 불태웠다"고 한다.

1월 4일 능주에 도착한다.

> 우리 군은 가까운 마을을 수색하고 동도 7, 80명을 붙잡아 와서 고문하니 각자 자백하기에 이르렀다. 이에 따라 죄가 가벼운 자는 민병에게 넘겨 구타하고, 중한 자 20명 정도를 총살했다.

다음 날인 5일, 능주 부근에서는 "동도에 속한 자, 수백 명이 낭패(狼狽)하여 총기와 죽창을 짊어지고 도주, 그때 저쪽 민병이 도주하는 동도를 모조리 붙잡아 우리 부대에 보내왔다. …… 포로를 심사하여 죄가 가벼운 자는 추방하고 무거운 자는 죽이도록" 했는데 여기서 희생자 수는 분명하지 않다.

옥과와 능주에서는 '모조리 살육' 방침이 이와 같이 '죄가 가벼운 자'는 처벌하고 추방하는 것으로 바뀌었다. 그렇다고 대처 방식이 완화된 것은 아니었다. 곡성, 옥과, 능주에서도 고문하고 총살하고 집을 불태웠으며, 살육 후 사체를 불태웠다. 곡성에서는 동학농민군 10명을 '한인에게 명령하여 소살(燒殺)'했다. 소살은 산 채로 불태운 것을 말한다.

1월 8일, 장흥 전투. 빼앗은 소총, 탄환이 "그 수를 헤아리기 어렵다"고 쓰여 있다. 9일에도 장흥 전투가 계속된다.

> 우리 소대는 장흥부 남문에서 서산(西山) 위를 점령했다. 그러나 산 중턱에 올라 우리를 향해 맹렬히 발화한다. 또 산 아래 동쪽, 밭을 내려다보니 백의의 적군이 마치 적설(積雪)과 같고, 함성이 대지를 진동한다.

이처럼 대규모 전쟁이 되었고 동학농민군은 여전히 강했다.

우리 부대는 서남쪽으로 적을 쫓고, 타살한 자 48명, 부상자 생포 10명, 그러나 일몰이 되어 양 부대(제1·제2분대) 모두 진영으로 돌아왔다. 숙사에 돌아가서 생포한 자는 고문하고 소살(燒殺)했다.

부상을 입고 붙잡힌 동학농민군 10명을 일본군 숙사에서 고문하고, 산 채로 불태워 죽였다.

이날(11일) 7시 반, 장흥을 출발했다.

적을 엄중히 수색하고, 통행하는 남자는 모두 붙잡아 볏짚에 불을 놓고 그 속에 던진다. 의복에 불이 옮겨 붙자 혼비백산하여 3정(丁, 거리 단위) 정도 마구 날뛰는 것을 총을 발사하여 죽인다. 보는 사람마다 웃지 않는 자가 없다.

이날 죽청동촌(竹靑洞村)에 저녁 5시에 도착한다. 큰 눈이 내리고 "찬 바람이 피부를 찌른다"고 기록되어 있다.

처형은 처참함을 더했다. 통행하는 남자를 모조리 붙잡아 강력한 불꽃이 나오는 볏짚 불구덩이에 던졌다. 태워 죽인 사람 수는 불명이다.

1월 12일 대흥면에서 본대(제1중대)는 "남은 적 11명을 붙잡아 죽이다. 다른 3명은 신체와 의복에 불이 붙은 채 3, 4정(丁) 달리다가 끝내 바다에 몸을 던져 죽었다"고 쓰여 있다. 서술을 보면 붙잡힌 11명은 산 채로 불에 던져졌고 3명은 불 속에서 도망쳐 바다에 몸을 던져 죽었다는 것을 알 수 있다. 14일 장흥에서는 "오늘, 나포한 7명을 모조리 죽이다."라고 쓰여 있다. 어떻게 살육했는지는 쓰여 있지 않다.

18일은 강진에 체재했다.

어제, 우리 군대가 장흥과 봉명대(鳳鳴臺)를 함락시키고, 동도를 속속 붙
잡아 모두 죽였다. 그 수는 삼백 명에 달했다.

일본군이 장흥과 봉명대를 함락시킨 것은 1월 8일이고, 소대는 10일
동안 300명을 살육했다.

강진에서 해남으로 행군했다. 전라도 서남부, 나주평야 남부에는 동
쪽부터 해안을 따라 장흥, 강진, 해남이 나란히 있다. 해남에서 일본군이
어떻게 처형했는지 보자.

22일 해남에 체재하고 "오늘 또 나포한 적병, 16명, 성 밖에서 총
살"했다.

다음 날 해남에서 제2소대 제1분대와 제3소대 제1분대 등 2분대에 통
위영(通衛營) 한병(韓兵)을 이끌고 진도를 수색하라는 명령이 떨어졌다.
「일지」의 병사는 이 진도 진격에는 참여하지 않는다.

31일, "동소(同所), 해남 체재", 다음 기록은 원 사료 그대로다.

오늘 동도 잔당 7명을 붙잡아 이를 성 밖의 밭에 일렬로 세우고 총에 검
을 장착하고 모리타 지카유키(森田近通) 일등군조의 호령에 따라 일제 동
작으로 찔러 죽이고 이를 전시하니 한인 및 통위영 병사들이 심하게 경악
했다.

밭에 늘어세운 동학농민군 7명. 총검을 장착하고 소대장의 호령하에
일제 동작으로 찔러 죽였다. 이 일등군조는 제3분대 대장이다(「일지」의 병

사는 제2분대). 제3분대 대장 이하 18명이 총검으로 일제히 찔러 죽여 처형했다. 청일전쟁 중, 엄동설한의 조선 전장에서 일본 병사는 동학농민군을 태워 죽이고, 총검으로 찔러 죽이고 집집이 불을 질렀다.

2월 4일 나주에 도착했다. 성내 4만 호가 산다는 도시로, 후비 제19대대 본대가 한 달 동안 체재하고 있었다. 동학농민군의 처형이 집행되었다.

> (나주성의) 남문에서 4정(丁) 정도 가면 작은 산이 있고, 인골이 겹겹이 쌓여 실로 산을 이루었다. 전날 장흥부 전투 후, 수색이 엄중하여 동도가 있을 곳이 곤란했으므로 다음 날 자기 집에 돌아가려는 것을 저들 민병이나 우리 부대 병사들이 나포, 문책하여 중죄인을 죽이니 매일 12명에서 103명에 달했다. 따라서 이곳에 시체를 버린 것이 680명에 달하여, 근방에 악취가 진동하고 토지는 백은(白銀)처럼 인유(人油)가 결빙했는데 이처럼 사체를 본 것은 전쟁 중에도 없는 바이다. 이 동학당의 시체는 개와 새들의 먹이가 되었다.

나주성 남문에서 4정 정도 떨어진 곳에 버려진 사체가 작은 산을 이루었다. 민병이나 일본군 후비 제19대대에 붙잡혀 '책문(고문)'을 받고 죽임을 당한 동학농민군이 680명으로 기록되었다. 미나미 대대장이 이노우에 가오루 공사에게 보고한 나주 부근의 희생자 수 230명의 3배다.

이 「진중일지」에 기록된 것 중 주목할 것은 이 병사가 스기노 도라키치와 만난 것이다. 아래 인용한 것 처럼 12월 3일 밤 옥천에서 친구 스기노 도라키치와 만났다. 옥천은 충청도 산악지대로 그 정경은 다음과 같이 기술되었다.

(문의에서 옥천 사이) 촌락은 모두 동학당으로 이루어졌다. 지난 11월 29일, 제3중대 때문에 퇴격을 당하여 6리 사이 민가에 사람이 없고, 또한 수백 호를 불살랐다. 또 많은 시체가 길옆에 너부러져 개와 새의 먹이가 된다. ……

그날 밤 친구 스기노 도라키치와 면회하고 전투 얘기를 했고 또 지금까지의 고생담을 몇 시간이나 나누었다.

처참한 옥천에서 병사와 스기노 도라키치는 "고생담을 나누었다"고 한다. 이 병사와 스기노 상등병은 모두 고참병이고, 일반 병사보다 하사관에 가깝지만, "백발백중, 실로 유쾌"하다고 쓴 하사관과는 시선이 다르다. 지옥도와 같은 장대한 「진중일지」를 수년 후에 지인의 도움을 빌려 두루마리에 정서한 것에서는 후세에 기록으로 남기려 한 전(前) 병사의 집념이 느껴진다.

『가가와신보(香川新報)』의 작전 비판 ─────

『가가와신보』는 1894년 12월, 4회에 걸쳐 논설 '조선의 개혁'을 연재했다. 이것은 동학농민군 포위 섬멸 작전이 한창일 때 게재된 섬멸 작전에 대한 비판 사설이다. 12월 19일 자 1면 첫머리, 20일 자 2면 첫머리, 21일 자 2면 첫머리, 그리고 23일 자 1면 첫머리에 실렸다.

당시 신문 검열이 심했다는 점을 고려하면서 기사를 읽을 필요가 있다. 가가와 현 역사교육자협의회의 이시이 요다이(石井雍大) 씨에 따르면, 『가가와신보』는 입헌개진당계 신문으로 주필인 사카사이 도이치(坂齋道一)는 1895년 네 차례 발행 정지 처분을 받았고, 이 사설도 사카사이가 집필한 것으로 판단된다고 한다.

1회에서는 조선의 개혁을 신속히 할 필요가 있다고 주장한다. 2회와 4회에서는 특히 비판점이 선명히 나타난다. 2회의 주장은 "동학당 가운데 적어도 그 영수가 되는 자들은 조선 국민 중 선각자라 할 수 있다고 믿는다"는 것이다. 동학농민군의 지도자는 조선의 선각자라는 주장은 당시 정부나 외무성과는 완전히 상반되는 주장이다. 3회에서는 '동학당'을 시대의 불평가이자 막말 일본의 양이당(攘夷党)이 될 가능성이 있는 세력이라고 한다.

4회는 현재의 동학농민군 '토멸' 작전에 대한 정면 비판이다.

이와 같이 동학당을 토멸할 때, 무릇 수백수천의 조선국 사람을 죽일지 여부는 정치가가 가장 주의할 점이다. 오늘까지 이미 기백의 동도를 죽였고, 그러나 아직 아무 효과를 거두지 못했으며 앞으로 다시 과연 수천 명을 죽여야 하는가. 한 번 생각해 보라. 강서(江西) 지방의 동학당만 해도 그 수가 백만을 넘는다고 하지 않는가. 그러나 그 가운데 진짜 도당은 100을 헤아리는 데 지나지 않는다고 하지 않는가.

……

토벌해야 하는 우민, 혹은 토벌당하고 혹은 해를 입으니 어찌 원한을 후세에 남기지 않겠는가. 백 명이 죽으면 천 명이 한을 품고, 천 명이 죽으면 만 명이 원한을 품는다. 오호, 어찌 영원히 우리의 덕을 펼 수 있겠는가.

……

동학당을 잘 평정했다고 하나 일반 양민이 복종하기 어렵다는 데 대해서는 어찌할 것인가. 이노우에 백작이라는 자는 깊이 생각해야 한다. 식자라는 자가 깊이 새겨야 한다.

주의해서 읽으면 4회째의 사설은 동학농민군 지도자를 선각자라고 변호하는 주장이 후퇴했다. 동학농민군에는 진정한 '동학당'과는 별개로 무고한 양민이 다수 참가했다. 농민군을 평정하려면 이러한 무고한 양민을 수백 명, 수천 명이나 죽일 수밖에 없다. 백 명을 죽이면, 천 명이 한을 품고, 천 명을 죽이면 "만 명이 원한을 품는다"는 것이 『가가와신보』 사설의 주장이다. '동학당'을 평정할 수 있다 해도 '일반 양민'을 복종시킬 수 없다. 이노우에 가오루 공사는 깊이 생각해야 하고, 식자 역시 깊이 생각해야 한다고 주장한다.

논지를 볼 때 동학농민군 지도자에 대한 지지는 흔들리고 있다. 『가가와신보』 사설의 주장은 동학농민군 토멸 작전에 대한 이의 제기가 주안점이었다고 생각된다. 사실 『가가와신보』는 그 후 일본군의 토멸 작전을 거의 보도하지 않았다.

역사를 장기적으로 볼 때, 『가가와신보』 사설의 주장은 귀중하다. 동학농민군에 진짜 '동학당'이 아닌, 무고한 양민이 많이 참가했다는 것은 동학의 이해와 관련해서 애매한 주장이다. 그러나 동학농민군에 양민이 참가했다는 주장은 사실을 짚은 것이다. 동학농민군의 토멸로 인해 "만 명이 원한을 품는다"는 주장은 정당하고 당연하다.

그 후 1895년 4월 3일의 '동학당 재기'라는 사설은 동학농민군이 재기할 것이라면서 일본군과 한병이 협력하여 동학농민군을 '진정, 소토'했지만 동학농민군을 근절할 수 없었다고 주장한다. 한병이나 조선 지방관의 '폭상(暴狀)'은 동학농민군의 '폭상'을 능가하여 '지방의 민심'은 동학농민군에게 '귀향'하고 있다는 것이다. "지방관의 폭상이 이와 같으니, 동학당이 일어날 이유가 없다 할 수 없다"는 결론이다.

당시의 검열을 생각하면, 상당히 과감한 논설이라 할 수 있다. 동학농민군이 민심을 얻고 있다는 주장은 의미가 있다.

일본군은 구미형 라이플 총으로 무장하고 징병제로 소집된 보병을 가졌다. 확실히 일시적으로는 동학농민군을 압도했다. 그러나 역사를 긴 안목으로 본다면, 동아시아에서 민심을 얻지 못한 일본군이 라이플 총을 가진 정예병으로 우세를 자랑한 것은 결국 짧은 기간에 불과했다. 『가가와신보』는 사리에 맞는 주장을 했을 뿐이다.

한국에서 민주화운동에 참가하고 동학농민전쟁의 조사와 현창에 노력하는 연구자, 시민운동가들은 동학농민군 희생자들의 영혼이 지금도 천공에서 분단된 민족을 응시하며 격려해 주고 있다고 얘기한다. 이들은 '지일파(知日派)'로 나는 그분들로부터 지속적인 도움을 받았다. 나는 제2장에서 소개한 한승헌 씨의 고유문에서 보이는 진지하고 엄정한 태도에 감명을 받았다. 현장 조사나 보고회에서 연구자나 운동가와 교류하면서 그들이 가슴에 품은 가장 깊은 분노를 절절히 느낄 수 있었다. 한승헌 변호사는 고유문에 썼듯이 격렬한 분노를 품고 홋카이도대학에 방치된 유골 앞으로 '달려갔다'. 바로 가슴에 품은 풀리지 않는 분노 때문에 더더욱 희망을 추구하고, 일본을 지켜보고 있다고 생각한다.

이끼에 뒤덮인 묘에 묻혀 있는 기타우와 군의 전사자, 전사(戰死) 사실이 뒤바뀐 아와 군의 전사자, 처참하기 그지없는 「진중일지」를 후세에 남긴 병사, 또한 귀국을 앞두고 자결한 장교 두 명, 이들은 모두 본의 아니게 지역의 기억에서 영구히 잊혔다. 그들 역시 천공을 배회하며 우리의 가는 길을 지켜보고 있는지도 모른다.

저자 후기

『보고서』를 내고 난 후에도 지금까지 계속 10년이 넘도록 자료를 찾아 돌아다녔다. 홋카이도 도내는 물론 도쿄, 시코쿠, 야마구치에도 가고, 박맹수 씨의 안내로 한국의 전투 유적지를 돌아보기도 했다. 진도, 하조도, 목포, 전주, 정읍, 청주, 가흥, 금산, 보은, 연산, 안보, 조령, 대봉, 안동, 광주, 낙안, 순천, 익산 등 곳곳에서 많은 분께 신세를 졌다. 여기서 이름을 다 나열할 수는 없지만 감사의 말씀을 드리고 싶다.

부(負)의 역사 유산을 조사하는 자료 탐색이 '자학'이라는 사람들이 있다. 그러나 이 책에서 썼듯이 동학농민군 섬멸 작전에서 대본영은 농민 병사들에게 저항으로 떨쳐 일어난 다른 나라의 수많은 농민을 죽이라고 시켰다. 그것이 바로 자국에 대한 '자학'이란 생각이 든다.

마쓰야마 시에서 열린 '동학농민전쟁과 에히메' 심포지엄에 세 차례 출석했다. 그런데 심포지엄에도 매번 오고, 작년(2012년) 폭염 속에 진행된 현장 연구에까지 열심히 참가한 고참 농민운동가가 있었다. 나는 동학농민전쟁과 그분의 관심사인 농민운동이 다소 분야가 다르지 않나 싶어 참가하신 이유를 물었다. 그분은 "에히메의 농민이 두번 다시 총포를 들지 않게 하려고 참가했습니다."라고 답했다.

역사적 부채를 찾아가는 일은 분명히 어느 정도 용기가 필요하다. 파란을 일으키지 않는 것이 예의인 나라에서 예의에 벗어나는 일을 해야 할 때도 있다. 그러나 내 경우, 불쾌한 경험은 드물었다. 지역 분들은 다소 놀라면서도 가능한 범위 내에서 협력해 주었다. 어려운 조사에도 협력해 준 분이 반드시 있었다.

『보고서』의 방대한 자료 조사를 보조해 준 사람이 당시 대학원에 다니던 학생들이다. 이치세 히로에(一瀬啓惠), 이노우에 다카아키(井上高聰), 오바타 다카시(小幡尙)에게 감사한다. 이 책의 원본인 『동아시아 근현대통사 제1권』(岩波書店)의 논문 「메이지유신과 아시아 — 두 개의 '병합', 홋카이도와 조선」을 쓸 때 도움을 주신 분이 편집자인 바바 기미히코(馬場公彦) 씨와 나카야마 에이키(中山永基) 씨다. 「메이지유신과 아시아」라는 주제로 동학농민전쟁과 아이누 민족 운동을 다룬 논문을 긍정적으로 평가해 주었다.

홋카이도지사를 상대로 아이누 민족 원고 24명이 무려 8년간, 최고재판소까지 가며 싸웠지만 패소했다. 이 재판에서 나는 아이누 민족의 공유재산이 소멸한 경위가 분명치 않고, 아이누 민족 운동도 존재했다고 증언했고, 그 부분은 판결에서도 인정을 받았다. 제3장의 기초가 된 것은 이 증언이다. 원통함이 남는 아이누 민족 공유재산 재판은 현재 홋카이도에서 만들고 있는 관제 아이누 민족사 연표에도 생략되어 있다. 그 엄연한 사실이야말로 장로 오가와 류키치(小川隆吉) 씨가 원고 단장이 된 재판 투쟁이 얼마나 격렬했는지를 역으로 말해준다. 구시로에서 참가한 아이누 민족 원고는 엄숙한 법정에 나타나 재판장 눈앞에서 민족 의상을 입고 고난에 찬 성장 과정부터 시작하여 진술했다. 법정에 있던 모든 사람의 기억에 새겨진 일이다. 원고들의 진술에는 민족의 공유재산은 개인 것이 아니라 민족 전체의 것이라는 생각이 가득 담겨 있었고, 이제 재판 기록으로 간행되었다.

나카즈카 아키라 씨는 『보고서』가 나왔을 때부터 격려해 주었다. 나카즈카 씨는 금년(2013년)에 나온 『동학농민전쟁과 일본』(高文硏)의 필자로 나를 참가시켜 주었다. 2009년 서울에서 강연하고 갑작스럽게 돌아가신 요시오카 요시노리(吉岡吉典) 씨도 내 연구실에 온 적이 있다. 요시오카 씨는 일반인을 대상으로 한 자신의 책에 후비 제19대대에 내린 훈령 전문을 게재했다(吉岡, 2007).

한승헌 변호사는 1997년 『한국의 정치 재판』(다케노 아키라〔舘野哲〕역, 사이마루 출판회)이라는 책을 냈다. 서문 '불행한 조국의 임상노트 ― 일본의 여러분에게'에서 그는 "자국(일본을 말함 ― 역자)의 어두운 부분까지 외국인들에게 알리는"(필자 같은 ― 역자) 행위를 의아하게 생각하는 일부 한국인들을 향해, "진실인지 여부가 중요하다"고 썼다. 나는 이 글을 반복해서 읽고 배우는 바가 많았다.

바바 씨는 처음에 생각했던 것과는 정반대로 집필에 악전고투를 거듭하는 내가 탈고할 수 있게 이끌어 주었다. 나카야마 씨는 냉정한 편집자의 수완으로 본서를 완성해 주었다.

악전고투가 너무 심해서 나는 자신의 역량으로는 여러 면에서 무리라는 것을 알았다. 공동대표를 맡고 있는 '유지하는 모임' ― 삿포로 모이와야마(藻岩山) 아래 도요히라가와(豊平川) 강변에 세워진 청동상(니이베레이〔二部黎〕의 작품)을 보존하는 모임으로, 이 청동상은 전전(戰前)의 다코

베야(蛸部屋)[18]에 살던, 조선인을 포함한 발전소 공사 희생자를 추도하는 의미가 있다 ─ 이외에는 다른 활동을 중단하고 이 책의 집필에 전념했다. 안타까운 마음으로 이 책을 썼지만 이제 드디어 다 끝낸 것이 뿌듯하고 감사할 뿐이다.

2013년 7월

이노우에 가쓰오

---

18 토목 공사나 탄광 근방에 세워져 노동자들이 공동생활을 하던 열악한 숙소를 말한다.

역자 후기

　어문학사 윤 사장님의 의뢰로 이 책을 번역하게 되었다. 때마침 올해 (2014년)는 동학농민혁명이 120주년을 맞는 해다. 동학농민혁명, 청일전쟁, 갑오개혁이 일어난 격동의 1894년과 같은 '갑오년'에 이 책을 출간하게 되어 더욱 뜻깊게 생각한다.

　역자는 이 책의 저자인 이노우에 가쓰오(井上勝生) 씨를 아직 만나 뵙지 못했지만, 이 책에도 나와 있듯이 한국의 동학 연구자들과 깊이 교류하는 분으로 알려져 있다. 메이지유신사를 전공한 저자는 1995년, 백 년이 넘는 세월 동안 일본 홋카이도에 방치되어 있던 동학농민군 지도자의 유골이 '발견'된 것을 계기로 동학농민혁명과 일본 침략군, 청일전쟁, 홋카이도의 아이누 민족까지 넓은 범위에 이르는 연구를 시작하게 되었다. 그리고 그 연구 여정은 저자 후기에도 쓰여 있듯이 지금까지 거의 20년 가까이 계속되고 있다. 이 책이 작년(2013년)에 일본에서 출판되었으므로 이 책의 기록은 정확히 18년간의 집념과 노력의 결실이다.

　연구는 동학농민군 지도자의 유골 조사로 시작했지만, 일국사의 틀을 넘은 동아시아의 근대사가 모습을 드러낸다. 특히 여러 민중의 모습 ― 처절하게 싸우다 스러진 조선의 동학교도와 일반 민중, 군대에 징집

되어 남의 나라에서 민중 학살에 가담한 시코쿠(四国)의 가난한 일본인들, 같은 시기에 일본 국내의 식민지화와 수탈에 맞서 민족운동을 발전시키고 있던 아이누인들 — 이 부각된다.

유골이 누구의 것인지를 밝힐 수는 없었다. 그러나 왜 그 유골이 진도에 있었는지, 왜 그것이 멀리 홋카이도대학까지 옮겨졌는지, 과연 누가 그 '반출'에 관여했고 그 배경이 어디에 있는지 하는 실마리를 찾는 과정이 이 책에 생생하게 그려진다. 나아가 '채집자'가 삿포로농학교 출신이고 유골 발견 장소가 삿포로농학교의 후신인 홋카이도대학이라는 점에서 이 학교의 '식민학' 역사도 짚게 된다. 심지어 저자는 자신의 근무처이기도 했던 홋카이도대학의 대학사(大學史)에서 터부시되고 가려졌던 치부까지 숨김없이 드러낸다.

모두가 자료에 근거한 내용이다. 저자가 찾아다닌 수많은 장소와 기록들, 증언들이 펼쳐진다. 특기할 것은 그 과정에서 한국과 일본, 민족적 차이를 막론하고 많은 이들과의 교류와 협력을 심화했고 '연대'라고 할 만한 유대를 이룩한 점이다. 저자는 다른 이들의 도움에 관해서도 빠짐없이 기록했다.

'청일전쟁'은 단지 '청'과 '일'이라는 정규군을 중심으로 한 두 나라의 전쟁이 아니다. 조선은 그 전쟁의 주요 전장이었고 동학농민군의 제2차 봉기는 침략전쟁에 대한 명백한 항전이었다. 일본군은 중국 군대와 싸웠을 뿐 아니라 뤼순 사건에서 볼 수 있듯이 점령 지역에서 민간인 학살을 자행하고, 전쟁의 배후지인 조선의 각 지역에서 동학농민들을 '모조리 죽이는' 토멸 작전을 벌였다. 조선 전국에서 일어난 농민 봉기가 러시아의 개입을 초래할 가능성을 우려하여 한반도 서남부로 농민군을 몰아붙여 학살하고 '섬멸'했다. 전쟁의 결과는 청, 일 뿐만 아니라 조선의 운명에 심대한 영향을 주고 동아시아의 판도를 뒤바꿔 놓는 것이었다.

많은 연구자가 청일전쟁에 대한 이와 같은 인식에 공감하고 있으나, "오늘날 한·중·일 3국의 역사교과서 가운데 이러한 (만주와 한반도에 주목하는) 관점에서 청일전쟁의 양상을 기술한 경우는 거의 없다(경향신문 2014년 1월 29일, [1894 vs 2014, 갑오년의 동아시아] (5), 신수백)"고 한다. 아직 동아시아 차원의 청일전쟁 및 동학농민혁명에 대한 인식이 충분히 확산되었다고는 보기 힘들다고 생각된다. 역자 역시 우금치 전투의 패배와 전봉준 체포 이후에도 전개된 동학농민군의 저항과 일본군의 '학살'에 대해 이 책을 접하면서 새로이 알게 된 바가 많았다. 특히 이 책에 인용된 토벌부대에 참가했던 한 병사가 작성한 「진중일지(陣中日誌)」에 드러난 동학농민에 대한 구체적인 '살육' 양상은 충격 그 이상이었다.

저자는 한발 더 나아간다. 일본의 공식 청일전사(靑日戰史), 특히 연표에서 동학농민군 '토벌'에 관한 모든 사항을 의도적으로 누락시킨 것, 야스쿠니 신사에 합사된 유일한 '전사자'가 동학군과의 전투가 아닌 청군과의 전투에서 전사한 것으로 날짜와 장소를 둔갑시킨 것 등 지금까지 알려지지 않은 사실을 밝혀냈다. 우리는 조선 농민들을 학살한 '동학당 토멸대대'의 침략 병사들이 야스쿠니 신사에 모셔진 데 대해 분노하지만, 그들 대부분(41명)은 전병사자들이고 단 한 명의 전사자의 죽음은 은폐되고 거짓으로 기록된 사실 또한 알아야 할 것이다.

저자의 다소 특이한 문체를 우리말로 번역하기는 쉽지 않았다. 면화 재배라든가 아이누와 관련된 전문 용어 등도 일일이 찾아봐야 했다. 혹시 의미가 잘못 전달된 부분이 있다면 온전히 역자의 책임이다.

편집에 수고하신 어문학사 편집부 여러분께 감사를 드린다. 갑오년 독자 여러분과 함께 120년 전의 동아시아로 여행을 떠나고 싶다. 지금의 한반도 상황을 돌아보고 미래를 올바로 헤쳐나갈 수 있는 안목도 역사에서 나올 수 있지 않을까.

2014년 갑오년 3월
역자 동선희

참고 문헌

제1장

한국 문헌

「각사등록」, 한국 정부·국사편찬위원회 편(서울).

권태억, 『한국근대면업사연구』, 일조각, 1989.

谷垣嘉市, 『목포지(木浦誌)』, 목포지편찬회, 1914.

국사편찬위원회, 『동학란기록(東學亂記錄)』上·下(조경달 씨 조사).

군산농사조합, 『군산농사월보(群山農事月報)』3호, 1905.

『임시면화재배소 보고』1·2호, 임시면화재배소(목포), 1909년 10월.

保高正記·村松祐之, 『群山開港史』, 保高正記(충청남도 서산시), 1965.

『조선신보(朝鮮新報)』, 인천 발행(국회도서관)〔이노우에 가오루(井上薰) 씨 조사〕.

佐藤政次郎, 「한국 전라남도 주요지 명세도 일명이주안내(韓國全羅南道主要地明細圖一名移住案內)」, 목포인쇄, 1909.

진도군지편찬위원회, 『진도군지(珍島郡誌)』, 진도군, 1976.

『한국중앙농회보』1권 5호, 한국중앙농회, 1907.

일본 1차 자료

「韓国東学党蜂起一件」, 外務省·外交史料館, 1893~95.

「札幌農学校同窓会報告」(홋카이도대학 대학문서관 소장).

佐藤政次郎 以下 10名,「札幌農学校同窓会宛絵葉書」,『札幌農学校同窓会 第36回 報告』(홋카이도대학 대학문서관 소장), 1917.

「佐藤政次郎ノート」(佐藤家政 所有) '자필 노트'와 '구술 노트'.

「東学党 暴民」, 防衛省 防衛研究所図書館, 1894~95.

南部兵站監部,「陣中日誌」10~11月, 防衛研究所図書館, 1894.

棉花栽培協会,「棉花栽培協会報告」1回/2回, 棉花栽培協会, 1905・1906.

일본 문헌

李圭洙,「日本人地主の土地集積過程と群山農事組合」,『一橋論叢 / 一橋大学一橋学会 一橋論叢編集所 編116(2)』, 1996.

井上薫,「北海道大学文学部古河講堂頭骨放置事件」, 巨大情報システムを考える会 編,『〈知〉の植民地支配』, 社会評論社, 1998.

井上勝生,「北大で発見された東学農民軍指導者遺骨の調査と返還について」,『歴史 地理教育』, 歴史教育者協議会 編(通号 577), 1998.

井上勝生,「甲午農民戦争(東学農民戦争)と日本軍」, 田中彰 編,『近代日本の内と外』, 吉川弘文館, 1999.

姜孝淑,「第2次東学農民戦争と日清戦争」,『歴史学研究』762号, 2002.

姜在彦,『新訂 朝鮮近代史研究』, 日本評論社, 1982.

佐藤在寛先生顕彰会 編,『佐藤在寛新聞論談集』, 佐藤在寛顕彰会, 1995.

佐藤政治郎,『韓国成業策――一名渡韓のしるべ』, 岡島書店, 1904.

沢村東平,『朝鮮近代史研究双書1 近代朝鮮の棉作綿業』, 未来社, 1985.

高村直助,『日本紡績業史序説』上, 塙書房, 1971.

田中愼一,「新渡戸稲造について」,『北大百年史 編集ニュース』9号, 1979.

田中愼一,「新渡戸稲造の植民地朝鮮観」,『北大百年史 編集ニュース』10号, 1980.

中塚明,「「日清戦史」から消えた朝鮮王宮占領事件」,『みすず』399号, 1994.

中塚明,『歴史の偽造をただす』, 高文研, 1997.

新渡戸稲造,『新渡戸稲造全集』全23卷+別卷, 教文館, 1983~1987.

日本コリア協会・愛媛 編著,『植民地朝鮮と愛媛の人々』, 愛媛新聞社, 2011.

日本コリア協会・愛媛,『「東北アジアの平和フォーラム」報告書』, 事務局長 柳瀬一秀(私家版), 2012.

朴宗根,『日清戦争と朝鮮』, 青木書店 1982.

朴孟洙,「近代日本と韓国との関係 : 東学思想, 甲午農民戦争, 日清戦争を中心に」, 北海道大学 文学部 提出 博士学位論文, 2000.

北海道新聞社 編,『北海道大百科事典』, 北海道新聞社, 1981.

北海道大学 文学部・古河講堂「旧標本庫」人骨問題調査委員会,『中間報告書』,「「東学党」の墨書のある頭骨」(井上勝生 執筆), 北海道大学 文学部, 1996.

北海道大学 文学部・古河講堂「旧標本庫」人骨問題調査委員会,『古河講堂「旧標本庫」人頭蓋の鑑定』, 北海道大学 文学部, 1996.

北海道大学 文学部・古河講堂「旧標本庫」人骨問題調査委員会,『報告書』,「東学党農民軍指導者と推定される頭骨について」(井上勝生 執筆), 1997.

北海道大学 文学部・古河講堂「旧標本庫」人骨問題調査委員会,『報告書Ⅲ』, 北海道大学 文学部, 2010.

제2장

한국 문헌

강덕상 저, 김광열 역,『우키요에 속의 조선과 중국 ― 다색판화에 투영된 근대 일본의 시선』, 일조각, 2010. *「다케우치(竹内) 대위 동학당과 분전 그림」은 일본판(姜德相 編著,『錦絵の中の朝鮮と中国 ― 幕末・明治の日本人のまなざし』, 岩波書店, 2007)에는 게재되지 않았다.

김양식,『근대 한국의 사회변동과 농민전쟁』, 신서원, 1996.

신영우,「동학농민전쟁기 보은 일대와 북실전투」, 충북대학교 호서문화연구소,『보은 종곡 동학유적 ― 북실전투 및 관련 유적과 집단매장지 조사』, 1993.

신영우,「북접농민군의 공주・우금치・연산・원평・태인전투」,『한국사연구』154호, 2011.

충북대학교 호서문화연구소,『보은 종곡 동학유적 ― 북실전투 및 관련 유적과 집단매장지 조사』, 1993.

전라남도 진도군・동학농민혁명 기념사업회,『동학농민혁명지도자 유해 봉환을 위한 학술연구 및 동학농민혁명역사공원 조성 계획』, 2005.

동학농민혁명 기념관특별전,『동학농민혁명의 진식을 찾아서』, 동학농민혁명기념재
　　단·동학농민혁명 기념관, 2012.
박광성,「고종조의 민란연구」, 풀빛편집부,『전통시대의 민중운동』下, 풀빛사, 1988.
국사편찬위원회,『주한일본공사관 기록(駐韓日本公使館記錄)』1~6, 1988.

일본 1차 자료

『宇和島新聞』마이크로필름, 愛媛県立図書館.

「家来給録帳」, 山口県文書館·県庁 戦前文書 A士族, 1871.

「整式隊戦功録」, 山口県文書館(毛利家文庫·諸隊), 1869.

「朝鮮全図」, 南部·北部, 防衛省防衛研究所 千代田史料(1187), 1893.

「東学党征討経歴書」, 南家文書·山口県文書館, 1895.

『徳島日日新聞』마이크로필름, 徳島県立図書館.

南部兵站監部,「陣中日誌」11~12月.

「南家文書」, 山口県文書館·諸家文書.

南小四郎,「東学党征討略記」, 國史編纂委員會,『駐韓日本公使館記録6』, 1988.

南小四郎,「東学党征討策戦実施報告(이노우에 가오루 공사 앞)」, 國史編纂委員會,『駐
　　韓日本公使館記録6』, 1988.

録軍士官学校 編,『兵器学教程』, 1893.

일본 문헌

石川卓美, 田中彰 編,『奇兵隊反乱史料 脱隊暴動一件紀事材料』, マツノ書店, 1981.

井上勝生,「日本軍による最初の東アジア民衆虐殺」,『世界』693号, 2001.

井上勝生,「朝鮮東学農民軍を殲滅した日本軍」,『歴史教育地理』761号, 2010.

井上勝生,「東学農民軍包囲懺滅作戦と日本政府·大本営」,『思想』1029号, 2010.

井上勝生,「ある日清戦争戦死者の碑から―東学農民軍討滅大隊の碑文をめぐっ
　　て」,『図書』751号, 2011.

金恩正, 文炅敏, 金元容 著, 信長正義 訳, 朴孟洙 監修,『東学農民革命100年』, つぶ
　　て書房, 2007.

参謀本部 編,『明治二十七八年日清戦史』, 東京印刷(ゆまに書房에서 1998년 전 8권 복각),
　　1904~07.

末松謙澄,『防長回天史 6』, 1920(マツノ書店에서 2009년 총 13권 복각).

趙景達,『異端の民衆反乱―東学と甲午農民戦争』, 岩波書店, 1998.

中塚明, 井上勝生, 朴孟洙,『東学農民戦争と日本 : もう一つの日清戦争』, 高文研,
　　2013.

朴孟洙 著, 中塚明 訳,「「五月の光州」が私に残したもの」,『みすず』548号, 2007.

原田敬一,『戦争の日本史 19 日清戦争』, 吉川弘文館, 2008.

韓勝憲 著, 趙景達 訳,「東学農民革命とアジアの新しい歴史」,『世界』693号, 2001.

靖国神社事務所 編,『靖国神社忠魂史 1巻』(ゆまに書房에서 2006년 전 10권 복각), 1935.

吉岡吉典,「総点検 日本の戦争はなんだったか」, 新日本出版社, 2007.

제3장

한국 문헌

군산농사조합,『군산농사월보』, 1906.

외국 문헌

Merivale, Herman, Lectures on colonization And Colonies, Longman, Orme, Brown, Green,
　　and Longmans; London, vol.1, col.2, 1842.

일본 1차 자료

「札幌県公文録 鳥狩猟 第三号」, 明治16年 5月,「簿書 7954」, 北海道立文書館.

「佐藤昌介日誌」13冊, 北海道大学 大学文書館.

「十勝外四郡土人関係書類」, 北海道大学 付属図書館 北方資料室.

「土人関係要書綴込」,「官署関係書類」,「財産貸預渡帳」慕別町ふるさと館.

일본 문헌

「アイヌ民族公有財産裁判の記録」編集委員会 編,『百年のチャランケ―アイヌ民族
　　共有財産裁判の記録』, 緑風出版, 2009.

有島武郎, 書簡(『有島武郎全集13巻』, 筑摩書房, 1984에 따른다), 1900.

有島武郎,『カインの末裔 クララの出家』(岩波文庫, 1980에 따른다), 1917.

有島武郎,『星座』(『日本近代文学大系33 有島武郎集』, 角川書店, 1970에 따른다), 1922.

井上勝生,「佐藤昌介「植民論」講義ノート」,『北海道大学文学部紀要』93号, 1998.

井上勝生,「北海道土人陳述書―アイヌ陳述に對する北海道庁弁明書(1895年)」,『北海
　　道立アイヌ民族文化研究紀要』5号, 1999.

井上勝生,「佐藤昌介「植民論」初期講義ノート」上, 中, 下의 1・2,『北海道大学文学研
　　究科紀要』115・116・120・123号, 2005~2007.

井上勝生,「明治維新とアジア―二つの「併合」, 北海道と朝鮮」, 和田春樹 他編,
　　『岩波講座東アジア近見代通史』1巻, 岩波書店.

井上勝生,「近代のアイヌ民族のたたかい ― 十勝 アイヌ民族を中心に」, 越田清和
　　編,『アイヌモシリと平和』, 法律文化史, 2012.

榎森進,『アイヌ民族の歴史』, 草風館, 2007.

具沢正,『アイヌ わが人生』, 岩波書店, 1993.

蠣崎知二郎(木馬),「夷人の保護」,『学芸会雑誌』32号 , 1900.

酒匂常明,『清韓実業観』, 農商務省農務局, 1902.

佐藤昌介,「大農論」,『農学会会報』3号, 1888.

佐藤昌介,「北海道の移住と外国の出稼」,『植民雑誌』2号, 1889.

佐藤昌介,「北海道の農業に就いて」,『北海之殖産』1号, 1890.

佐藤昌介,「我邦農業の前途に就て」,『札幌農学会報』3巻, 1902.

佐藤昌介,「何を以て我国農業界の積弊を救済すべき」,『農業世界』1巻6号, 1906.

高倉新一郎,『アイス政策史』, 日本評論社, 1942.

田中愼一,「植民学の成立」,『北大百年史通説』, 北海道大学, 1982.

田中愼一,「新渡戸蹈造と朝鮮」,『三千里』34号, 1983.

富田虎男,「北海道旧土人保護法とドーズ法」,『札幌学院大学人文学会紀要』48号,
　　1990.

中村一枝,『釧路叢書28 永久保秀二郎の研究』, 釧路市, 1991.

橋口兼清 編,『橋口文蔵遺事録』, 私家版(北海道大学 付属図書館 소장), 1906.

馬場恒吾,『木内重四郎伝』, ヘラルド社, 1937.

逸見勝亮,「札幌農学校の再編・昇格と佐藤昌介」,『北海道大学大学文書館年報』2, 2007.

北海道殖民部 編,『北海道殖民状況報文 十勝国』(北海道出版企画센터에서 1975년 복각), 1901.

北海道庁 編,『北海道旧土人保護沿革史』(第一書房에서 1981년 복각), 1934.

星野達男,『会津白虎隊士の涙 : 北海道開拓に生きた星野平三郎義信』, 北海道新聞社出版局, 2004.

堀宗一,『最新実用甜菜栽培法』, 有隣堂書店, 1922.

慕別町教育委員会,『慕別町蝦夷文化考古館 吉田菊太郎資料目録 II 文書資料編』, 1998.

松沢弘陽,「札幌農学校と明治社会主義」,『北大百年史通説』, 北海道大学, 1982.

松沢弘陽,「札幌農学校・トルストイ・日露戦争」,『北大法学論集』39-5·6号 合併号, 1989.

矢内原忠雄 編,『新渡戸博士植民政策講義及論文集』, 岩波書店, 1943.

山田伸一,「千歳川のサケ漁規制とアイヌ民族」,『北海道開拓記念館紀要』32号, 2004.

山田伸一,『近代北海道とアイヌ民族—狩猟規制と土地問題』, 北海道大学出版会, 2011.

山本美穂子,「札幌農学校第23期生川嶋一郎の学生生活」,『北海道大学大学文書館年報』5, 2010.

제4장

일본 1차 자료

後備步兵 第10聯隊「陣中日誌」, 後備步兵 第10聯隊 第1大隊「陣中日誌」, 明治二七八
　　年戰沒第五師団「陣中日誌 卷十四」, 防衛省 防衛研究所図書館 千代田史料.
德島県 阿波郡 柿島村 某家,「明治二十七年、日清交戰從軍日誌」, 1901.
論説「朝鮮の改革」, 4回 連載『香川新報』1984年 12月 19~23日.
『香川新報』마이크로필름, 香川県立図書館.
『愛媛新聞』

일본 문헌

井上晴樹,『旅順虐殺事件』, 筑摩書房, 1995.
德島県,『阿波戰時記 上卷』, 1895.

메이지 일본의 식민지 지배

훗카이도에서 조선까지

초판 1쇄 발행일 2014년 8월 13일

지은이 이노우에 가쓰오(井上勝生)
옮긴이 동선희
펴낸이 박영희
편집 배정옥·유태선
디자인 김미령·박희경
인쇄·제본 태광 인쇄
펴낸곳 도서출판 어문학사
　　　　서울특별시 도봉구 쌍문동 523-21 나너울 카운티 1층
　　　　대표전화: 02-998-0094/편집부1: 02-998-2267, 편집부2: 02-998-2269
　　　　홈페이지: www.amhbook.com
　　　　트위터: @with_amhbook
　　　　블로그: 네이버 http://blog.naver.com/amhbook
　　　　　　　다음 http://blog.daum.net/amhbook
　　　　e-mail: am@amhbook.com
　　　　등록: 2004년 4월 6일 제7-276호
ISBN 978-89-6184-343-0 93910
정가 18,000원

이 도서의 국립중앙도서관 출판시도서목록(CIP)은 e-CIP홈페이지(http://www.nl.go.kr/eci와
국가자료공동목록시스템(http://www.nl.go.kr/kolisnet)에서 이용하실 수 있습니다.
(CIP제어번호: CIP2014021555)

※잘못 만들어진 책은 교환해 드립니다.